编辑委员会

徐凌波 韩静茹 史志强 梁洁艳 刘 庄 叶 蕤 夏戴乐

助理编辑

张 娇 郑 杰

本辑主编

岳 林

声 明

本刊的各篇文章仅代表作者本人的观点和意见,并不必然代表编辑委员会的任何意见、观点或倾向,也不反映北京大学的立场。特此声明。

《北大法律评论》编辑委员会

中文社会科学引文索引(CSSCI)来源集刊

北大法律評論
PEKING UNIVERSITY LAW REVIEW
第 14 卷·第 1 辑(2013)

《北大法律评论》编辑委员会　编

图书在版编目(CIP)数据

北大法律评论.第14卷.第1辑/《北大法律评论》编辑委员会编.—北京:北京大学出版社,2013.3
ISBN 978-7-301-22354-3

Ⅰ.①北… Ⅱ.①北… Ⅲ.①法律-文集 Ⅳ.①D9-53

中国版本图书馆 CIP 数据核字(2013)第 070614 号

书　　　名:	北大法律评论(第 14 卷·第 1 辑)
著作责任者:	《北大法律评论》编辑委员会　编
责 任 编 辑:	王　晶
标 准 书 号:	ISBN 978-7-301-22354-3/D·3310
出 版 发 行:	北京大学出版社
地　　　址:	北京市海淀区成府路 205 号　100871
网　　　址:	http://www.pup.cn
新 浪 微 博:	@北京大学出版社
电 子 信 箱:	law@pup.pku.edu.cn
电　　　话:	邮购部 62752015　发行部 62750672　编辑部 62752027　出版部 62754962
印　刷　者:	北京飞达印刷有限责任公司
经　销　者:	新华书店
	787 毫米×1092 毫米　16 开本　14 印张　263 千字
	2013 年 3 月第 1 版　2013 年 3 月第 1 次印刷
定　　　价:	32.00 元

未经许可,不得以任何方式复制或抄袭本书之部分或全部内容。
版权所有,侵权必究
举报电话:010-62752024　电子信箱:fd@pup.pku.edu.cn

目 录

主题研讨：批评波斯纳

编者按 ……………………………………………………………………（1）

理查德·A.波斯纳　陈铭宇　译　法律经济学与法律实用主义 ……（4）

于　明　法条主义、实用主义与制度结构
　　　　——基于英美的比较 ………………………………………（13）

田　雷　波斯纳反对波斯纳
　　　　——为什么从来没有学术的自由市场这回事 …………（27）

陈若英　超脱或应对
　　　　——法院与市场规制部门的竞争 ……………………（50）

艾佳慧　单向度或互动的法律经济学
　　　　——与波斯纳法官的跨洋对话 ………………………（63）

论文

吴宗谋　新瓶不能装旧酒
　　　　——从 *persona* 到 person 的动词问题 ……………（86）

胡　凌　谁拥有互联网信息
　　　　——从百度文库说起 ……………………………………（98）

江　溯　过失犯中被害人自陷风险的体系性位置
　　　　——以德国刑法判例为线索的考察 …………………（115）
吕　翔　春秋质子研究
　　　　——一项基于法律社会学的分析 ………………………（143）

评论

张　烁　从"反公地悲剧"到《困局经济学》
　　　　——赫勒"反公地悲剧"理论研究的脉络 ……………（159）
缪因知　家族企业治理中的控制股东、职业经理人与独立董事 …（173）
高　波　《白鹿原》的礼法与革命 ……………………………………（190）
李斯特　清代地方法律实践中的现代逻辑
　　　　——围绕"犯奸"展开 …………………………………（205）

Contents

Symposium: Critiques of Posner

Editorial Preface ·· (1)

Richard A. Posner   Translated by Chen Mingyu
  Economic Analysis of Law and Legal Pragmatism ························· (4)

Yu Ming
  Legalism, Pragmatism, and the Institutional Structure:
  Based on the Comparison between UK and USA ························· (13)

Tian Lei
  Posner against Posner: There is no such Thing as the
  Free Market of Ideas ·· (27)

Chen Ruoying
  Stay Away or to Take It: Institutional Competition
  between Court and Market Regulators in China ························· (50)

Ai Jiahui
  One Dimensional versus Interactive View on Economic
  Analysis of Law: An Academic Dialogue with Judge Posner ·········· (63)

Articles

Tzung-Mou Wu
  Lost in Translation: The Verbal Change from *Persona* to Person ········· (86)

Hu Ling
    Who Owns Online Information: Lessons from Baidu Wenku Case ······ (98)

Jiang Su
    The Systematic Position of Self-Endangering of the Victim in
        Negligent Crime: A Study of Criminal Case Law in Germany ······ (115)

Lü Xiang
    The Hostages in the Spring and Autumn Period:
        An Analysis Based on the Legal Sociology ······························ (143)

Comment On

Zhang Shuo
    From "The Tragedy of the Anticommons" to *The Gridlock Economy*:
        Theoretical Research of Michael Heller ································ (159)

Miao Yinzhi
    Controlling Shareholders, Professional Managers and Independent
        Directors in the Family Enterprise Governance ······················ (173)

Gao Bo
    Etiquettes and Revolution in *White Deer Plain* ······························ (190)

Li Site
    The Modern Logic in Qing's Local Justice Surrounding Sex Crime ··· (205)

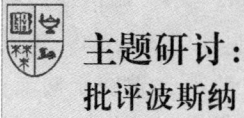

主题研讨：
批评波斯纳

编者按

Editorial Preface

这次专题来得偶然，缘起不过是一篇讲稿。2012年7月，芝加哥大学法学院专为中国学者举办了一次以"财产法、私法与法律经济学"为题的法律经济学暑期班。艾瑞克·波斯纳（Eric Posner）、道格拉斯·贝尔德（Douglas Baird）、索尔·莱福摩（Saul Levmore）、奥姆睿·本沙哈（Omri Ben-Shaha）为中国学员们讲授了合同法、财产法和公司法的经济分析等课程。四位法律经济学的奠基人，罗纳多·科斯（Ronald Coase）、理查德·波斯纳（Richard Posner）、理查德·爱泼斯坦（Richard Epstein）、威廉·兰德斯（William Landes），也莅临会场，为学员们作了关于法律经济分析基础理论、定性和定量研究方法等问题的主题报告。此外著名的女政治哲学家，芝加哥大学政治学、哲学和法学教授玛莎·努斯鲍姆（Martha Nussbaum）也在她的演讲中一如既往地批评了法律经济学方法。我们的编辑刘庄参加了这次活动，并在会后为《评论》索到波斯纳的讲稿和授权。

单就这篇讲稿而言，内容怕是有些单薄，且不见得有什么新意。但是面对这群陌生的中国学员，波斯纳还是提出了一些值得讨论的"中国问题"，例如中国是否有适合法律经济学的实践土壤，以及中国法官能否像美国同行一样进行实用主义审判。波斯纳是一个美国例外论者，不太相信"法律移植"（无论植入还是移出）；换言之他关注更多的不是制度本身，而是制度得以生成、运作的条件。波斯纳从不认为法律经济学或者法律实用主义是万能钥匙，可以"拿来"解决所有国家的制度难题。而且他很清楚自己不是什么中国专家——这对他来说没有什么实用价值;以及台下的中国学员未必就是美国专家(哪怕他们有这份自信),因为他们未必真的理解美国的法律实践及其制度环境。2008年以来的经济危机,更让波斯纳感觉到这是"一次经济学的失败";失败在于两点,一是经济学方法过于抽象化、数学化,一是经济学家理论脱离实践,缺乏经验材料。一句话,外来和尚如今也不好念经了。因此波斯纳在这篇讲稿中多少显得有些矜持,不太确定重心应当放在何处:想谈些"美国经验",最后却不得不回到"美国问题";要谈点"中国问题",似乎又绕不开"中国经验"。质言之,波斯纳既不清楚"中国问题"难在何处,也不确定"美国经验"对中国同仁有何用处。

《评论》之所以组织这次专题,也正是想把这些波斯纳无法(或者无需)讨论的问题给继续讲下去。我们无意宣传、推广波斯纳法官的法学思想——这不是我们的任务;我们只是拿这篇讲稿作为诱饵,吸引一些与"中国问题"相关的评论或者批评。法律经济学或者法律实用主义在中国如果不想成为屠龙之技,不想成为少数人或者小圈子内的智识游戏,那么"超越"波斯纳也就成了必须要迈出去的关键一步。

最后"咬钩"的作者,是来自华东政法大学的于明、重庆大学的田雷、北京大学的陈若英和南京大学的艾佳慧。这四篇文章或"评"或"批",对波斯纳提出了不少商榷意见。当然不同作者批评火力也各不相同,有的温和,有的激烈;讨论的角度也不一样,大体上都基于他们各自的专业背景。我们将这组文章命名为"批评",并不是想摆出一副针锋相对的姿态;"批评"于我们只是一种独立自主的学术态度,既不盲从,也不较真。

于明的"法条主义、实用主义与制度结构"定稿最早,从法制史角度为我们澄清了许多关于普通法系的误解。顺着波斯纳的思路,作者解释了英美两国为何走上了颇为不同的普通法道路,即英国法更倾向于法条主义,而美国法更倾向于实用主义。但是对于波斯纳的一个结论,即中国这样的国家并不适合实用主义审判,作者还是提出了不同意见,并且给出了更为细致的讨论。

陈若英的"超脱或应对"从信息机制差异的角度回应了波斯纳对中国法院为获得司法独立、建立司法权威提出的建议,即法院应采取"超脱"策略,减少对复杂社会问题的介入。陈若英认为波斯纳忽视了中国政府规制部门在全球化背景下产生的信息优势;相比而言,法院的决策内容、规则和参与主体的地方性特征,则限制了法院的信息来源。此外法院在决策依据和接触信息载体机会等方面也都存在着差异。如果中国法院"超脱"于世俗争论,那么反而会进一步减少中国法官在工作中获取信息和更新知识的机会。

田雷的"波斯纳反对波斯纳"或许是笔锋最为犀利的一篇。在作者看来,法律经济学在美国很大程度上就是一种意识形态;其对美国法学院(特别是精英法学院)的支配,是与学术之外的政治、经济背景分不开的。学术市场不过是学术政治的竞技场。就连芝大法学院面向中国学者的这次暑期班,也只是法律经济学"营销"链条中的一环而已;甚至亦有可能,中国学员们也会把这种"营销"策略带回母国,以自由市场之名来从事学术政治。当然对于作者的这些论点,我们倒不必上纲上线;甚至还可以看得轻松一些,视之为耶鲁学派对芝加哥学派征伐的延续,或者耶鲁法学毕业生对哈佛法学毕业生的惯习性挑衅。

艾佳慧的"单向度或互动的法律经济学"相对来说更具有挑战性,因为它试图证明波斯纳的财富最大化原则以及成本—收益分析方法存在着重大缺陷,而这恰好都是波斯纳法经济学体系的要害所在。作者指出波斯纳的法律经济学是单向度的,面对人类行为互动性和策略性缺乏解释力。中国法官若想解决复杂问题,那么就必须采纳实用主义策略,而波斯纳建议的"超脱"策略并不适合中国。作者进而试图建立一种互动的法律经济学,即基于个体成本—收益分析,以博弈论和信息经济学为工具,强调人与人、人与制度、制度与制度之间的互动,以促进社会合作为最终目标。

我们很遗憾没有为作者们留出足够宽裕的时间。这里的讨论或许有些仓促,但不乏《评论》所期待的朝气与锐气。因此,我们心满意足。

(岳　林)

法律经济学与法律实用主义*

理查德·A. 波斯纳**

陈铭宇*** 译

Economic Analysis of Law and Legal Pragmatism

Richard A. Posner

Translation: *Chen Mingyu*

内容摘要:本文主要涉及三个内容:第一,法律经济分析是法律实用主义研究方法的一个分支。一个国家的法律职业群体和学者在使用经济分析时,必须要考虑其制度结构和法律文化是否能容纳这种方法;第二,经济学的面目可能是可怕的,可能令人心生畏惧,但同时它也可能是使法律变得更为清晰、更符合直觉的有效工具;第三,作者目前关注的两个法律经济学问题:司法行为的实证分析,以及,世界经济危机和经济分析(包括法律经济分析)的失败。

关键词:法律经济分析 法律实用主义研究方法 司法行为 世界经济危机

---

* 原演讲系据要点作出,而非照稿逐字逐句念出。该演讲的内容被记录,文稿稍作编辑。2012年7月12日初稿,2012年8月30日修订。

** 芝加哥大学法学院资深法律讲师(senior lecturer in law),美国联邦第七巡回法院上诉法院首席法官。

*** 北京大学法学院2012级硕士研究生。

Abstract: The article is on: First, economic analysis is closely related to or a branch of a pragmatic approach to law. The use of economic analysis of law by lawyers, judges, professors, and so on is relative to the character of the legal and political culture from which these individuals emerge and in which they function. Second, economics can be formidable, can intimidate, but it can also be an effective tool for making law clearer and more intuitive. Third, two topics that currently concern the author: empirical analysis on judicial behaviors, and the crisis of the world economy and a failure of economics in general and the economic analysis of law in particular.

Key words: economic analysis of law pragmatic approach to law judicial behaviors the crisis of the world economy

我很高兴主持人并没有向大家介绍我的情况。介绍演讲者的弊端在于,它往往提高了听众的期待,而后续的演讲又往往使其落空。或者,在听到关于演讲者辉煌成就的介绍后,听众会先入为主地预想"根据这番介绍,这将是一次成功的演讲"。总之,非常高兴能够来到这里,面对如此多的听众——来自中国的高校教师、律师和学者们,我感到十分激动。

关于法律的经济分析,我有一些基本看法。今天我想讨论一些特定的原则。

经济分析与法律的实用主义研究方法紧密联系,或者可以说它就是后者的一个分支。让我稍微解释一下我所说的实用主义的内涵。它纯粹是指从结果而不是从源流(origin)来考察一个行为,一种原则,一个规则或者一个决定。这就是它与其他"主义"的差异所在。既然经济学是对人类行为结果的研究,那么它就是实用主义分析的一个分支。经济学的中心假设是,人们在一种相当特别的意义上是理性的,即个人试图最大化其自身效用——基本上是指收益减去成本,尽管收益和成本未必已被货币化或者是可货币化的。所以,经济学和功利主义的创造者之一,与经济学关系密切的哲学家边沁说过,人们所试图追求的是快乐超过痛苦的盈余。这是思考收益与成本的另一种思路。或者你也可以认为,快乐是人们在决定如何行动时所寻求的目标。

由此可以得出,在实用主义意义上合理的司法决定、法令、规则或者其他各种法律决策是那些在总体上能够带来最佳效果的法律决策。如果你从经济学的角度来考虑,这些效果可以理解为边沁意义上的效果或者现代经济学意义上的效果。但是,理解以下这一点十分重要,这一点构成了对实用主义常见批评的反驳,即法官和立法者应当加以考虑的后果不仅仅包括诉讼当事人所负担的损失或获得的收益,抑或将前述特定诉讼的当事人视为其代表的,地位与其相似的人群所负担的损失或获得的收益，而是还要包括系统性的后果，包括法律稳定性的维护、法律的可预测性以及法律的可执行性。法官关心司法系统的审判压力和司法部门相对于政治系统中其他部门的地位，这是无可厚非的。因此，法官对公众舆论是很敏感的。总之，法官感兴趣的决策效果关涉所有这些其他值得考虑的领域，理解这一点是十分重要的。

但是，在美国抑或其他国家，法律的这种实用主义或者经济学意义上的概念并不是法律的终极概念。事实上，它并不是法学学者或者法官所明确表述的占优势地位的概念。占优势或传统的法学理论是法条主义的或形式主义的，我也愿意称之为拘泥于语义（semantic）的理论。这种理论所基于的观念是：正确的决策是从一些立法的、宪政性的或者通过司法判例建立起来的权威性文本中演绎出来的，而其效果则不在考虑之列。

我们最直言不讳的最高法院安东尼奥·斯卡利亚大法官表达的一个司法意见正是采取这种理解的一个著名例子。在赫勒案（Heller）中，最高法院认为，创设了"佩带枪支"权利的宪法第二修正案[1]应该延伸适用于为了自我保护而使用枪支。事实上，第二修正案是关于州维持武装的民兵力量的权利，而与个人的自我保护并无关系。持枪控制的支持者（他们的观点如今已为赫勒案的判决所限制）担心泛滥的枪支持有（人们在公共场所为了自卫而持枪）是危险的，认为它将会导致更多的杀人事件和致命事故。斯卡利亚则明确表示，这无所谓。那可能确实是佩带枪支权利导致的一个后果，与政府垄断枪支所有权相比会有更多人被杀害，但这是无关紧要的。因为他认定效果并不是与司法决策，至少是大部分司法决策应当考虑的相关因素。因而，任何参与到法律具体实施过程当中的律师、教师或者法官不能仅仅考虑什么是经济学意义上有效率的决策，还要考虑他所在的法律文化氛围以及在该种法律文化中，有何运用实用主义或者经济分析的空间。

各位需要思考一个问题，在中国是否存在能够容纳对法律进行经济分析的制度结构和法律文化。在场的诸位很多都给出了肯定的回答，但是它却是一个棘手且重要的问题。

对我这个门外汉而言，中国还是一个民主制度尚未健全的国家，法治的观念尚属薄弱（在西方的政治历史上，也能找到很多类似的例子），希望我对中国政治文化面貌的刻画是准确的。那么可以说，在这种政治文化中，实用主义风格的司法部门，或者至少是特别倾向于实用主义的司法部门是不可取的。对其而言，更好的选择是保持抽象和形式主义，而实质上远离实践性和实用主义的

---

[1] 美国第二修正案的原文是"一支训练有素的民兵，对一个自由州的安全实为必要，民众拥有并且佩带枪支的权利不容侵犯"（A well regulated militia, being necessary to the security of a free state, the right of the people to keep and bear arms, shall not be infringed）。——译者注

考量。正如18世纪英国伟大的法学家威廉·布莱克斯通将同时代的英国法官称为"法律谕令的转达者",这暗指了特尔斐的那位圣者,据说他将阿波罗的神谕翻译为希腊文以告知前来询问神谕的人。在布莱斯通看来,法官所做的仅仅是以易于理解的形式将法律的要求转达给其他法官、律师和公民,而不是创造法律或为了实际的需要而适用法律。在那些政治权威不尊重法律而只关心统治与自我存续问题,致使其司法部门的地位缺乏稳固性的社会里,法院不得不为自身的合法性和权威而竭力奋斗。其中一种途径就是远离实际目标并且声称:"请看吧,我们法官所做的,是将正义的古老原则转变为司法决策。我们不是政治家,我们不行使裁量权。我们并不考虑效果,请不要干扰我们的决策。"

这一观点稍后的阐释者是伟大的德国社会学家马克斯·韦伯,他主要的学术创造期是在19世纪末到20世纪初。他承继了布莱克斯通的精神(韦伯很欣赏英国的法律制度),极力倡导法官们保持形式理性,摒弃实用主义和关注效果的做法。由此,借助合同法、刑法等法律,法官提供了一个在经济领域和更广义的社会(the larger society)中,私人秩序和公共秩序(private and public ordering)得以推行的框架。而法官也就是仅仅提供这样的一个框架而已,其内容则来自社会的其他领域。

对于许多国家,包括我对其法律制度知之甚少的中国而言,更深层次的问题是由职业化的司法部门(a career judiciary)实施的法典体制相比于英语国家由公开选任的司法人员(lateral-entry judiciary)实施的普通法体制,更不适合于采纳法律实用主义方法。法典限制了司法裁量权,而职业司法人员意味着法官缺乏实际经验,以致在作出符合实用主义的决策方面能力有限。我不太了解中国的确切情况,但在欧洲大陆和日本,法律学生在毕业后立即或者间隔很短一段时间之后就成为法官,此后就在司法系统中逐步晋级。例如在日本,法官职业有20个级别,随着法官的工作年限逐渐增加,如果他的工作成果令上级感到满意,则可以获得晋级;这些上级掌握着决定谁以多快的速度晋升的权力。这种类型的司法职业与公务员职业很相似,并不涉及英美体制下法官所必备的社会实践的历练——他们在成为法官之前曾从事各行各业的工作。

上述导论性的评论意在提醒您,律师、法官、教授和其他群体对法律经济分析方法的适用情况,与他们来自于并工作于其中的法律、政治文化的特征息息相关。接下来,我将给出一些例子来说明我如何理解法律的经济分析,其中许多例子你们将在芝加哥大学法学院两周的课程中接触到并系统地讨论。在这些例子中,我要特别强调简单(simplicity)的重要性。我在私下会跟我的法官助手说,法律是"愚蠢"的人为"愚蠢"的人创设的。我并不是指其表面含义,而是想强调法律处理的问题非常困难,法官在理解这些问题时有很大的障碍,而他们所作判决面向的律师群体和非专业人士群体在理解任何困难或者复杂的问题时更是面临着极大的障碍。所以保持简单是十分必要的,一定要让一切都变得非常非常简单。我在自己的司法判决中特别强调了这一点。没有做到这一点的法官就不是在诚心诚意地传达自己的意见。

经济学的面目可能是可怕的,可能令人心生畏惧,但同时它也可能是使法律变得更为清晰、更符合直觉的有效工具。经济分析经常以反垄断问题作为起点,我想从这一点出发谈一谈。我知道在中国这是一个受到关注的问题。非专业人士认为,垄断或者卡特尔(也许他们知道这个专业词汇)的问题在于限制了竞争并造成价格的上升。事实确实如此,并且由此它将福利从消费者转移到了生产者及它们的股东和管理人员。但是福利的转移本身并不影响社会的总体福利,它只影响财富在不同的人群之间的分配。它触及了经济平等问题,但是收入和财富的不平等对总体社会福利的影响却是很难确定的。

从经济学的观点看来,反对垄断的理由与此不同——垄断在经济体系中发出了错误信号。如果一件商品本可以以等于其边际生产成本的价格(假定为1美元)出售,但由于它的生产被垄断了,因而以2美元的价格出售,那么即使生产成本为1.5美元的厂商也会为市场价格所吸引而制造出替代品。他们将由此减少垄断产品的出售数量从而获利。结果是为了满足部分消费者的需求而使花费的成本由每件1美元变为1.5美元。资源将被不合理地配置——为了满足消费者的需求消耗了过多的资源。这就是经济学所担心的事情。

从这个简单的例子您可以看到,经济学思维和一般的非专业人士的直觉在什么是好的行为而什么是坏的行为的问题上有着不同判断。而重要的是将这种经济学的洞察力以一种非常简单的方式传达给大家。

在美国,在很长一段时间内,反垄断领域是经济学家针对法律问题发挥他们专长的主要舞台。原因在于谢尔曼法的文本中有诸如限制商业的共谋、契约和联合、垄断和共谋垄断的字眼,这使得其看起来明确地包含了经济学概念和基于此制定的规则,这引导法院使用经济学方法。而实际上,对法律适用经济分析方法的一个更早的例子出现在经常被认为与经济学正好对立的领域,即刑法。在18世纪末,一位英国法学家杰米·边沁明确详细地阐释了对刑法的经济分析。他的分析很简单,但至今从未被超越过。几百年后,他的分析为经济学家加里·贝克尔复兴和扩展。边沁论证认为,每个人,包括罪犯,都被使快乐与痛苦的盈余最大化的欲望驱使。所以,阻止犯罪必须通过刑罚来提高罪犯的痛苦。这既可以通过加重刑罚,也可以通过提高被判处刑罚的可能性来实现,因为刑罚的期待成本是由被判处刑罚的可能性和刑罚的幅度共同决定的。

这是一种简单的解释,您完全可以基于直觉去理解。但与垄断的情况类似,当您开始思考这个问题时,您会意识到经济学能够帮助您理解其中的微妙之处。其中之一就是边际成本的概念,即产出的一个小变动所带来的总成本的提高,这是边沁在他的刑罚分析中明确指出的概念。人们也许会天真地想,最大程度地减少犯罪的最佳方式是对所有的犯罪统一适用最重的刑罚。对严重程度不同的各种犯罪适用统一的刑罚所带来的问题是,对于罪犯而言,他对所犯的各种罪行的态度就完全没有差别了(假设各种罪行都有一致的被逮捕和被定罪的几率),又何妨从事能够带来最大回报的罪行?罪行的数量可能会减少,但它们可能更加严重。因此,边沁强调了设置分级刑罚的重要性,这基本符合我们在今天的刑罚体系中所观察到的情况。

边沁之后的很多年,关于法律的经济分析的现代文献会提出这样一个问题——为什么我们在刑法中有犯罪未遂的概念,即在没有人遭受损害的情况下仍然惩罚犯罪,而在侵权法中却没有对应的未遂的侵权行为的概念。未遂的杀人行为是犯罪行为,但试图杀害他人(或者试图对他人造成任何伤害——有可能该他人在很长一段时间之后才发觉曾经有人试图伤害其生命)却未能成功则不是侵权行为。一个可能的经济学解释是,这是一种成本较小的减少犯罪活动的方式,人们不必等到犯罪图谋实现才动用严厉得多的刑罚。至于刑罚能否补偿犯罪的受害者,或者是否所有的罪犯都具有无限的偿付能力,则是无关宏旨。当然追究起来,上述两个问题的回答都是否定的。对一个谋杀犯执行刑罚无法补偿犯罪的受害人,惩罚未遂的罪犯却可以挽救潜在的谋杀受害者的生命。

在侵权法的经济分析出现之前大约一百五十年,刑法的经济功能就为人们所理解,这确实是法律的经济分析历史进程中一个奇怪现象。即便聪敏智慧有如奥利弗·温德尔·霍姆斯法官(之后成为美国联邦最高法院大法官。尽管没有接受经济学训练,他却拥有真正的经济学直觉),也曾认为侵权法的目的仅在于将不法行为的受害者所承担的成本转移给加害人。他忽视了从经济学的观点看,侵权法可以被视为类似于刑法的、为了制止社会资源浪费而设计出来的规制体系。这种观念最终反映在勒恩德·汉德法官提出的过失责任公式中。他指出应该权衡避免事故发生的成本和事故如果发生时将带来的损害,但此前应该对损害打折扣,即乘以事故发生的几率。于是,在过失等式两边就是双方的成本:避免事故发生的成本和事故发生的期望损害(在汉德公式中,如果 $B<PL$,则被告是有过错的——也就是说,如果事前预防的负担(所谓成本)小于如果事故发生时产生的损失乘以没有采取事前预防措施的情况下事故发生的概率,则被告是有过错的)。所以,如果避免事故所花费的成本小于事故的期望成本,则法院将判定加害人是疏忽的,必须向事故的受害人支付损失赔偿金。法官和法学家们经历了很长时间才开始从这个角度思考侵权法的执行方式,如今我们采纳了这种看法,这对于挖掘法律的内涵是很有帮助的。

这里，我提出另外一个例子，它来自于合同法。我认为它是说明以下两者之间区别的一个特别好的例子：其一，法律形式主义、法条主义或者我所说的拘泥于语义的法律理解方式；其二，法律实用主义或者法律经济分析方法。在欧洲大陆法律传统中，有一个原则叫"*pacta sunt servanda*"，即"约定必须遵守"的拉丁文。其内涵是，违反约定是一种极坏的行为，即道德上是错误的行为。霍姆斯说不是这样的，这是对合同的真正含义的误解。他认为合同只是创造了一种选择。如果您同意通过提供一定的服务来换取约定数额的金钱，那么您所做的是购买了一个选择权。您可以履行合同或者支付因为您未能履行合同而给对方造成的损失。这是您的选择，所以我称之为选择权。您并没有绝对的履行义务，您所需承担的义务是或者履行或者支付因为您未能履行合同而给对方造成的损失。如果您已经同意提供某一服务以换取 x 美元，而第三人又请求您为其提供该服务并支付 x + y 美元，这是个不错的交易。因为我们的约定仅仅意味着如果您不履行合同，您将不得不赔偿因为您的不履行而给我招致的损失。如果这一损失小于我从违约中获取的收益，社会净福利便得到了提升。由此，将合同视为一种选择权可以被视为提升了总体的经济福利。

在法律经济分析的发展历史中，早期仅讨论了该领域中的几个问题。现在已经大大拓展了，突出的几个主题是：救济（remedy）——这一主题非常重要；财产、程序问题、司法行为、税收，等等。

我希望探讨一下法律原则和程序之外的两个领域，以此来结束我的演讲。第一个是司法行为。兰德斯教授、我以及一位政治科学学者李·爱泼斯坦刚刚完成了一部篇幅很长的著作，其内容主要是关于司法行为的统计数据（此书名为《联邦法院法官的行为：对理性行为的理论和实证研究》，将于2013年1月由哈佛大学出版社出版）[2]。该书运用的分析模型是经济学模型，即计量经济学统计分析。我们在该书开端部分就声明，我们并不打算将法官看做是基于信息和原则的输入而机械式地作出决策的计算机，而是要把他们作为工作者看待（事实确实如此），然后提出这样一个问题：一位因为机缘巧合而成为司法工作者的人士，更确切地讲，一位联邦法院的法官，他的效用函数是怎样的？联邦法院的法官享有终生的任期，如果工作出色，他们不会因此获得奖金，如果成绩糟糕，也不会因此降低收入。同等级的每位法官都拿着同样的薪金，而且仅有不多的几个等级。问题来了，在这种不寻常的雇佣情形下，我们会期待他们如何行事呢？关于人们在一般的工作环境（劳动者获得一份薪金，可能被辞退，等等）中如何行事，如何对雇佣劳动的条款作出反应，我们有通常的见解。但法

---

[2] Lee Epstein, William M. Landes, Richard A. Posner, *The Behavior of Federal Judges: A Theoretical and Empirical Study of Rational Choice*, Cambridge: Harvard University Press, 2013.

官们会怎么做？一个回答是会出现厌恶勤奋现象(effort aversion)。一个任期有保障、领取固定薪酬的工作者很可能不会像任期不确定、领取非固定工资的工作者一样辛勤工作，因为前者的福利水平并没有同其工作绩效紧密联系。所以我们必须预测，相比于商事组织雇员的行为选择，厌恶勤奋现象在联邦法官的行为选择方面产生着更重要的影响。

厌恶勤奋现象和偏好闲暇现象紧密关联，但并不完全等同。我们也预测后者在联邦法官的效用函数中起着显著的作用。我们说二者并不完全等同，因为在花费时间于工作之外的事项的意义上，闲暇只是减少努力的一种方式。其他方式包括避免与同僚发生冲突，即每当自己的意见与同僚不一致时并不发表异议，因为意见不一致是令人感到恼火的。(设想)当您对某些法官表达了异议观点，他们可能在未来的一些案件中拒绝支持您的观点，而如果不是出于这股积蓄心中的怨气的话，他们本可以对自己的疑问按下不表——这就是对您的报复。我们推断，法官之间意见不一致的情况可能比公开的异议意见数量要多得多。此外，联邦巡回法院层级上如此低的异议率可能夸大了持有不同政治观点的法官们通过推理达到意见一致的能力，这一点反映了更多的内涵。

我想讨论的外在于司法原则和程序的第二个话题标志着一般意义上经济学的一次失败，特别的，也是法律经济分析的一次失败，那就是商业周期经济学以及开始于2008年9月的以雷曼兄弟这家重要的金融机构的轰然倒塌为开始的世界性经济危机。由于不能理解银行业所承担的风险，经济学家们没能预测危机的到来。他们没有意识到，美国房价的急剧上涨是一种泡沫现象——人们盲从他人而购买房产，因此推高了价格，并且造成了房产价格被低估、其价格将继续上扬的假象。资产价格泡沫是一个古老的现象，但尽管存在大量的证据和预警，本次价格泡沫并没有被预测到。在2006年，也就是房产价格泡沫开始收缩之前不久，美国联邦储备局主席伯南克事实上曾公开宣称美国房产价格的大幅上涨并不是房产价格泡沫。联邦储备局聘请的250名经济学博士丝毫没有掌握经济运行的线索。

经济崩溃之后，经济学家们在应该采取何种挽救措施的问题上不能达成一致。尽管几百年来，包括美国在内的世界各地都曾经历过经济大萧条，结果却是，经济学专家们在如何避免萧条以及如何从萧条中恢复过来的问题上并不能达成一致。这指向了现代经济学中更深层次的两个问题。第一个是相伴相生的过度抽象化和过度数学化的问题。在几年前，一位现已过世的芝加哥大学经济系教授曾经说过，经济学的研究生项目应该只接受在本科阶段主修数学的学生。主修经济是不足够的，要修读数学。这个建议被拒绝了。但经济学越来越成为应用数学的分支了。这吸引了一批特别的学者参与到经济学研究之中来，经济学家也由此开启了一种忽视不能被数学模型所处理的现象的不良倾向。

现时最为突出的一个例子就是不确定性。美国著名经济学家弗兰克·奈特和20世纪最著名的经济学家约翰·梅纳德·凯恩斯在1920年各自独立地发现和识别了不确定性现象(不能被量化的风险)。但是现代经济学家常常无视不确定性,因为它无法被量化,无法用当下炙手可热的分析技巧进行处理。但不确定性在解释商业周期时是极其重要的。

与此相关的现代经济学存在的第二个问题是,随着经济学越来越数学模型化,越来越少的经济学家具备与经济活动、市场、商业和监管机构相关的第一手经验。结果是,美国的经济学家确实不了解21世纪第一个十年中现代银行业的任何情况。银行业是如此的复杂,以至于如果您没有在银行系统中工作过,在理解银行业时就会遭遇重重困难。因此,如果成为经济学家意味着钻研数学、创造关于经济和产业的数学模型并玩弄这些模型,那么在这种学术氛围中,经济学家在理解特定产业时可能会力不从心。我们一定要警惕,不能对经济学的发展感到自满,甚至天真地认为仅凭现代经济分析所采用的形式化工具就能够理解这个世界,包括其中我们称之为法律的部分。

(初审编辑:刘庄)

法条主义、实用主义与制度结构
——基于英美的比较[*]

于 明[**]

Legalism, Pragmatism, and the Institutional Structure:
Based on the Comparison between UK and USA

Yu Ming

内容摘要:在法官的司法过程中,法条主义与实用主义是主要的两种司法风格。在一国范围内,这种差异的产生往往来自于司法的制度结构与更广泛的法律文化。英国与美国虽同属英美法系,但在法官职业的准入、来源与制度结构上呈现出广泛的差异,导致了法官在司法过程中的不同倾向。而对于法条主义、实用主义及其各自所依赖的制度结构的讨论,也将有助于理解中国的选择与问题,尽管中国的制度环境远比英美更为复杂。

关键词:法条主义 实用主义 制度结构 法律文化

Abstract: Legalism and Pragmatism are two major judicial styles in the judicial process. The differences always stem from the judicial institutional structures and le-

---

[*] 本文得到上海市人文社科基地华东政法大学外国法与比较法研究院资助项目(SJ0709)和上海市教委晨光计划项目(12CG61)的支持。

[**] 华东政法大学讲师,法学博士。

gal culture. Although both in Anglo-American law system, there are kinds of differences in requirements, origins and institutional structures of judicial profession, which lead to different judicial style, in UK and USA. The discussion of Legalism, Pragmatism and the institutional structures, also will benefit the understanding of problems and choices in China, though its institutional structure is more complicated than UK and USA.

Key words: Legalism　Pragmatism　Institutional Structure　Legal Culture

　　面对来自中国的学员，波斯纳法官似乎心存疑虑：远在大洋彼岸的那个他并不熟悉的国度，真的需要这些诞生于美国本土的法律经济学知识么？也正是基于这一隐忧，波斯纳法官在演讲的开端，首先善意地探讨了一个宏大的问题，即在当代中国，是否需要一个实用主义风格的司法？

　　波斯纳的答案基本上是否定的。在他看来，实用主义司法尽管具有诸多的好处，但却并非"放之四海而皆准"的真理，而仅仅是一种嵌入在特定时空之内的、与特定的"制度结构"与"法律文化"相契合的具体制度。而在波斯纳的依稀观念中，当代中国制度语境的基本特征是"非民主"(nondemocratic)与"法治薄弱"(tenuous commitment to the rule of law)的，因此似乎并不适合于实用主义风格的司法，而应当更多讲求"抽象"与"形式"。

　　由于这并非演讲的主旨所在，也因为对于中国的了解并不确信，波斯纳并没有就这个论题进一步展开。但对于中国的学者来说，这个问题本身却无法回避，也不应被轻易地打发，而有理由进一步地追问：实用主义的司法，究竟适合于怎样的"结构"或"文化"？与之相对的法条主义，又依赖于何种语境？当代中国的司法真的不需要实用主义么？在"非民主"与"法治薄弱"之外，是否还有其他更深层次的原因呢？当然，本文的评论也并不打算回答全部的问题，而只是从制度结构的角度入手，简要地讨论法官所身处的制度语境对于司法风格的制约与影响，从而为中国问题的讨论提供一个前提与基础。

一、实用主义，还是法条主义？

　　在探讨实用主义司法与制度语境、法律文化的关联之前，似乎有必要首先界定一下这里的实用主义以及相应的法条主义。事实上，在波斯纳的话语中，这两个概念的使用也是极其开放的，以至于需要在具体的语境中不断被重新界定。而为了讨论的方便，我这里只是在最一般意义上使用这两个词语。

　　哲学意义上的实用主义尽管在语词上来自于皮尔斯、詹姆斯与杜威等美国哲学家的创造，但在波斯纳看来，从理论渊源上，却可以追溯至休谟、密尔与尼采,甚至一直上溯到古希腊的智者学派。[1] 这种哲学思潮主张一种激进的经验主义,根据事物可观察的后果,而不是根据其自身逻辑来作出判断。这种哲学的实用主义是一种典型的美国式的哲学,也很少在美国本土之外取得统治地位。[2]

几乎是与哲学的实用主义诞生的同时,法律的实用主义就产生了。事实上,最早的法律实用主义者霍姆斯法官本身就与皮尔斯等人同属一个哲学群体,而至于杜威的许多观点实际上受到霍姆斯法官的影响。这种法律实用主义的核心是强调司法要关心后果,以及基于后果而非概念作出政策性的判断。在实用主义的司法中,法官总是依据司法判决可能产生的效果作出决定,而不是严格地依据某一个现存的法条或历史上的判例。[3]

当然,这并不是说实用主义的判决完全不可预测或不具有确定性。实用主义所考虑的"后果",并不仅仅只限于眼前的诉讼当事人,同时还包括判决可能产生的长远的系统后果。[4] 因此,在这个意义上,法律的实用主义,又可以区分为"短视"的实用主义与"理智"的实用主义;前者完全是一种不受约束的随意审判,而后者则受到了保持整体制度稳定性这一基本规则的制约,因此本身可以被视作一种受约束的实用主义或"温和"的实用主义。[5]

与实用主义相对的,是被波斯纳认为更适合于中国的法条主义。显然,法条主义比实用主义有着更悠久的历史与广泛的地域性。一直到今天,法条主义都是法律的正统或官方理论。法条主义追求由构成法律的一套规则来确定司法的判决,而排除法官的个人因素,即法官的意识形态、个人背景与个性偏好。最为典型的法条主义,也就是三段论的推理,可以依据确定的大前提(法律规则)与小前提(案件事实)得出唯一正确的判决。这种理想的模型更是被韦伯形象地描述为"自动售货机"式的审判[6],从而最大限度排除法官的个人因素对于判决的影响。

在这个意义上,法条主义也不过就是所谓"法治"(Rule of Law)的另一种

---

[1] 波斯纳:《法官如何思考》,苏力译,北京大学出版社2009年版,第211页。

[2] 王元明:《行动与效果:美国实用主义研究》,中国社会科学出版社1998年版,第5页。

[3] 关于早期的法律实用主义,可参见张芝梅:《美国的法律实用主义》,法律出版社2008年版,第38—61页。

[4] 这里的"系统后果"是波斯纳牌号的法律实用主义的关键词之一。在波斯纳看来,法律实用主义虽然强调后果,但并不一定是针对个案当事人的"特事特办"的具体后果,而更应当看到判决对于整个制度系统带来的长期后果;比如判决对于今后其他法官审判类似案件的影响,甚至判决对于国会立法以及整个政治系统运作的深远影响。参见波斯纳:《法官如何思考》,苏力译,北京大学出版社2009年版,第217—218页。

[5] 波斯纳:《法官如何思考》,苏力译,北京大学出版社2009年版,第45页。

[6] 韦伯:《论经济与社会中的法律》,张乃根译,中国大百科全书出版社1998年版,第62页。

表达,或者说是"法律的统治而不是人的统治"。法条主义最大限度地实现了"法治"理想对于法律的可预测性与排除不确定性的要求,因此也往往比实用主义更受法律人与当事人的欢迎,法律人也更愿意将其视作法律的正统意识形态。同时,由于确信规则本身可以导致正确的判决,因此法条主义还倾向于将法学视作自给自足的学科,而排斥法律之外的学科与知识,并担心这些知识过度进入到法律之中会损伤法学的自主性,甚至导致偏离法律而走向政策性判断的内在危险。[7]

可这仅仅是一般性的概念描述,似乎仍然过于抽象,也无法揭示这两种司法进路得以生成的社会背景与成因。因此,在简要的概念阐释之后,本文还是希望回到历史的情境之中,具体地讨论法条主义与实用主义赖以形成与生存的制度结构与法律文化。也只有在此基础上,我们才能更好地理解实用主义司法所依赖的外部条件,及其在当代中国的可能与限度。

二、法条主义的历史:英国故事

在波斯纳的语境中,实用主义似乎是美国土生土长的,至少以美国法院作为典型的司法风格。一旦离开了美国本土的语境,一切对于实用主义司法的适用都变得可疑起来。如果说美国构成了实用主义司法的一端,那么相对立的大陆法系的司法则完全处于另一端,被认为是最不适宜实用主义司法的法系与地区。

但也就是在这一谱系中,英国的问题开始凸显。虽然同属普通法系,波斯纳却似乎并不认同英国的司法同样是实用主义的;相反,在许多地方,英国的司法都较之美国更偏向于法条主义,也因此更偏向于大陆法系。至少在这一演讲中,波斯纳明确指出,18世纪的英国司法与理论是形式主义或法条主义的典型,以至于19世纪韦伯的"形式理性"也不过只是布莱克斯通的继承人而已。

也正是在这个意义上,对于法条主义的历史而言,与美国同属一个法系的英国,可能比大陆法系具有更强的典型性;至少,由于与美国的制度有更多的可比性,对于英国的分析,可能更好地展现法条主义与实用主义在所依赖的制度结构与社会基础上的分野。因此,本文的评论将首先分析英国历史上的法律职业及其法条主义司法的形成,并将之与美国的情境相对比。

关于英国司法的形式主义或法条主义,一个经典的比喻是布莱克斯通所谓法官是法律的"神谕宣示者",强调法官忠实地遵循既有的普通法,而并非主动的立法。这些普通法根植于古老的撒克逊习惯法,而习惯法本身就是一种自然

---

[7] 波斯纳:《法理学问题》,苏力译,中国政法大学出版社2002年版,第531—532页。

法,是人们以理性感知的上帝的法律。法官的任务仅仅是一个忠实的传令者;也只有法律人能够理解、翻译与传递神谕。[8] 而从历史上看,这一观念的形成,并非布莱克斯通的创造,而实际上来源于中世纪以来的普通法实践及其相应的意识形态。

与当时几乎所有的封建行会一样,中世纪英国法律职业的历史,是一个不断建构行业准入机制的历史。在普通法形成之初,最早的王室法官并非是职业化的,而只是由一般的王室官员担任。但从约翰王时期(1199—1216)开始,专职的法官呈现上升趋势。而到了亨利三世(1216—1272)时期,王室法官几乎全部由"专职"法官组成。[9] 与此同时,法官的任职资格也日益"职业化",法律知识的背景和法律职业经历越来越成为法官任职的重要考虑因素。

但只是专职的法官还不够。英国法律职业阶层的形成,还特别依赖于职业法律教育的兴起与"律师晋升法官"规则的确立。到爱德华一世时期(1272—1307),开始形成了以"法庭学徒"(apprentices of the Common Bench)为核心的职业律师培养模式。[10] 此后,以中殿、内殿、格雷和林肯为代表的四大律师会馆(Inns of Court)也在14世纪相继形成;只有在律师会馆中接受法律职业训练并通过考核的学徒,才有可能成为辩护律师(barrister)和御用律师(king's serjeant)。而王室法官的选任,也逐渐确立了从高级御用律师中遴选的原则。总之到了14世纪中期,一个具有严格准入机制且内部高度同质化的职业法律人阶层已经形成。

正如波斯纳法官曾指出的,职业化的进程不仅带来了垄断,也带来了新的话语与意识形态。出于对高额利润的追求,职业主义总是强调本行业知识的神秘,并通过各种技巧来维持这种神秘。比如,通过风格含混难懂的话语,培养有魅力的人格以及避免将职业知识系统化。[11] 换言之,职业化的过程本质就是一个创造"神秘"的过程;而正是通过这种神秘化知识和魅力型人格的塑造,这一职业获得了"独立于政治控制和市场控制的正当理由"。[12]

英格兰法律职业的构建就很好地说明了这一点。法律人职业阶层的诞生即是从法律知识的复杂化开始的。普通法以程序为中心的生长形式,使得法律

---

[8] 布莱克斯通的观点,参见伍达德:"威廉·布莱克斯通与英美法理学",张志铭译,载《南京大学法律评论》1996年第2期,第1—14页。

[9] R. V. Turner, *The Enlish Judiciary In The Age of Glanvill and Bracton*, 1176—1239, Cambridge: Cambridge University Press, 1985, p.192.

[10] 参见布兰德:《英格兰律师职业的起源》,李红海译,北京大学出版社2009年版,第196—199页。

[11] 参见波斯纳:《道德和法律理论的疑问》,苏力译,中国政法大学出版社2001年版,217—220页。

[12] 波斯纳:《超越法律》,苏力译,中国政法大学出版社2001年版,第39页。

的技术从一开始就是围绕着各种令状、诉请、答辩所展开,因此,法律的知识不仅繁琐复杂,而且只能通过会馆的学徒制教育习得。为了维持知识的神秘性,在数个世纪的时间里,普通法法律人不遗余力地发展出一套艰涩的术语和拒绝体系化的凌乱知识,并营造出了一套以"技艺理性"(Artificial Reason)和"普通法心智"(Common Law Mind)为核心的意识形态。[13]

依据所谓的"技艺理性",普通法来自于"超出记忆"的时代,因而是没有作者的。它存在于无数代法律人的心智之中,只有经过长期训练的职业法律人才能懂得与破译。而一旦获得这种特殊的知识,法律人就可以依据这些规则与技术作出正确的判决,而不需要再借助于法律之外的其他知识。在这个基础上,法律成为一门自给自足的封闭知识体系,而法律人也得以此对抗任何外来的干预与指责,就像1608年上演的那一幕中柯克法官对于詹姆斯国王的拒绝一样。[14]

在这个意义上,布莱克斯通关于法官是"神谕宣示者"的说法并不新颖,而只是普通法自我认同的延伸。与柯克对于詹姆斯的反抗一样,18世纪的布莱克斯通与边沁的争论,再一次以新的语言重新展示了形式主义与实质主义的对立。而这种本质上的法条主义,同样来自于中世纪以来的不断强化的法律职业传统。成功的出庭律师与皇家法官一起构成了一个亲密融洽的、同质化的小共同体。各种复杂的技术与晦涩的术语都内生于法律职业群体之中,以至于法律人本身也真诚地相信这套复杂的技艺足以保证公正的判决的作出。

尽管在20世纪后,法律职业已出现了很大的松动,但较之美国,英国的司法系统仍呈现出高度集权化与同质化的特征。首先从规模上说,英国的司法系统规模很小,组织也更严密。英国的高级法官由最高法院、上诉法院与高等法院的法官组成,总规模在一百人左右。[15] 即使加上刑事法院与郡法院的巡回法官(circuit judges),全部法官的总数也不过五六百人。[16] 在这样一个小规模的、等级森严的司法结构中,法律的统一适用可以得到最大程度的维护,从而有

---

[13] "普通法心智"的观念来源于福蒂斯丘、利特尔顿、波洛登、柯克等普通法法律家,认为普通法的权威来源于古老的习惯,并且在王国内具有至上性。参见 J. G. A. Pocock, *The Ancient Constitution and the Feudal Law: A Study of English Historical Thought in the Seventeenth Century*, Cambridge: Cambridge University Press, 1987。

[14] 关于柯克的技艺理性及其与形式主义的关系,参见于明:"法律传统、国家形态与法理学谱系——重读柯克法官与詹姆斯国王的故事",载《法制与社会发展》2007年第2期。

[15] 截至2012年12月,英国的最高法院有11名法官,高等法院共有108名法官。资料来源参见 http://www.judiciary.gov.uk/about-the-judiciary/judges-magistrates-and-tribunal-judges/list-of-members-of-the-judiciary/senior-judiciary-list#headingAnchor2, 2013年1月1日最后访问。

[16] 截至2012年12月,在皇家刑事法院与郡法院审理初审案件的巡回法官(Circuit Judges),数量在414名。http://www.judiciary.gov.uk/about-the-judiciary/judges-magistrates-and-tribunal-judges/list-of-members-of-the-judiciary/circuit-judge-list, 2013年1月1日最后访问。

利于遵循先例原则的巩固与制定法的统一解释。

其次,从法官的任职资格上看,只有在出庭律师执业10年以上才有可能被提名为高级法官;事实上,绝大多数法官之前执业律师的时间都在20年以上。法学院的教授和政府官员如果缺乏司法经验,那就几乎不具有被提名的可能。即便是像布莱克斯通这样的知名学者,也是在重返律师界之后的第十个年头才获得任命。[17] 首相与御前大臣在提名法官时,较少考虑私人和政治因素,而更多征求高级法官与资深出庭律师的意见。在法院层级内部,上诉法院的法官也很少直接从律师中任命,而需要在担任了一定时间的初审法官之后才能获得。[18]

由于严格的遴选机制,英国法官群体至今仍然是高度同质化的。大多数人都只具有数十年如一日的法庭从业经验,而很少法律执业之外的经历,这使得英国法官更倾向于接收形式化的法律观,更严格的遵循先例,也更自觉地与道德、政治等实质性问题保持距离。这些终身生活在小群体内部的法官,对于实用主义司法和政策导向的法律创制抱有本能的疑虑。事实上,如果一名律师在法律执业过程中表现出对于遵循先例的轻视,本身就注定难以获得法官的提名。[19]

不仅是职业经历上的同质化。在历史上,英国法官的出身背景也高度趋同。几乎所有的法官都来自于上层或中上阶层的出身,大多数人上过"公学",不是出身牛津就是剑桥;很少有人出身下层家庭,也几乎没有少数族裔。[20] 在地域性上,这些法官中的大多数人都在伦敦工作,分享几乎同样的道德、情感与价值观。尽管这种价值观并不一定等同于社会的主流价值观,但在其内部却毫无疑为是高度稳定的,也必然更容易通过所谓的法律的推理得出确定的判决。

总之,历史与现实都表明,英国司法中的法条主义倾向并非偶然,而主要来源于中世纪以来形成的法律职业阶层,以及相适应的意识形态与法律文化。尽管在波斯纳的谱系中,较之大陆法系的职业科层制,英国司法仍然是一种"旁门制"(lateral-entry),法官的经历也更丰富与多元;但在英美法系的内部,尤其是较之美国,英国的体制却更靠近大陆的科层制,也更为封闭与统一,也因此呈

---

[17] 布莱克斯通于1746年获得出庭律师资格,但并不是很成功,随后转入牛津大学任职,并担任英国法讲席教授。1759年,布莱克斯通重新回到律师界执业,直到十年后的1770年才被任命为王室法官。

[18] 参见波斯纳:《英国和美国的法律及法学理论》,郝倩译,北京大学出版社2010年版,第28—29页。

[19] 阿蒂亚、萨默斯:《英美法中的形式与实质》,金敏、陈林林、王笑红译,中国政法大学出版社2005年版,第293页。

[20] 同上注,第297—298页。

现出更多的法条主义特征。[21] 在这个意义上,英国的故事恰恰构成了一个典型的例证,为我们生动展示了法条主义赖以发生与生存的制度结构与法律文化的基本形态。

三、实用主义的历史:美国故事

同属于英美法系,但美国的司法展现的却是另一个不同的故事。

尽管美国司法职业的历史远远短于英国,但却经历了几次较大的转变。在美国建国之初,出于对行会制度的警惕,虽然接受了英国的学徒制,但却拒绝出庭律师与事务律师的划分。尤其是受到1800年以来杰弗逊民主思想的影响,一些原本不高的职业准入也被视作精英特权而废除,大多数州开始民选法官,并取消律师资格中的专业教育要求。[22] 在内战之前的美国,几乎不存在法律职业的准入,多数律师和法官在获准律师执业之前,都不曾受过正规的法律教育。

情况的改变开始于19世纪70年代哈佛法学院院长兰德尔的改革。兰德尔改革不仅开创了新的案例教学法与苏格拉底教学法,而且牢固树立了法律是一门科学的观念,从而使法学和大学里的其他科学一样成为了必需的教育。[23] 尽管这一过程极为缓慢,但到了20世纪中期,四年本科教育再加法学院的三年专业教育,成为了法律职业的基础条件。而这一时期的律师职业考试也越来越严格,并建立起了专业化的律师协会,对律师的职业准入和执业规范作出了更严格的限定。

随着专业法学教育与律师职业的兴起,美国的法律职业意识形态也开始形成。从19世纪末到20世纪前期,兰德尔的形式主义占据了法学理论的主流。这种形式主义将法律视作一套历史中的原则,这些原则隐藏在无数的判例之中,而法学的任务就是将这些原则从中提炼出来。如同欧几里德的几何学一样,这些原则本身与案例的具体时空无关,甚至很多来自于历史上的英国判例。[24] 总之,在兰德尔倡导的形式主义中,法律完全来自于判例的文本,而无关乎具体的社会生活与实践。而正如弗里德曼指出的,这种严格的法条主义,

---

[21] 关于现代英国司法体系更偏向于科层制及其所带来的法条主义,还可以参见达玛什卡:《司法和国家权力的多种面孔》,郑戈译,中国政法大学出版社2004年版,第66—67页。

[22] 弗里德曼:《美国法律史》,苏彦新等译,中国社会科学出版社2007年版,第119—121页。

[23] 斯蒂文斯:《法学院:19世纪50年代到20世纪80年代的美国法学教育》,阎亚林等译,中国政法大学出版社2003年版,第44—81页。

[24] 关于兰戴尔的形式主义,参见菲尔德曼:《从前现代主义到后现代主义的美国法律思想》,李国庆译,中国政法大学出版社2005年版,第172—174页。

被19世纪末的法官群体所普遍接受,成为官方的司法意识形态。[25]

但我们也不应夸大这种极端的法条主义的影响。与英国司法完全倒向法条主义的阵营不同,事实上,几乎在法条主义诞生的同时,实用主义的司法理念就已经在法官群体的内部形成。最先站出来挑战兰德尔的,无疑是实用主义法学的开创者霍姆斯大法官。在霍姆斯看来,法条主义经常会把一些带有政治色彩的判决以逻辑伪装成客观的正确结论,从而掩盖了法官依据对后果的预测与社会中占支配群体的意愿作出判决的真实过程。[26] 而卡多佐法官的论述也进一步推进了实用主义的立场,强调了经验与后果的分析在疑难案件审判中的不可避免。[27]

尽管在这一时期实用主义并没有成为美国司法的主流,但这些观点的出现本身就表明,美国本土的司法观念从一开始就存在与英格兰的分野。无论是在霍姆斯的时代,还是在20世纪,形式主义从未取得绝对的支配地位。尤其从20世纪60年代开始,法条主义开始遭遇前所未有的危机;随着法律职业市场的不断扩大与开放,银行家、会计师、经济学家、计算机工程师以及管理顾问在法律的解释和运用扮演的角色越来越重要,各种法律职业也日益多样化与国际化,传统的形式主义越来越难以应对新的挑战。[28] 经济学、社会学、统计学与政策科学大量进入到法律领域,并逐渐为法官的司法过程所接受。

这种司法的实用主义的倾向,一方面来自于20世纪后半期的社会急剧转型,但很重要的原因,依然来自于美国本土的司法制度结构(尤其是法官选任)的制约与影响。从历史上看,美国的法官选任,从没有在任职资格(尤其是职业教育与经验背景)上设置太高的门槛。在独立战争之前,法官大多由非专业的普通人担任。建国之后,尽管法官专业化程度不断提高,但直到南北战争之前,法官仍然不是一种强调专业化的职业。法官的任命靠的是机遇,而并非专业水平。所谓法官职业并非一种终身的志业,而只是政治生涯的垫脚石或者跳板。[29]

南北战争后,随着法学院教育的发展,美国法官的专业化程度也不断提高。但较之英国的法官群体,美国法官的任命仍然是多元化的,也更多受到政治因素的影响。直到今天,无论是在宪法中还是国会立法中,都不曾明确规定联邦法官的任职资格,也没有对于法官的职业教育或准入门槛作出限定。以最高法院为例,在历史上先后任职的112位大法官中,只有65名在法学院学习过。事

---

[25] 弗里德曼:《美国法律史》,同前注[22],第412页。
[26] 波斯纳:《法理学问题》,同前注[7],第20—21页。
[27] 卡多佐:《司法过程的性质》,苏力译,商务印书馆1998年版,第24—25页。
[28] 波斯纳:《超越法律》,同前注[12],第75—78页。
[29] 弗里德曼:《美国法律史》,同前注[22],第131页。

实上直到 1957 年,才实现了所有的最高法院大法官都是法学院毕业生的理想。[30]

但仅仅是法学院教育,也未必一定就是职业化的。与英国的高级法官清一色来自于下级法院的法官与执业律师不同,美国的法官任命一直以来并不强调先前的司法经验。到目前为止,联邦最高法院历史上的 112 位大法官中,具有十年以上下级法院工作经验的只有 28 位。相反,在担任大法官之前毫无司法经验的多达 46 位,其中包括斯托里、怀特、富勒和沃伦等声名显赫的大法官。而在 20 世纪的大多数时间里,美国的联邦上诉法官在担任法官之前更是毫无司法经验。上诉法院的法官来源,完全是多元化的,既有长期职业的律师,也有各种政府部门的官员以及法学院的教授,但却很少来自地区法院。[31]

在专业背景之外,影响法官任命的主要因素仍是政治倾向。尽管为了避免政治化的指责和参议院的阻力,总统会综合考虑到候选人的各项素质,但候选人政治立场无疑是其中的关键。从已有的联邦法官来看,只有大约 10% 的地区法院与上诉法院的法官,以及 15% 的最高法院法官,与任命他们的总统持不同政见;而这些例外也大多来自国会的压力,或是总统更为深远的政治考量。此外,平衡宗教、地理、种族与性别的代表性,都构成了提名联邦法官过程中的重要考虑因素,也使得联邦法官的来源趋向于多元,而有别于英国的同质化群体。[32]

在州法院的层次上,法官的来源同样是开放的。对于法官的任职资格,许多州仅仅要求法官"了解法律",而并没有规定一定要是法学院的毕业生。即便是由美国律师协会制定的 1962 年《示范法官法》(ABA Model Judiciary Act)也只是规定被任命为法官者须"持有所在州法院出庭的执照"。[33] 当然,与联邦法官的惯例一样,缺乏法律经验的人仍然很难获得司法职位;尤其是在那些选举法官的州,毫无法律经历的人是难以在竞争中当选法官的。但事实上,在州法院的法官中,尤其是基层法官中,不具有法学院文凭的法官仍然占据不小的比例。

而州法官中的选举制,也同样加剧了政治因素的影响。事实上,之所以采取选举制,本身就来自于杰弗逊主义的民主。在这一观念中,包括法官在内的

---

[30] 亚伯拉罕:《司法的过程》,泮伟江等译,北京大学出版社 2009 年版,第 57 页。

[31] 奥布赖恩:《风暴眼——美国政治中的最高法院》,胡晓进译,上海人民出版社 2010 年版,第 32 页。

[32] 关于大法官任命的政治因素与地理、种族、性别的代表性,参见亚伯拉罕:《司法的过程》,同前注[30],第 71—82 页;或参见奥布赖恩:《风暴眼——美国政治中的最高法院》,同上注,第 40—47 页。

[33] 阿蒂亚、萨默斯:《英美法中的形式与实质》,同前注[19],第 287 页。

所有公职,都可以由普通人来担任,而无需特殊的技能,并可以通过选举来选择好的法官。因此,在选举中法官的专业背景很难成为决定性的因素,而更多取决于竞争中的党派利益和民意基础。尤其是 2002 年"明尼苏达州共和党人诉怀特案"后,最高法院取消了州法官选举中的表达限制,使得法官选举中的党派色彩与负面竞争迅速增加,更加接近于普通立法、行政官员的竞选。[34]

总之,无论是联邦法官,还是州法官,美国的法官选任都呈现出开放性与多元性的特征。尽管从历史上看,法官的专业背景越来越重要,但始终不具有在英国法官选任中所扮演的关键作用。无论是任命还是选举,都较多受到来自于政治与社会的非专业因素的影响。又由于美国的法官收入相对律师要低得多,也使得法官职位很难吸引到更职业化的资深律师,而可能更多吸引那些具有政治野心(但专业水准可能不是最高)的法律人。[35] 而当这些法官作出审判时,也往往比英国的同行具有更明显的政治与社会的取向。

在这个意义上,我们也理解了美国司法的实用主义倾向。与英国的高度职业化法官群体不同,美国法官的来源却是异质与多元的。真正出自上层的法官只是少数,而大多数出身于中产阶级,甚至中下层家庭。少数族裔和女性法官的比例都远远高于英国。[36] 在这一异质化的群体中,对于法律是什么的共同价值观几乎不存在,而更可能抛开先例,从自身的立场与观点作出裁决。又由于许多法官本身出自政治官员与法学教授,也使得他们更习惯宽泛地思考法律,更多考虑"法律应该怎样"而非"法律是什么"的问题。总之,以上因素作用在一起,都促使美国法官更倾向于从政治与社会的后果作出判决,更愿意接收法条之外的经济学、社会学与政策科学的指引,实用主义的审判几乎不可避免。[37]

四、中国的选择与问题

以上就是对于法条主义与实用主义在英美的不同境遇的一点评论。说是评论,实际上更准确地说只是对于波斯纳法官的一个注释而已。之所以增添这一不算短的注释,仍然是为了回应波斯纳最初的问题:当代的中国是否需要实用主义?而在我看来,要理解这个问题,首先就需要理解实用主义司法是如何在它的母国生长起来的?以及在英美法系的内部为何会产生法条主义与实用主义的分殊?

---

[34] 西格尔、斯皮斯、蓓娜莎:《美国司法体系中的最高法院》,刘哲玮、杨微波译,北京大学出版社 2011 年版,第 152—155 页。

[35] 阿蒂亚、萨默斯:《英美法中的形式与实质》,同前注〔19〕,第 291—292 页。

[36] 亚伯拉罕:《司法的过程》,同前注〔30〕,第 74—75 页。

[37] 关于协作型司法结构与能动司法的关系,也可参见达玛什卡:《司法和国家权力的多种面孔》,同前注〔21〕,第 346—351 页。

但仅仅理解英美的境遇,仍无法回答中国的问题。在法条主义与实用主义的频谱中,如果说美国处于实用主义的一端的话,英国至多只能说是半法条主义、半实用主义的,而中国及其所依附的大陆法系,则距离美国的实用主义更加遥远,接近于法条主义的另一端。但即便如此,以上有关英美的分析,还是为我们初步展示了法条主义、实用主义及其与各自所属的制度结构之间的关系,因此可能作为我们理解和分析中国语境与实用主义之关系的基本框架。

从英美的经验来看,当法官的选任趋向于封闭与同质化时,司法的法条主义将随之增强;而法官选任的多元,则更可能导致实用主义的审判。如果以此反观中国的司法,那么可能比英国在法条主义的道路上走得更远。事实上正如波斯纳指出的,尽管英国的法官更为同质,但仍然是一种旁门制(lateral-entry);在多数法官在任职之前,都存在十年以上的律师执业经验。而大陆法系的司法则是职业制的(a career judiciary),多数法官在法学院毕业后直接进入法院,几乎或很少具有法官之外的职业经验与阅历。[38] 而这种封闭与单一的法官来源,无疑将使得法官更倾向于拒绝法律之外的知识,而更多地使用法条主义的推理。

在经历与知识的单一之外,导致职业制趋向于法条主义的另一个重要因素是职务的晋升与考核。由于职业制中的法官晋升往往取决于上级的认可,法院也就和其他官僚机构一样,依赖于细致的规则来最小化代理费用与考核费用。因此,在这些体制中,往往趋向于靠具体的法典来指导法官,以更简便地确定法官是否正确适用了规则,也使得评价法官具备了更客观的标准。如此一来,对于一位职业制之下谋求晋升的法官来说,最好的选择就是循规蹈矩地遵循既定的规则,以减少犯错的可能和避免创造性审判可能带来的麻烦。

而在当代中国,这些职业制司法的问题都在不同程度上存在着。从法官的来源来说,近十年来法官职业化的建设,已经使得法学院教育与法律职业资格考试成为法官的基础条件,从而将原本存在的某种程度的旁门制(比如复转军人)被排除在外。在多数法院,法官初次任职几乎都是从法学院毕业生开始,而缺乏法律职业之外的职业经历与知识。[39] 同时,法官职务的晋升,也同样来自于上级的考核与认可。这也使得法官更倾向于保守的审判,即便在面对疑难案件时也更愿意采取法条主义的策略,严格地恪守法条,以避免不必要的麻烦。事实上,在类似于"许霆案"的争议性案件中,我们已经看到了这种法条主义的影子。[40]

---

[38] 关于旁门制与职业制,参见波斯纳:《法官如何思考》,同前注[5],第121—125页。

[39] 事实上,从2009年开始的允许应届本科毕业生参加司法考试的做法,进一步加剧了这一倾向。

[40] 参见苏力:"法条主义、民意与难办案件",载《中外法学》2009年第1期。

在这个意义上,如果仅仅将中国法院视作单纯的大陆法系的职业制,我们已不难得出中国法官更倾向于法条主义的结论。但真实的问题却并非这么简单。当我们说中国的司法法条主义时,相信包括法官在内的很多中国人都无法赞同这个结论。在今天中国的司法中,尽管从判决书中几乎看不到实用主义的思考,但在判决书的背后,我们却可能发现,真正促使法官作出某些判决的,并不是表面的法条主义推理,而实际上来源于许多隐蔽的政治层面与社会层面的考虑,甚至不乏上级的压力。就像当我和一个法官朋友谈到这一问题时,他的第一反应是,"我们经常是实用主义的审判,只不过装作法条主义而已"。

尽管自谦对于中国了解不多,但波斯纳法官恰恰敏锐地预感到了这一问题。当法官本身缺乏独立地位,并且可能随时受到外来干预时,实用主义的审判不仅不能取得好的社会效果,反而可能沦为法官徇私枉法、谋求私利的借口或"装饰"。而在波斯纳看来,这种丧失了司法中立的裁判,已经违背了实用主义审判的目标,最多只能是一种追求不受约束的随意裁判的"短视"实用主义,而并非真正的为了追求长远的整体性社会效果的"理智"实用主义。也正是在这个意义上,波斯纳法官认为,在一个"非民主"和"法制薄弱"的法律文化中,更多地使用法条主义的审判可能是一种更好的选择。

但这真的是一种法条主义么?事实上,当波斯纳因为考虑到中国的具体国情而选择放弃实用主义时,这本身就是一次实用主义的选择。在这里,法条主义与实用主义都并非本质主义的,也并不具有当然的优越性,而仅仅存在具体语境中的选择。而正如波斯纳之前就曾指出的,在许多时候,运用法条主义,本身就构成一种实用主义的策略。[41] 而在我看来,在今天中国的法治环境中,运用这一策略从总体上是恰当的;它不仅可以减少法官的恣意判决,而且可以成为法官抵御外来尤其是上级干预的"理由",以减少法官所承受的压力与负担。

当然,最后需要指出的是,这并不意味着在中国否认一切实用主义审判的可能与必要。事实上,真正的实用主义者就不应当遵从某种必然。既然在当代中国的法律文化中,运用法条主义本身就是一种实用主义的策略,那么当具体的案件(尤其是在类似于"许霆案"这一类难办案件)中,确实面临着法条主义的困境时,偶尔地突破法条主义的束缚又有什么不可呢?强调中国的法官坚持法条主义,仅仅是就一般的情况而言,但如果面对特殊的难题,在排除不正当干涉的情况下,通过合法程序的审判作出一个更符合社会效果的裁决,同样可以被视作是一种"理智"且有益的实用主义审判。实际上,在常规案件中尽可能地法条主义,而在疑难案件中尝试运用实用主义,本身就是法律实用主义的一

---

[41] 参见波斯纳:《法官如何思考》,同前注[5],第224页。

贯策略。[42]

在这个意义上,所谓的法律文化,也许并非是一种文化。无论是"非民主",还是"法治薄弱",在某种程度上都可以被视作一种制度结构,只不过是比司法制度更深层次、具有更隐蔽制约的制度结构。因此,本文对于法条主义、实用主义与制度结构的讨论也就远远没有结束。有如前述,本文与其说是一个评论,不如视作波斯纳法官演讲的一个脚注,仅仅是对于一些潜在的知识与观点所作的补充。而在当代的中国,如何理解与建构作为更深层制度结构的法律文化与法官司法策略选择之间的关系,则是一个更宏大、也更需要深入探讨的问题。

(初审编辑:叶蕤)

---

[42] 事实上,卡多佐法官很早就明确指出这一点,参见卡多佐:《司法过程的性质》,同前注[27],第103—104页。

波斯纳反对波斯纳

——为什么从来没有学术的自由市场这回事

田 雷*

Posner against Posner:
There is no such Thing as the Free Market of Ideas

Tian Lei

内容摘要：在芝加哥法经济学的论述中，自由市场的概念是最为常见的隐

---

* 重庆大学人文社会科学高等研究院副教授。为了本文的论述不致产生不必要的争议或无意义的讨论，我在这里引用波斯纳的一段话表明本文写作的出发点，在这段话中，波斯纳批判了包括自己在内的学院派道德哲学家，但读者不必就此做"对号入座"式的想象："他们是终生的学院人士，从来不曾出过校园。没有终身教职前，他们不会冒任何职业风险。有了终身教职，也很少冒职业风险，而从来不会冒个人风险。他们过着一种舒适的资产阶级生活，也许稍带点放荡不羁。他们思想左翼，生活右翼，或者思想右翼，生活左翼。我这样说并不是批判。我喜欢学院人士。而且我自认为基本上是其中一员；我和他们一样缺乏英雄气概；一样是安逸的资产阶级。"参见 Richard Posner, *The Problematics of Moral and Legal Theory*, Harvard University Press, 1999, p. 80. 本文作者只是法经济学的门外汉，很荣幸受邀在《北大法律评论》的版面上"与波斯纳对话"，以下的评述谈不上任何原创性的贡献，只是一位非专业人士由外部视角出发去观察现代学术生产的组织形态和支持结构，就此而言，法经济学是本文命题所适用的典型案例，并非一种例外或一次意外。而且，本文无意卷入任何学术政治或者文化斗争，不过是希望提出并且在自己学力所及范围内探讨学术思想的组织形式，对于学院人士而言，这是一个无分左右的普适问题。

不无巧合的是，我在这里有必要指出，本文的写作得益于国家社科基金项目的资助，项目编号为 12CFX019。

喻之一，它一方面关联着在规范性政治理论讨论中的财富最大化或效用主义的原则，另一方面关联着在论述法律改革以及普通法历史时的效率目的论，因此构成了右翼法经济学的一个核心概念。本文讨论了芝加哥法经济学的学术组织史。在这一视角内，法经济学并不是一种政治上中立的纯理论建构，它从一开始就是内嵌在美国保守派自觉的政法运动中。在此基础上，本文指出，美国法制的宪政规范要求，法经济学不可能通过其修辞策略就推翻罗斯福新政以来经由历次政治斗争所形成的进步主义政法成就。

关键词： 波斯纳　自由市场　修辞策略　政治革命

Abstract: The vision of free market has been one of the most invoked metaphors in the discourse of Chicago-based law and economics. Whereas in the normative political theorization, it is related to the principles of maximization of wealth or utilitarianism, in the economic analysis of law, especially in the recovery of common law, it is to the brooding omnipresence of efficiency. In the perspective of its academic history and politics, however, instead of a politically neutral theoretical construction, law and economics has been embedded in a conscious movement to take the control of law initiated by the Conservatives. But the underlying contradiction of this intellectual movement is that only rhetorical success in the domain of the academic cannot attain the legitimacy to repeal the progressive milestones erected by the New Deal, the Civil Rights Revolution and other constitutional norms during the twentieth century.

Key words: Posner　Free Market　Rhetorical Strategy　Political Revolution

观念有其后果。

——理查德·韦弗

形式即实质。

——阿瑟·勒夫

一

　　法经济学的学员们站在法学院后面的台阶上，他们身着盛装，面带笑容，拥在一起，虽然照相的时刻尚未到来。他们正在等待照片中的荣誉主角，罗纳德·科斯，他随时都可能出现。来自中国的这72位学者并不介意等待。事实上，很多人都期待着这次面见法经济学之父的机会……突然间,科斯来了,就出现在法学院的后门口。72双手对他报以热烈的掌声。在合照过程中,学者们有序地各就各位,但接下来一切都不一样了。他们围在科斯身边,同他交谈,给他拍照,推着他的轮椅去参加当晚的宴会。

芝加哥大学法学院的网站这样开始了对2012年"法经济学"财产法与私法暑期训练营的报道。根据网站所提供的信息,这是设立于芝大法学院的"法经济学全球化项目"的第一期培训班。本期学员全部来自中国,包括大陆、香港、台湾两岸三地的学者和研究人员,这是因为"中国迅速发展的经济,以及越来越多的学者有兴趣运用法经济学的工具去影响法律体制的变革"。即便只是从官方报道的三言两语,我这位虽不能至,心向往之的评论者,也完全可以感受到这次为期近两周的培训班是一次高水准、高强度、高规格的学术盛宴。[1]

培训班的日程安排无处不体现着美国精英学术机构的组织技巧:"主菜"是每天上下午由小波斯纳等中生代教授领衔开设的压缩课程,内容涵盖合同法的经济分析、财产法与资本市场、财产法与公共选择、法律救济的经济分析;午餐时分还会安排老波斯纳这样的重量级学者的讲座,从科斯、波斯纳、理查德·爱泼斯坦到玛莎·纳斯鲍姆,这样的阵容即便是在芝大,也称得上是一时无二;论文工作坊让一部分学员有机会报告自己的学术论文。紧张的学术训练之余,组织方也没有忘记寓教于乐,从乒乓球、院长家里的招待,再到自行车远足以及组织观看棒球比赛,这也难怪按照报道里的说法,有些学员在项目结束时都有些乐而忘返了。

我们的学者不远万里,奔赴法经济学的圣地芝加哥,亲身参与这一真正机不可失的学术活动,一个主要目的当然是要在法经济学的殿堂内求取法律分析的"真经"。一位来自国内著名法学院的博士生就在课后这样说,中美两国在法经济学上的概念非常不同,但"美国的工具可以让中国的经济法变得更有理性"。一位来自台湾地区的学员的说法更具启示性:"有时候,意识形态会主宰着我们的行为。我认为法经济学提供了一种平衡的力量。"

芝大法学院的院长希尔在欢迎辞中告诉远道而来的学员:"法经济学是帮助我们思考法律的最强有力的工具",而芝大法学院则拥有"美国最强大的经验法经济学的研究团队","正如在美国,法经济学在中国也同样有助于阐释法律的原则"。但微妙的是,希尔并不认为法经济学的训练是一种"理论输出":培训班的目的不是要在中国传播法经济学,而是要训练学员们去掌握一种他们

---

[1] 正因此,本文的评论绝无一位出身芝大的社会科学家乔·埃尔斯特所说的"酸葡萄"心理。Jon Elster, *Sour Grapes: Studies in the Subversion of Rationality*, Cambridge: Cambridge University Press, 1985.

在学术研究中能够为我所用的工具。院长先生站得高当然也看得远:"我现在所希望的是,20年后,你们再去回望今天以及接下来的两周,都能将之视为人生的重要时刻。"学术活动有其成本,院长在这时比任何人都讲成本收益,希尔院长希望学员们可以把他们在芝大所学的带回到中国,然后在顶尖大学内将这些工具传授给自己的学生。根据网站的报道,科斯也表达了他对中国的"高度期许",希望中国可以复制它在全球产品市场内的成功,成为"理念市场"内的领头羊,"在中国所需的是去发展一种理念的市场(marketplace of ideas)"。[2]

就是在这种宾主、师生双方其乐融融的气氛中,波斯纳来了(作为一位非法经济学方向的法学研究者,我愿意相信中国学员更期待的是波斯纳,而不是科斯)。照例,波斯纳以其无可撼动的学术地位说了一些不合时宜的话。波斯纳向在座的中国学员提出了一个问题,"在中国是否存在能够容纳对法律进行经济分析的制度结构和法律文化"。在问题提出后,波斯纳不无姿态地承认他其实不懂中国,当然这也并未阻止他给出自己的个人判断:在中国的"民主制度尚未健全"和"法治的观念尚属薄弱"的政治文化内,司法部门应避免"实用主义的风格",而选择去保持"抽象和形式主义",既然经济分析是基于法律的实用考量,那么波斯纳的结论就是中国的法律实践未必存在着经济分析的空间。

波斯纳的结论究竟是起因于他那"不会让任何人舒服"[3]的修辞风格,还是根源于他真心实意的一种判断,抑或两者兼而有之,本文无意追究这个问题,也没有必要去追问,事实上,波斯纳的这个"棒喝"显然已照顾到中国学员的情绪,多少显得绵软无力,最多是一个小插曲。他的冷水不会熄灭中国学员求取真经的热情。但本文倒是愿意接着波斯纳所开的这个话头说下去。无论中国是否存在着法律经济分析的空间,我们都应当就着波斯纳的势去追问这次学术的实践:中国最优秀的法学者不远万里去参加芝大的训练营,而且有理由相信,从该训练营走出的学者确实有机会如希尔院长所期望的那样形成一个法经济学在中国的共同体,如此看来,这段为期两周的培训不是没有可能最终成就一个在法经济学全球化过程中的中国学派。

但我的问题是,为什么是法经济学呢?为什么是芝加哥呢?为什么是财产

---

〔2〕 正文对法经济学训练营的"重现"主要根据芝大法学院网站上的报道,引号内的内容均为对报道的直接翻译。第一则"The World Comes to Chicago to Study Law and Economics", at http://www.law.uchicago.edu/alumni/magazine/summerschool2012,最后访问日期2013年1月18日;第二则"Chinese Scholars Come to Chicago to Study Law and Economics", at http://www.law.uchicago.edu/news/chinese-scholars-come-chicago-study-law-and-economics,最后访问日期2013年1月18日。

〔3〕 语出自莱西格教授,转引自苏力:"《波斯纳文丛》总译序",载理查德·波斯纳:《法理学问题》,苏力译,中国政法大学出版社2002年版,第xv页。

法与私法呢？这样提问多少有些唐突，如果有读者认为这种提问方式是在干预学术自由或进行思想审查，我只能说我既没有这个能力，也"不在其位不谋其政"。这样提问实际上是在拷问我自己的思考，因为一段时间以来，我就在琢磨着三个非常私人化的困惑：第一，为什么法经济学会成为学术主流，如日中天，而批判法学却沦为"鸡肋"，在角落内延口残喘？第二，为什么提到法经济学，人们首先并且主要想到的是波斯纳所代表的芝加哥，却忘记了卡拉布雷西所代表的纽黑文学派呢？第三，为什么芝大的经济分析"殖民"了几乎所有的法领域，一路以来高歌猛进，摧枯拉朽，但至少就我阅读所及，宪法作为一个领域却可以承受法经济学的攻击而保持独立呢？对于以上三个问题，我完全没有答案，也不可能在这篇评论内尝试一一解答，因此下文所做的只能说是以波斯纳为引子，为这三个私人化的问题完成一种脚注式的阅读笔记：通过法经济学在美国的兴起去讲述一个道理，正如没有完美的产品市场，也不会有学术的自由市场，学术自由并不等于学术的自由市场。

二

1986年，"耶鲁莎翁"欧文·费斯应邀在康奈尔法学院举办讲座。费斯以《法律的死亡？》为题，在讲座中点名批评了兴起于70年代的左翼批判法学和右翼法经济学，认为前者主张"法律即政治"，后者主张"法律即效率"，它们看似左右互搏，但实则"联手"颠覆了曾在60年代鼓励法律人追求社会进步的法律理念，即法律是公共德性，司法裁决就是解释法律公共德性的过程。费斯的结论认为这两种法学理论指向了一种"没有理想的法律"，它们的胜利就是"我们在历史中所知道的，我们所敬仰的那种法律的死亡"。[4]

三年后，费斯又在《康奈尔法律评论》上刊发论文《法律失而复得》。这时的费斯修正了此前的悲观论调。那种作为公共德性的法律之所以可以"失而复得"，一方面是因为法经济学运动看起来已经走到了"盛极而衰的拐点"，"魔咒看起来已经破碎"；另一方面是批判法学变得更为多元化，"我对批判法学的解读有些不同。该运动还有上升空间，继续在学界保持其统治力"。尤其是弗兰克·迈克尔曼将公民共和主义注入批判法学对政治的理解，批判法学所理解的政治不再是一种"卑鄙形式的政治，即作为市场行为，作为利益和偏好之表达的政治"，而是一种"更高贵也更有理性的政治"，这种政治所表达的是公共的价值、原则与权利，而不只是私人偏好。正因此，新批判法学就"不那么有摧毁性"，法律因此"失而复得"。[5]

---

[4] Owen Fiss, "The Death of the Law?", 72 *Cornell Law Review* 2, 16(1986).

[5] Owen Fiss, "The Law Regained", 74 *Cornell Law Review* 245 (1988).

但是历史显然否定费斯的预测。法经济学非但没有盛极而衰,反而一路高歌猛进,芝加哥风格的经济分析在法学界早已登堂入室,成为一种无往而不利的"工具"。相反却是费斯表现出更多同情的批判法学很快在主流学界销声匿迹,成为明日黄花,在很多人看来,不过是一小撮人在暗室内密谋出来的,颠覆自由主义法治的异端邪说。回头看来,批判法学似乎是"时无英雄,使竖子成名";反而是法经济学显得"沧海横流,方显英雄本色"。我们在今天难道可以想象一场同样严肃、虔诚而且高品质的批判法学训练营吗?!

但事实上,那时唱衰法经济学就如同前几年预言中国的崩溃,从来都是学界乐此不疲的话题。不单费斯,哈佛法学院莫顿·霍维茨早在1980年就宣称"法律的经济分析已经'开始走下坡路'","未来的法制史研究者必须开动其想象力才能搞清楚为何这么多人会认真对待这些玩意"。[6] 就在费斯讲座的前一个月,纽黑文法经济学的一位代表人物布鲁斯·阿克曼,也在杜克法学院区分了法经济学的两个变种,其一是芝加哥的帝国主义的法经济学,其二是耶鲁的"不那么帝国主义的"法经济学,认为后者才是正道。[7] 但问题是,预测法经济学衰落的学派自己反倒先衰落了,只留下芝加哥的法经济学一路以来不断开疆拓土,成功殖民了一个又一个传统的法领域,实现了其帝国梦。[8]

法经济学作为美国法学在过去半个世纪内最成功的智识运动,实现了由"造反者"向"霸权者"的身份革命,这一过程究竟是如何发生的。在2008年出

---

〔6〕 Morton Horwitz, "Law and Economics: Science or Politics?", 8 *Hofstra Law Rebiew* 905 (1980).

〔7〕 Bruce Ackerman, "Law, Economics, and the Problem of Legal Culture", 1986 *Duke Law Journal* 929 (1986).

〔8〕 在以下的讨论中,法经济学专指芝加哥学派的,植根于经济学,主要与右翼放任自由主义相连的法经济学,而不是耶鲁学派的,植根于法律现实主义传统,主要与左翼新政自由主义相连的法经济学。

耶鲁的圭多·卡拉布雷西教授也在近期的未刊书稿内区分了法经济学的两种传统,第一种是"Economic Analysis of Law",第二种是"Law and Economics"。根据卡拉布雷西的论述:

我所说的法律的经济分析,就是运用经济理论去分析法律世界。它从经济理论的立场去观察法律世界,而作为这种观察的结构,它去确证、怀疑、同时也经常追求对法律现实的变革。它实际上如同一个阿基米德的支点,在上面安放着一个杠杆。这个杠杆让学者在适当时候去论证法律现实的改变。在最激进的改革主义模型中,它由经济学的立场去观察世界,如果发现法律世界不符合经济模型,则宣称世界是"不合理"的。

而我所说的法经济学从一开始就抱持一种有关世界的不可知论。它接下来就开始去观察经济学理论是否可以用来解释这个世界和这个现实。如果答案是否定的,它并不自动否定这个世界,认为其是"非理性"的,它要去追问的是经济学理论是否可以得到修正,变得更宽泛或者更细化,由此可以让它有能力去解释为什么现实的法律世界会是它当下的模样。

因此,卡拉布雷西的结论是"在此意义上,在法律的经济分析中,经济学是主导性的,法律只是接受它分析和批判的对象;而在法经济学中,这一关系是双向的,经济理论是要去检验法律,但作为这种检验的结果,它经常会导致经济理论的变化,而不是法律的变化"。参见 Guido Calabresi, *The Future of Law and Economics: Essays in Reform and Recollection*, unpublished manuscript.

版的《保守法律运动的兴起:为争夺法律控制权而斗争》这本书内,现任教于约翰·霍普金斯大学的斯蒂文·特里斯教授对此过程进行了一种学术政治史的记述。[9] 对于法学院内的读者来说,此书的独特之处在于它的视角转换,既不是法教义学(法律应当如何解释),也不是法律社会科学(法律应当如何变革),而是讨论法制为何会这样变革以及变革背后的"支持结构"(support structure)。该书专论法经济学的两章为中国语境内的读者揭开了法经济学的面纱:法经济学从一开始就并非一种单纯的知识追求,而是内嵌在美国保守主义政治运动内的一场智识运动。法律的经济分析并不是一种自然的、普遍的工具,它的起源与兴起是为了挽救放任自由经济免于新政积极国家的干预。从一开始,它就服务于这一政治目的,就是要去瓦解罗斯福新政后结成的稳定政治联盟。

当然,揭示法经济学的政治根源并不是要去否定其在智识上的贡献。必须承认,任何一种知识都不可能出现在真空之中,这是该书开宗明义所提出的命题:"理念并不发展于真空中。理念需要有网络(network),经由此理念才能得到分享和培育,需要有组织(organization),才能将理念与问题关联起来,才能将理念在政治行动者那里传播,需要有资助人(patron),才能为这些支持条件提供资源。"而特里斯所记录下的就是法经济学的网络、组织和资助史。

在特里斯的叙述中,法经济学的故事并不是开始于波斯纳,而是要从1933年由芝大政治系转至法学院的亨利·西蒙斯(Henry Simmons)讲起。西蒙斯在当时的法学院是一个异类,他代表着"老芝加哥"弗兰克·奈特的经济学传统,在他看来,罗斯福新政不仅扼杀了自由市场和自由企业,还将颠覆自由社会的秩序。西蒙斯帮助哈耶克在美国出版了著名的《通向奴役之路》。但西蒙斯对法经济学的最大贡献是他将阿伦·迪雷克托(Aaron Director)请回芝加哥。这其中亦有哈耶克的功劳,因为西蒙斯是在哈耶克的引荐下申请到沃尔克基金会(Volker Fund)的捐赠,这才让迪雷克托有机会重返芝加哥。西蒙斯在回忆录内提到他的申请报告:"在美国至少还能有一所大学,(放任自由的)政治知识传统还能得到充分的代表——不仅由一位教授去代表,还要有一个社会知识的团队。"西蒙斯在写给哈耶克的信内提到,这个项目的"暗藏目标……就是要让迪雷克托重回芝加哥"。而迪雷克托后来也曾回忆道:"哈耶克……会见了一位叫卢诺的人,他当时负责沃尔克基金的一大笔钱,他说服卢诺捐资设立一家旨在促进自由企业的中心。"[10]

有关迪雷克托对法经济学的贡献,最好是引用科斯的一句话:"当我来到

---

[9] Steven Teles, *The Rise of the Conservative Legal Movement: The Battle for Control of the Law*, Woodstock, Princeton University Press, 2008.

[10] Id., pp. 93—94.

芝大时，我认为自己的角色就是门徒保罗，誓要追随迪雷克托这位耶稣。"[11] 迪雷克托在芝大法学院的授课现已经成为一种传说：他当时和艾德华·列维合开反垄断法，据说，列维每周上四天课，而迪雷克托就用第五天告诉学生，"列维此前四天所讲的一切都是毫无意义。他接下来会用经济分析向我们证明，法律分析是站不住脚的。"前段时间刚过世的前联邦上诉法官、保守派宪法学家罗伯特·博克曾经这样回忆过这门课："我们中有些人修读了反垄断法或经济学的课程，所经受的可以说是一种宗教性的皈依，它改变了我们对整个世界的看法。"亨利·曼尼也曾提到当时发生的"一件怪事"，在法学院每天下午例行的茶会上，学生和教员大部分都在一起讨论迪雷克托和经济学。[12]

不仅如此，迪雷克托还在1958年创办了《法经济学杂志》(Journal of Law and Economics)，此后不久设立了一个反垄断法的研究项目。科斯后来回忆道："法律的经济分析不再只是一种理念，而成为一种现实。有了《法经济学杂志》，有了沃尔克基金资助的法经济学研究项目。再进一步，这是非常重要的，有了积极投身这一项目的法学教授，首先是肯·丹姆和埃德蒙·基奇，然后波斯纳也加入进来。"波斯纳在1968年在斯坦福见到了迪雷克托，在他回忆中，迪雷克托是"一位苏格拉底式的人物，他很少写作……但谈话却有一种穿透力"。[13]

在法经济学的学术史中，波斯纳是一个不好处理的环节，因为他一个人改变了法经济学的整个领域。波斯纳在法经济学运动中"是亨利·福特而不是詹姆斯·麦迪逊"。[14] 斯坦福法学院的波林斯基教授甚至写过一篇副标题为"《法律的经济分析》的购买者需知"的书评。[15] 特里斯讨论波斯纳的那一节名为"波斯纳的外部性和法经济学的起飞"，他称波斯纳为法经济学运动的"正外部性"(positive externality)，"引领法经济学从边缘走向主流"[16]，"如果说迪雷克托和科斯的工作有助于确立法经济学成为一个可观的领域，那么正是波斯纳的出现才将法经济学变成一种顶级的学术现象"。[17] 特里斯归纳了波斯纳四个方面的贡献：(1)《法律的经济分析》表明，法经济学可以揭示出全部法律领域内传统方法的主要缺陷，这引领众多学者跟随波斯纳的脚步；(2) 波斯纳通过与现有学者的各种辩论，推动法经济学进入了主流领域；(3) 波斯纳

---

〔11〕 Id., p.96。而关于迪雷克托，另外一个不得不提，但最好放在脚注中的私人关系是，他的妹夫是著名的经济学家米尔顿·弗里德曼。

〔12〕 Id., p.94.

〔13〕 Id., p.95.

〔14〕 劳伦斯·莱西格："多产的偶像破坏者"，苏力译，载苏力：《走不出的风景》，北京大学出版社2011年版，第308页。

〔15〕 A. Mitchell Polinsky, "Economic Analysis as a Potentially Defective Product: A Buyer's Guide to Posner's *Economic Analysis of Law*", 87 *Harvard Law Review* 1655 (1974).

〔16〕 Teles, *The Rise of the Conservative Legal Movement*, supra note〔9〕, p.101.

〔17〕 Id., p.96.

在多个领域内都有大量发表,因此即便是不同情法经济学的学者,只是要和波斯纳辩论或者是要理解波斯纳,也要进入这个领域;(4)波斯纳参与组建了"法律经济"(Lexecon)咨询公司,创造了对有法经济学训练的人员的需求。特里斯认为,波斯纳的成就一方面扩大了对法经济学的需求,另一方面又移除了它的供给限制。[18]

在波斯纳开创出法经济学的新格局后,如要最大限度地利用波斯纳在法学传统知识体系内打开的空间,尚且需要一位智识企业家(intellectual entrepreneur)型的人物,这个人就是亨利·曼尼(Henry Manne)。曼尼出身于比较草根的法学院,最初任教于圣路易斯大学,凭借着60年代任教乔治·华盛顿大学期间在公司法领域内的学术发表,曼尼获得了罗切斯特大学政治系的讲席教授职位,当时该系的主事人是威廉·莱克(William Riker)。[19] 与此同时,曼尼受罗切斯特校方委托计划组建一所新的法学院。曼尼在1968年提交给大学校长的一份报告内指出:"在现代律师的训练中,经济学的相关性和重要性超过了任何其他的社会学科";同时"法学院极少获得来自工业界的直接支持。芝大法学院已经成功地从公司那里得到捐赠,耶鲁也是……但这两所法学院只是例外……今天每一家公司内部都有大量的法务工作……因此一家法学院在设计时特别考虑到这些需求,就可能得到其他法学院不可获得的回应"。

在曼尼与自由基金会(Liberty Fund)的创设人皮尔·古德里奇的通信中,曼尼告诉他的金主,他没有兴趣去建立"另一所法学院",也没有兴趣去强化主流法学院内的"国家主义","教育世界在放任自由主义者看来已是一团乱局,

---

〔18〕 特里斯还提到,20世纪70年代,法学院在终身教职的评审上越来越严格,而波斯纳的惊人学术产量证明了法经济学的生产力。精英法学院的学生刊物编辑对此有切身感受。曾担任芝大法学院院长的道格拉斯·比尔德在访谈中提到:"如果你是一个有志于进入法学研究的学生,在20世纪70年代中后期,编辑波斯纳和伊斯特布鲁克的法律评论论文,就成了你教育的一部分。"See Id., p.100。

另外需要指出的是,波斯纳与卡拉布雷西之间关于效率作为价值的辩论,也推动了经济分析方法的去政治化。特里斯指出:"这场辩论的一方参与者来自耶鲁法学院,这一事实有助于法经济学摆脱它只是保守派的、芝大的项目的印象。"亨利·曼尼也在访谈中指出:"在学术世界内,尤其是法学院内,任何来自芝大经济学的学说那时都是意识形态化的,甚至不算真正的学术。但现在有一位从未驻足芝大的学者也在写着相同的东西……这就赋予该领域以一种声望。"See Id., p.99。

〔19〕 切斯特大学政治系,在莱克的领导下,是理性选择理论的大本营,将微观经济学的理论用于对政治制度、行为和过程的分析。

有学者称公共选择理论为法经济学的"表亲",如同法经济学将经济学方法引入法律分析,公共选择理论则用经济学说去分析政治行为和宪法体制(例如,由刚去世的乔治·梅森大学教授詹姆斯·布坎南所发展出的宪政经济学),而且公共选择理论在美国也主要是一种保守派的学说。正如本文以下所述,法经济学是要去论证十九世纪普通法秩序的"效率",那么公共选择理论则是要论证政治过程主要是立法体制的"腐败",即政府的规制类立法往往并非在追求公共利益,反而受到其所要管理的特殊利益集团的"俘获",这可以说是从两翼包抄去围攻美国的积极主义国家。关于公共选择理论的经典表述,可参见 James Buchanan and Gordon Tullock, *The Calculus of Consent: Logical Foundations of Constitutional Democracy*, Ann Arbor: University of Michigan Press, 1962。

可以说早就该启动一场净化了,但是只有一种优雅保守哲学的大潮才能净化世界", "希望我们的每一位学生都会受教于为了自由社会之自由人的法律意义。如果我们成功实现该目标,我们就会是全美唯一的面对自由社会法律问题的法学院。"当然曼尼也不忘提及,"我们面对着无法逾越的筹款问题",而"我最骄傲的事情,莫过于将我们的法学院命名为'皮尔·古德里奇自由法学院'"。[20] 最后由于资金缺口和当地律师界的反对,曼尼未能创立他的"新法学院"。

如果说新法学院是要将法经济学"零售"给学生,那么曼尼后来成功地探索出一种"批发"模式,他在罗切斯特大学创设了"法学教授经济学学院"(Economics Institute for Law Professors),这是一种为期3周半(后来压缩到2周)的研讨班,主要为法学院的教授提供微观经济学的培训。曼尼后来回忆道:"早期的课程并未将经济学与法律直接关联起来:那完全交给了法学教授们,他们每一个人都武装着波斯纳的《法律的经济分析》";"我总共培训了超过650位法学院教授,而且我敢说我和其中很多人都成为朋友"。为了让训练营产出更大的影响力,曼尼"不会在一期内仅从一所法学院录取一位教授。他们至少应两人结伴前来,人数越多,我越高兴,因为我知道,他们回去后会被嘲笑,这就是我在乔治·华盛顿大学的遭遇……如果有两个乃至更多的人,他们回去后会相互支持。在第一期项目内,我们有六位学员来自弗吉尼亚大学,四位来自耶鲁,两位来自哈佛,印第安纳大学有三或四位。"[21]

训练营的兴旺发展也见证了曼尼在筹款上的成功:"那时,全世界都知道芝大经济学是唯一可能挽救公司摆脱反垄断困境的方法……我说经由此可以将这些理念传授给法学教授,他们会培养出律师和政府官员。好的,在我写信的11家公司内,数周内分别给了我1万美金,最后1万美金在几周后到来,来自美国钢铁公司……我把多余的1万送给学校。"由此可见,曼尼成功地实现了对教育者的教育,在这个批发模式的训练营中,曼尼成为法经济学的网络组织者,在传播理念的过程中创建了一个学术共同体,正因此特里斯将"罗切斯特时期的曼尼"称为"一位智识企业家的诞生"。

曼尼在罗切斯特的最后一年等到了来自耶鲁法学院的工作邀请,但是他最终却转会至迈阿密大学的法学院,因为一个落后的法学院可以给曼尼以更大的空间,一张白纸上好画最美的图画。曼尼在迈阿密创建的"法经济学中心",已经不仅局限于为法学教授提供经济学训练的项目。中心下设的约翰·奥林项目招录近期毕业的经济学博士,全额资助他们攻读法学学位,这是要培养供法学院雇佣的经济学家。奥林项目的资助者曾这样回忆起迈阿密法经济学中心

---

[20] Teles, *The Rise of the Conservative Legal Movement*, supra note [9], pp. 104—105.

[21] Id., p. 107.

的环境:"那是绝妙的地方。人来人往,开设短期课程或长期课程,举办论文研讨会和讨论会,激动人心……布坎南来了,科斯来了……卡拉布雷西来了……你走在过道里会遇见加里·贝克、阿曼·阿尔钦、哈罗德·德姆塞斯……你想同他们交流?那就走向前去,告诉他们。"[22]后来,当曼尼创建乔治·梅森大学法学院时,奥林项目的学员成为他最初招聘的教员。

在迈阿密,曼尼得到自由基金会的资助,从1975年至1985年连续举行学术研讨会,通过研讨会建立起一个全美范围内的法经济学研究网络。学术讨论会让从事法经济学教研的学者有了面对面交流的机会。现任教于耶鲁的乔治·普利斯特当时尚栖身在一家名不见经传的菩及海湾大学,他曾回忆道,没有这些会议,学术边缘地区的年轻人根本没有机会接触到资深学者。

也是在迈阿密,曼尼不仅继续他的法学教授训练营,还启动了"联邦法官经济学学院"(Economic Institute for Federal Judges)。法官项目不收取任何费用,但却提供奢华的招待(第一期训练营安排在佛罗里达度假胜地拉哥岛的海礁俱乐部,其后也都安排在类似地方),当然还有第一流的师资,包括米尔顿·弗里德曼、保罗·萨缪尔森、阿曼·阿尔钦、哈罗德·德姆塞斯。萨缪尔森的到来最为重要,他让这个研讨班避免了意识形态化的政治指控。在为期两周半的时间内,联邦法官要完成高度压缩的经济学课程,不仅有正式授课的单元,曼尼还鼓励教员在课后与法官互动,进行理论讨论。在法官训练营的最高峰,仅在1990年一年,联邦法官经济学学院就接待了40%的联邦法官,包括最高法院的金斯伯格和托马斯以及上诉法院的67位法官。[23]

曼尼在迈阿密的中心需要巨额资助,其数额远非迈阿密大学所能提供。曼尼在这里同样展示出他的筹款能力,更重要的是,曼尼既娴熟地利用了右翼法经济学的立场,同时又没有沦为资方的傀儡。相比之下,耶鲁法学院的纽黑文学派,正如普利斯特所言,既没有组织,也谈不上制度性的存在:"每一个认识圭多的人都知道他是一个坚定的自由派,如果谈不上激进的话。所以他们筹到了一些钱,但不是很多。"[24]

1980年,曼尼转任埃默里大学法学院,同时也将他的法经济学中心带到埃默里。在埃默里的数年间,曼尼的梦想是要建立起约翰·奥林法经济学中心,它将成为保守知识分子在东海岸的圣地,"如同西海岸的胡佛研究所"。曼尼甚至已经为他的法经济学基地找到了绝佳的安身之处,这就是距离埃默里校区29英里的席梦思公司的办公大楼。校方最初支持曼尼的收购方案:如果曼尼能筹到300万,学校就再配套100万,买下这一办公场所。1982年5月,曼尼在

---

[22] Id., p.110.
[23] Id., p.114.
[24] Id., p.189.

写给约翰·奥林的信中阐释了他的东海岸胡佛所的梦想:

> 我所谈的是自由市场与保守主义意识形态在美国大学内的整个事业。在本国内确实仅有一个学术场所,这就是斯坦福大学的胡佛研究所,有能力去接待大量的受人敬重的、有影响力的保守派学者。胡佛研究所虽然成功,但因为它位于西海岸,所以总是欠缺一定的影响力,而且因为它是独此一家的机构,许多知识分子并没有认真对待它。我们所要购下作为约翰·奥林法经济学中心的那栋建筑,将成为保守知识思想在东海岸的大本营,如同西海岸的胡佛研究所。

曼尼最终未能实现他的梦想,首先是埃默里校方收回了对这次收购的支持,因为席梦思公司的办公楼距离校区太远,这也激化了曼尼与校方的矛盾;其次是奥林基金会也在改变独家赞助曼尼中心的策略,转向在精英法学院普遍设立法经济学的项目中心。曼尼后来尝试着组建一所独立于大学的研究中心,虽然他得到了芝大商学院院长理查德·罗赛特的支持,但东海岸胡佛的计划最终未能成功。再后来,曼尼创建了作为保守派阵地的乔治·梅森大学法学院。

正是因为曼尼在学术网络经营上对法经济学的贡献,美国法经济学学会年会在1991年授予他法经济学"学科之父"的称号,与科斯、卡拉布雷西和波斯纳位列一起。特里斯认为,如果曼尼在60年代末加入一所精英法学院,投入纯学术的工作,法经济学的基础设施或许就无从建立起来。

特里斯在书的第六章分析了法经济学"制度化"的过程,其中最主要的发展就是由以约翰·奥林基金会为代表的保守派金主在美国法学院内普设法经济学项目,首先是在芝加哥和耶鲁,接着是在哈佛法学院展开了与批判法学的斗争,然后在全美精英法学院内普遍开花,1986年在宾州大学,1987年在斯坦福、伯克利和弗吉尼亚大学,1989年在哥伦比亚、杜克、乔治城和多伦多大学,1992年在康奈尔,2000年在密西根大学,先后成立了约翰·奥林法经济学项目。从1985年1月到1989年1月,保守派的基金会向法经济学研究的捐资助学高达445万美元。

以下的图表记录着以奥林为首的三家基金会在1985年至2003年间对美国精英法学院法经济学研究的资金支持[25]:

---

[25] 本图表复制自 Id., p.201。约翰·奥林基金会不仅提供了法经济学发展所需的主要经济支持,而且还资助了美国法学院内主要的保守学术组织"联邦党人协会",该协会的创始人之一就是圭多·卡拉布雷西的侄子斯蒂芬·卡拉布雷西。奥林基金会对斯坦福法经济学提供的资金支持累计达830万美元,其中2005年一次性就增资300万美元。斯坦福的新闻报道"Law School program gets \$3 million boost from John M. Olin Foundation", at http://news.stanford.edu/news/2005/january19/sls-0112.html,最后访问日期2013年1月18日。在法学院之外,奥林基金会还支持了查尔斯·穆雷关于福利改革的研究,布鲁姆的著作《美国精神的封闭》以及福山的历史终结论,关于奥林基金会的研究,可参见 John Miller, *A Gift of Freedom: How the John M. Olin Foundation Changed America*, Jackson: Encounter Books, 2005。

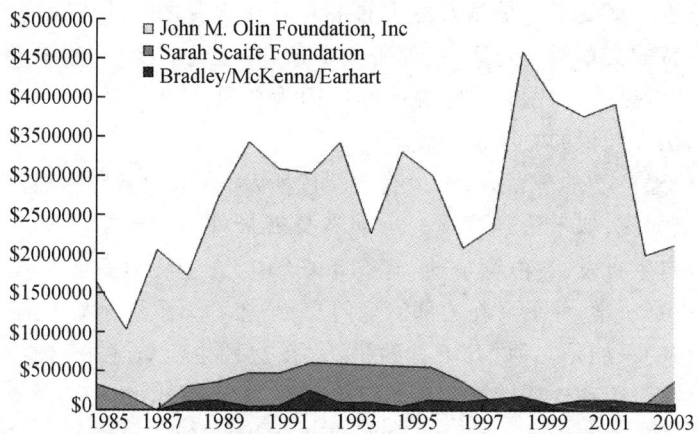

如果我们回到欧文·费斯最初设定的讨论场域,也就是在法经济学和批判法学之间,那么可以发现,批判法学和法经济学在学术政治组织的方面有着一个非常有趣的区别,而这个区别也在一定程度上证明了本文为法经济学"祛魅"的必要性,本文并不是一次基于学术立场的党同伐异。

批判法学阵营内的学者很少避讳批判法学的政治起源、组织、乃至动机,这或许是因为批判法学的核心观点就是法律即政治,一切即政治,因此批判法学的可爱之处就在于它不仅拿起理论的大棒去攻击对手,同时也用批判的武器去解剖自己。也许正是在这种"政治化"的学术自觉心态下,批判法学的学者反而会更警惕组织化、依附性和体制化的知识生产机制,担心着他们会"一不小心"失去了学术生产的自治。

在图施耐特教授那篇引证率颇高的论文《批判法学:政治史之一种》中,我们就能读到他不厌其烦地讲到,批判法学是如何"组织"起来的,如何从一开始就有意识地把散落在全国各地的学者组织在一起。"1976年初,大卫·楚贝克(David Trubek)刚从坎布里奇访问归来,就告诉我他已经和邓肯·肯尼迪有过交谈。他们均认为现在很有些学者所从事的法学研究看起来有着某些共同的主题,应该很有必要将这些人聚起来,看看这一感觉是否准确"[26];"我当时正担任威斯康星大学法学院的副院长,手头上还有些能量,因此正适合承担起举行一次学术会议的大部分组织工作"[27]。而且,图施耐特在文中也没有避讳耶鲁法学院在70年代初连续解聘包括楚贝克在内的六位教授的事件,"官方的讲法是耶鲁决定提高终身教职授予的标准,但真实的故事有所不同"[28],在图施

---

[26] Mark Tushnet, "Critical Legal Studies: A Political History", 100 *Yale Law Journal* 1515, 1523 (1991).
[27] Id., p. 1523.
[28] Id., p. 1530.

耐特看来,这一事变不过是私人性质的报复以及学者之间的代际冲突,也别忘记,图施耐特的文章就是刊载在《耶鲁法学杂志》上的。当然,这未必是因为批判法学的学者更诚实,图施耐特说得好:"因为如果法律即政治,一个人就大致就会相信,法学知识的立场也是政治的。"[29]

而在法经济学的阵营内,至少我的阅读所及,自家学者对法经济学的发家史往往讳莫如深,似乎法经济学的运动本身就最好地阐释了其学术的核心观点,在一种自生自发、自由竞争的"理念市场"中,法经济学凭借着其"说服力"先战胜了批判法学,然后又在内部清理门户,芝加哥学派战胜了纽黑文学派,而支配这一切的只能是一种"看不见的手"。在这种主流叙述中,这场智识运动的政治根源、组织和支持就被深深地隐藏起来,也正因此,法经济学提供的是一种"放之四海而皆准"的工具,它让我们的思维更"理性",提供了一种对抗"意识形态"的平衡力量。

公允地说,我们不能因此认为法经济学者不诚实,他们有意识地隐藏了自己的政治选择和立场,或者说他们用专业化的数学模型欺骗了其追随者。法经济学的实体立场实际上自我证成了法经济学运动对其意识形态的隐藏,而批判法学的实体立场却注定了其阵营的自我揭批,前者反复鼓吹的是"脑袋",后者却从不避讳把"屁股"展示出来。1974年,就在波斯纳的《法律的经济分析》出版的第二年,耶鲁法学院的阿瑟·勒夫教授就发表了一篇火力猛烈的长篇书评《法律的经济分析:唯名论的现实主义》[30],而在勒夫教授于1981年英年早逝后,阿克曼将《重构美国法》这本书献给了勒夫,献词为"他知道形式即实质",但我们在不少时候却未能想清楚这个问题。[31]

事实上,法经济学——尤其是以波斯纳为招牌的法经济学——的论述从来都是"旗帜鲜明"的,例如,理性的法律应当去追求"财富的最大化"。[32] 换言之,法经济学从来都是有立场的,而且特里斯教授的叙述已然表明,向来都是"立场鲜明斗志强"的。更何况,法经济学内部并不是没有反思,波斯纳已意识到经济学的"边界"[33],他在这次培训班的报告中也告诫学员,法经济学应避免现代经济学"过度抽象化和过度数学化的问题",不能像经济学那样无视无法

---

[29] Id., p.1517.

[30] Arthur Leff, "Economic Analysis of Law: Some Realism About Nominalism", 60 *Virginia Law Review* 451 (1974).

[31] Bruce Ackerman, *Reconstructing American Law*, Cambridge: Harvard University Press, 1984.

[32] 参见 Richard Posner, "Utilitarianism, Economics, and Legal Theory", 8 *Journal of Legal Studies* 103 (1979)。

[33] 参见沈明:"经济危机与经济学的危机——从波斯纳的研究切入",载《北大法律评论》第13卷第1辑,北京大学出版社2012年版。

被量化的问题,同时不能"玩弄"数学模型而因此失去第一手的经验,我认为以上两种误区都是**用学科的逻辑取代了学科研究对象的逻辑**,是包括宪法学研究在内的法学研究所要自觉避免落入的误区。但我们应当追问的是,为什么不知从何时起,"财富最大化"就不再是一种"政治立场",而摇身变为一种"前政治"的自然动机。这种"去政治化的政治"实际上是最厉害的招数,如下文所示,它实际上完成了一种对新政自由主义之正当性的"举证责任倒置"。

三

在美国政治发展的研究中,政治学家斯蒂芬·斯科罗内科曾提出一个非常有影响力的概念:19世纪的美国是一个"政党与法院的国家"。[34] 就此而论,20世纪罗斯福新政所带来的结构性变革就是积极国家的出现及其正当化。关于积极国家的知识基础,阿克曼在《重构美国法》开篇曾指出:

> 当我说我们生活在一个积极主义的国家内时,我是想要凸显出我们所特有的一种自觉意识:在我们的意识中,我们的社会结构本身取决于由政治上负责的国家官员所作出的一系列自觉决策。如此设想的话,我们的积极主义意识存在着多种根源。最确定的就是这种普遍认知,我们的社会的持续存在要依存其政治领导的军事心智。第二种根源就是一种不那么普遍的信念,即国家的经济福利取决于在首都华盛顿所做的导向性的决策——无论是在宏观经济的层面,还是通过对经济生活特定部门的规制。最终还有一种普遍的认知,财富和地位的分配是政治辩论和决定的一项核心议题。[35]

根据阿克曼的论述,积极国家的本质并不是国家干预或社会福利多一点还是少一点,而表现为一种认识论上的转型和法律分析基线的转变:放任自由的私人财产和市场秩序不再被认为是一种自生自发的前政治秩序,它同样是一种由政治选择所塑造的社会秩序;反过来,政治国家也不再因此被认定为一种对自然状态的"干预"或"侵入"。这并不是说一般意义上的政治国家和具体所指的新政后积极国家不需要正当性的证成,而是指任何一种社会秩序都根源于政

---

[34] 参见 Stephen Skowronek, *Building a New American State: The Expansion of National Capacities, 1877—1920*, Cambridge University Press, 1982。杰里·马萧教授近期出版的新著对此持有不同的看法,马萧在此书中重新书写了美国行政法在建国头一百年内的"史前史",由此打破了将行政法起源追溯至1887年州际贸易委员会的传统观念,参见 Jerry Mashaw, *Creating the Administrative Constitution: The Lost One Hundred Years of American Administrative Law*, New Haven: Yale University Press, 2012.

[35] Ackerman, *Reconstructing American Law*, supra note [31], p.1.

治领域内的选择:即便美国历史确实存在过一种放任自由的普通法秩序[36],这种治理模式也不可能是自生自发的,而是根源于普通法法官的"看得见的手"。[37] 社会契约论的逻辑往往是非历史的。历史地看,私人领域从来都是由公共领域所塑造的,正如不可能存在着"离群索居的个人"(unencumbered self),也不可能存在先于并且独立于公共决策的私人领域。

也是在讨论法经济学的起源时,特里斯具体指出,随着新政国家前所未有地深入到社会各个角落,社会的"法制化"(legalization)要求法律知识的转型,这在新政秩序内主要表现为一种基于专家知识的治理。专家知识的话语虽然缓解了行政国家权力的正当性问题,但是并不能因此否认这一套知识背后隐藏着政治立场。换言之,看似中立的专家知识不仅包括目的—手段之间的关系理性,并不是在价值目标既定的前提下去寻找最优化的实现手段,而在价值目标的选择时无法回避政治决策。因此特里斯认为,如果要去瓦解新政体制,首先要去做的就是要将现存的体制"去自然化",也就是要揭示出在看起来中立的职业、科学和程序标准中所隐藏的规范性预设。芝加哥的法经济学一开始就是要进行这一工作,瓦解新政国家的知识基础。

这是一种智识上的"挖墙脚"工作,就其实质而言,是要让新政自由主义者承担起对政治现状的正当性证成。如果法经济学可以重新想象一种基于普通法治理的社会秩序,并且将之包装为"自然"的法制,那么"这一自然化的工作越是成功,那些要证成对此法制之偏离的学者,都越要处于自辩的那方,去解释这些作为'再分配'的偏离"。但我的问题是,为什么要说"再"呢?"再分配"这个词很大程度上暴露出我们所隐藏的无意识,生活在新政自由主义的法制秩序内,为什么要用"再"来修饰国家推动的,纠正市场失灵和社会不公的分配手段呢?为什么这是一种偏离,而不是纠偏呢?为什么这是一种复辟(restoration),而不是重新兑现(redemption)呢?由此可见,法经济学,无论是作为一种法律分析的方法,还是作为一种规范性的政治和道德理论,实际上都积极投身

---

[36] 这是学界所通说的迷思,但真的存在过放任自由的普通法秩序吗?一个否定的回答,可参见 William Novak, *The People's Welfare: Law and Regulation in Nineteenth-Century America*, University of North Carolina Press, 1996。

近年来很多学者开始修正美国"无国家性"(statelessness)的通说,比较有代表性的论著,可参见 Max Edling, *A Revolution in Favor of Government: Origins of the U.S. Constitution and the Making of the American State*, New York: Oxford University Press, 2003; Brian Balogh, *A Government Out of Sight: The Mystery of National Authority in Nineteenth-Century America*, Cambridge: Cambridge University Press, 2009; Theda Skocpol, *Protecting Soldiers and Mothers: The Political Origins of Social Policy in United States*, Cambridge: Harvard University Press, 1992; Monica Prasad, *The Land of Too Much: American Abundance and the Paradox of Poverty*, Cambridge: Harvard University Press, 2012.

[37] 一个批判法律史的说明,可参见 Morton Horwitz, *The Transformation of American Law, 1780—1860*, Cambridge: Harvard University Press, 1977.

到这一场将普通法秩序"再自然化"的过程,可以说是在谈笑风生间的一场"看不见的革命"。"一旦以此种方式得以自然化,普通法的财产、侵权与合同规则就再一次成为'私人'市场的预设法律结构,而任何通过立法的主要变革看起来就是赘生的,累加的,'人为'的'干预'举动。"[38]

但法经济学在学术上的成功只是一场书斋内的革命,它无权去改变美国人民和精英通过历史上的政治斗争所形成的高级法规范。在讨论芝大法经济学时,阿克曼的表述可以说是直指问题的根本:"在这样一种修辞策略可能成功之前,美国法必须要为一场政治革命所转变。"[39]法经济学归根到底只是一种"修辞策略",它或许可以证明美国当下的积极主义法制形态不符合某种理论标准的善好,但不可能因此就否定经由民主途径所推动的法制变革的正当性。众所周知,罗斯福和最高法院在20世纪30年代的政治斗争催生了现代积极主义的国家,美国法的价值取向就是由新政作为一场政治革命所奠定的,法经济学如要反对这一积极主义的社会正义观,它必须通过介入政治领域来完成另一场政治革命。"如果法律人不喜欢原则P,那么他们可以试图说服人民去改变观念。与此同时,他们有一种民主义务,在法律论证中运用P,而不能运用他们在政治中所倾向的not-P。"[40]

因此,进步主义的法律人应当如何回应芝大法经济学的挑战,一方面在法律分析上论证普通法是有效率的体制,另一方面在政治理论上证成财富最大化或最大多数人的最大福利的原则?有些学者,包括批判法学者在内,进行的是针锋相对的斗争,他们沿着法经济学的逻辑,论证普通法并没有提供一种"有效率"的权利义务配置。[41]还有一些学者,也包括批判法学者在内,但主要是法制史学者,则希望证明法经济学对往昔普通法秩序只是一种想象而已,从来就不存在着一种田园牧歌式的前政治的社会秩序。[42]但阿克曼的批判却走出了第三条道路,他实际上是指出,芝大法经济学所讴歌的普通法秩序是"不相关"的,因为新政作为一种政治革命所推翻的正是基于普通法治理的社会秩序。或许可以这么说,普通法之于新政后的美国人,就好比美国宪法之于中国的法律人,虽然看上去很美,但总是"不相关"的,理论上的证成并不能

---

[38] Robert Gordon, "The Struggle Over the Past", 44 *Cleveland State Law Review* 123, 135, (1996).

[39] Ackerman, *Reconstructing American Law*, supra note [31], p. 90.

[40] Id., p. 79.

[41] 关于这一讨论,可参见《霍夫斯塔法律评论》在1980年所组织的一场研讨会"作为一种法律问题的效率"(Efficiency as a Legal Concern),特别是其中波斯纳、卡拉布雷西、德沃金、邓肯·肯尼迪和迈克尔曼的论文,参见8 *Hofstra Law Review* 485 (1980)。

[42] 相关论述,可参见 Robert Gordon, Critical Legal Histories, 36 *Stanford Law Review* 57 (1984)。

重新奠定普通法秩序在现实法制中的正当性。"如果我们有意去理解现存美国法所表达的价值,出发点并不是普通法,而是宪法以及统治着我们的积极立法——因为如果这些渊源表达的理念不同于普通法,每一个有资格的律师都知道,在我们这个民主体制内,宪法和制定法的价值高于法官制定的法律。"[43]

阿克曼的讨论围绕着1905年的洛克纳案和1954年的布朗案[44],这两个案件在正统宪政叙述中位居正反两极的位置,"洛克纳对契约原则的坚持几乎摧毁了法律商谈的久远传统,反而是布朗对平等理念的坚守标志着晚近美国历史中最伟大的法制(legality)胜利"[45]。

新政从根本上否定了洛克纳所代表的放任自由主义,宣布的是"永远不再洛克纳",因此阿克曼指出:"如果说应用经济学家的出发点就是对帕累托最优合同不加批判的教条式主张,那么洛克纳案的命运就是在警示法律人,切勿赋予抽象的合同自由价值以重大的权重。如果说应用经济学企图认定缔约方,其在一个完美市场的世界内愿意为有争议的法律权利支付最大的对价,那么洛克纳则在教育我们,将市场效率和社会正义等同起来是一种法律上的愚行。"[46]反过来,布朗案作为新政宪政秩序内的"超级先例",所提供的是一种肯定性的价值指导。"只要布朗案仍名留史册,法律人就不能接受波斯纳的观点,他认为有关'效率'的判断比起有关'分配'的判断更少争议";"在我们的法律文化内,'效率'不可能去替代关于'分配'的判断,而只不过是讨论由法律体制所施加的成本和收益分配的一种方式,而且在理解我们现存法律体制,显然是一种不充分的方式。"[47]

因此,在阿克曼的阅读中,波斯纳的法经济学并没有认真对待美国法律人的历史传统,而是将法律论证转变为一种"猜谜游戏,在一个无冲突的科斯世界里当事方所可能达成的**事先**协议。"[48]就此而言,罗尔斯的《正义论》更准确地把握住了罗斯福新政后的美国法的价值取向,而且给出了一种经典的理论证

---

[43] Ackerman, *Reconstructing American Law*, supra note [31], p. 92.

[44] *Lochner v. New York*, 198 U. S. 45 (1905); *Brown v. Board of Education*, 347 U.S. 483 (1954).

[45] Ackerman, *Reconstructing American Law*, supra note [31], pp. 92—93.

[46] Id., pp. 90—91.

[47] Id., pp. 91—92. 而波斯纳在提出其"财富最大化"政治理论时,曾特别指出,财富最大化并不要求"支持穷人的公共义务"或者"如果纳粹德国想要消灭犹太人,在一种财富最大化的体制内,他们将不得不去购买犹太人",参见 Richard Posner, *The Economics of Justice*, Cambridge: Harvard University Press, 1982, pp. 128, 138—39,如果根据正文的逻辑,我们可以说,迈克尔曼的命题才是正确的,美国法律人所要思考的是如何"通过第十四修正案去保护穷人",参见 Frank Michelman, "On Protecting the Poor through the Fourteenth Amendment", 83 *Harvard Law Review* 7 (1969)。

[48] Id., p. 94.

成。不仅如此,罗尔斯所运用的社会契约方法也在一定程度上解释了美国宪政的历史根基。但阿克曼同样认为,社会契约的隐喻不可能完全表达出美国的积极主义国家的法律基础:"我认为,谈判作为一种隐喻最终无法理解我们对积极主义正当性的集体追求,美国人并没有逃避到一个无知之幕后的乌有乡去定义积极主义的正义。"[49]

就此而言,我们不妨将芝大法经济学理解为同样为保守派所推动的原旨主义之一种。这样说或许有一些时代倒错,因为法经济学早在上世纪70年代就已经奠定其学术地位,成为法学院内无人可忽视的学术潮流,而原旨主义作为美国保守派的自觉理论追求,却只能追溯至80年代初里根司法部长梅森的推动以及联邦党人协会(Federalist Society)在精英法学院内的初创。但在2008年的哥伦比亚特区诉赫勒案之后[50],之所以"我们如今都是原旨主义者了",同样是因为保守派对原旨主义的成功"营销"。从一开始,原旨主义就背负着艰巨的政治任务——如何在司法战线上推翻罗斯福新政以及沃伦法院的政治遗产,而现在它已经成为美国宪法论证中最具正当性的解释模式。如果追问原旨主义的正当性从何而来,我想它绝对不是原旨主义作为一种宪法理论本身的逻辑,还是杰玛·格林尼在《推销原旨主义》的文章中说得最好:"原旨主义不是因为其正确,才有说服力,而是因为它有说服力,才变得正确。"[51]

如果真正进入美国的宪法文化语境之内,旁观者不难发现,原旨主义和法经济学可以说是保守派在同一战线内有着异曲同工的两种理论武器。这样说并不是要否认它们对法学研究所作出的一般性贡献:作为一位批判者,我亦承认,原旨主义和法经济学是美国法学在过去四分之一个世纪内最具刺激性的理

---

[49] Id., p.96.
[50] 此案是关于第二修正案所规定持枪权的解释,*District of Columbia v. Heller*, 554 U.S. 570 (2008)。
[51] 熟悉美国宪政史的人会留意到,这句话借鉴了休斯大法官在上世纪初定位美国最高法院名言的修辞:"我们不是因为我们永不犯错才成为终局审;而是因为我们是终局审,我们才从不犯错。"真正理解原旨主义,不是要探讨它作为一种宪法解释方法是否符合一般法治原理,这种解读实际上意义不大,而是要去观察保守主义者是如何"营销"原旨主义的,参见 Jamal Greene, "Selling Originalism", 97 *Georgetown Law Journal* 657 (2009)。

格林尼在文章中讲了一个值得于此复述的小故事。美国的保守派公知马克·莱文曾在2005年出版《黑衣人:美国最高法院如何正在摧毁美国?》,这是一份言辞激烈的政治檄文,其中通篇借用了原旨主义的理论"武器",由里根司法部长、原旨主义的最初推手梅森亲自撰写后记。该书市场运作尤为成功,成为全美畅销书。美国知名法律通讯记者利瑟威克曾经评论此书:"在读完此书后,没有哪位严肃的法院或宪法学者,无论来自左翼或者右翼,会想要浪费时间去讨论莱文的论证。"哈佛法学院图施耐特也曾讲过:他"从未读过《黑衣人》,也不认识任何读过这本书的人";而莱文则给出了最市场化,最政治正确,也最具煽动性的回应:我的书是"以平常英语所写成的,不是为哈佛广场而写的"。Mark Levin, *Men in Black: How the Supreme Court Is Destroying America*, Washington, DC: Regnery Publishing, 2005。

论增长点,无疑都是巨大的成功。但同样不可否认的是它们并不是中立的解释方法,只有回到保守派为了争夺法律控制权的斗争中,我们才能真正理解这两种理论思潮,由此提供了管窥美国法制的一个窗口。[52]

波斯纳本人并不是一位原旨主义者(就在波斯纳给中国学员的报告中,他还没有忘记攻击原旨主义的旗手斯卡利亚)。事实上,波斯纳每次提到宪法理论的跨界,策略不外乎是揪其一点,而不顾其余,实际上的结果都是破坏有余,而建构不足。就好像他近期对阿基亚·阿玛的新书《美国的不成文宪法》的批判,大字报般的标题就是"自由派到底能有多少部宪法"。[53] 书评开篇,波斯纳就亮出其实用主义和反基础主义的立场:因为美国宪法文本是老旧的,所以是过时的,所以是没有约束力的;与此同时,美国宪法文本的简短以及修宪的困难,再加上人类理性认知的有限以及自1787年(费城制宪)以及1868年(第十四修正案批准)以后美国社会的巨变,所有这些因素决定了美国宪政体制中必须要有"披着解释之外衣的司法修正案"。这套逻辑推演,在原旨主义者看来,真正是大逆不道的,基本上可归于完全不负责任的批判宪法学了。

但问题在于,在提出"自由派到底有多少部宪法"时,波斯纳是虚伪的,至少是自相矛盾的。因为保守派和自由派对此同样无可免责,即便是祭起原旨主义者的大旗,这也只是一种"修辞策略",我从未见过当代还有保守派,为了对《宪法》的忠诚而甘愿放下自己的政治纲领。就此而言,保守派的原旨主义者也同样面对着"到底能有多少部宪法"的问题。芝大法学院荣休教授理查德·爱泼斯坦也给此期中国学员做了一次讲座,主题是讨论为什么政府要保护私有经济。这是他一贯的立场,他在1985年的经典《征收》就开启了洛克纳的翻案风,引领了重新书写洛克纳案史的学术潮流。[54] 而爱泼斯坦前几年的一本小书题名《进步主义者是如何篡改宪法的?》,曾引起阿玛这位文本主义者的激烈回应:从1913年的第十六修正案(累进制所得税)和十七修正案(参议员直选),到1919年的禁酒修正案和1920年的性别平权修正案,倒是爱泼斯坦教

---

[52] 关于原旨主义的一个讨论,可参见 Robert Post and Reva Siegel, "Originalism as a Political Practice: The Right's Living Constitution", 75 *Fordham Law Review* 545 (2006).

[53] 阿玛的新书是 Akhil Reed Amar, *America's Unwritten Constitution: The Precedents and Principles We Live By*, New York: Basic Books, 2012;波斯纳的书评,见 Richard Posner, "How Many Constitutions Can Liberals Have?", *The New Republic*, November 2012.

[54] 洛克纳案的修正史,一个近期的重要著作,可参见 David Bernstein, *Rehabilitating Lochner: Defending Individual Rights against Progressive Reform*, Chicago: University of Chicago Press, 2011. 我提醒有兴趣的读者注意作者伯纳斯坦的工作单位,乔治·梅森大学法学院,其创院院长正是本文第二部分所围绕的亨利·曼尼。

授应当去看看美国人民在进步主义时代是如何"rewrite"美国宪法的。[55]

行文至此,我们已经逼近了问题的实质:美国是一个经由革命、制宪而建国的共同体,这种民族创建的三部曲道路也决定了美国政治生活的一个特有形态,就是革命者、制宪者和建国者是三位一体的,再加上美国幸运地保持了其宪政秩序的连续性,这就决定了原旨主义作为一种解释方法,在美国的政治文化内具有一种天然的政治正确性,也因此,形形色色的法制改革方案,往往都落脚到对历史阐释权的斗争。也正是在这里,我们可以发现法经济学与保守主义是如何暗通款曲的。保守派的原旨主义所关心的,往往不是白纸黑字的宪法文本和真实的制宪者意图,他们是要重新建构起可供民众想象的"纪念碑",以此去复辟一个从未真正存在的"过去";而对法经济学来说,他们树起财富最大化、效用主义或者效率的规范尺度,为的也是去重建剪切并且拼贴一种过去不曾存在也不应存在的放任自由的普通法社会秩序,以此映射新政后美国法制史的"歧途"、"脱轨"、"偏离"、"迷失"和"衰朽",进步主义的法律人或许可以说,他们所意图的不过是否定1787年以来美国人民经由历次政治斗争所谋取的民主进步和社会公义,尤其是在20世纪罗斯福新政、伟大社会建设以及民权革命所奠定的积极国家和公民权体制。[56]

四

"上帝不存在,但奈特是先知",这是20世纪30、40年代在芝大校园内广为流传着的说法。弗兰克·奈特任教芝大数十载,门下弟子有萨缪尔森、弗里德曼、斯蒂格勒、布坎南和加里·贝克,由于芝大法经济学传统主要得益于经济学跨界提供的工具(耶鲁法经济学则更多地源自新政前后的法现实主义传统),奈特在这一传统中的地位无可置疑。但就是奈特教授,在其经典论著《竞争的伦理》中指出:"最大的谬误莫过于把自由和自由竞争混为一谈。"[57]我们在今天回看20世纪的美国宪政史,不能不感叹奈特果真是"先知"。

回首20世纪的美国宪政史,首先走下宪法神坛的是商品(和服务)的自由市场,时间是在罗斯福新政期间。在1905年的洛克纳诉纽约州案中,美国最高法院可以说,政府立法限制正常成年人支配自己劳动的权利就是"多管闲事",

---

[55] Richard Epstein, *How Progressives Rewrote the Constitution*, Washington, DC: Cato Institute, 2007.

[56] 一个近期有公共影响力的表述,可参见 E. J. Dionne, *Our Divided Political Heart: The Battle for the American Idea in an Age of Discontent*, New York: Bloomsbury, 2012, p.23.

[57] 该书最早在1935年由Harper &Brothers初版,1976年由芝加哥大学出版社重新发行,我所参考的版本是Frank Knight, *The Ethics of Competition*, New Brunswick: Transaction Publishers, 1997, p.44.

而到了1937年的西滨旅社案内,最高法院就写道,"州立法机关有权采取措施以减少'血汗体制'的罪恶,这一体制对工人的剥削,使得她们的工资低得不足以支付起码的生活成本,因此工人的无助却被用来推动最恶性的竞争。"在此之后,言论的自由市场,至少作为一种隐喻,也已失去了它的宪法地位,尤其是美国的竞选资金已经最大程度地凸显出民主过程中的不平等。正因此,欧文·费斯会讲"言论自由的反讽"[58],斯坦福法学院前院长苏丽文将"自由的言论和不自由的市场"称为"现代宪法的不对称"[59],而凯斯·桑斯坦更是倡议"对言论实现新政"(A New Deal for Speech)[60],因此,言论自由是好东西,但言论自由并不等于言论的自由市场。

回到这一历史脉络内,本文是要通过法经济学的学术史去阐发一个最简单不过的道理:"学术的自由市场"既不可能,也不可欲,我们在追求学术自由的道路上不能陷入另一种"自由市场"论。而法经济学的"营销"过程也可表明,金钱不仅会主导着言论表达的领域,同样是学术市场内的指挥棒。学术发展到现在很少是一种象牙塔内青灯黄卷的个体冥思,成功的学术本身有其政治。或者说得俗一点,在学术领域内,没有钱是万万不能的。当然,还需谨记的是"金钱不是万能的",或者借用哲学家桑德尔新书的书名,学术是"What Money Can't Buy"。最后还要再次说明,本文对法经济学的"去自然化",如果成功的话,并不意味着法经济学就不应去学或者无法去学,它最多表明法经济学只是"工欲善其事,必先利其器"意义上的"器",我们不能把这种实用主义者的新工具变成一种新的学术拜物教或理论的意识形态。

或许这个道理原本就不需长篇大论,这次暑期训练营有三个片段足以说明这个基本的道理。第一,我应邀评议的波斯纳的报告,就其内容而言不过是在一番暧昧不明的告诫后来的法经济学ABC(就连我这位外行也一路读来无障碍),唯一应当认真对待这报告的理由似乎就是它出自波斯纳,但问题是,波斯纳就是有这个资格。第二,老波斯纳来做讲座,小波斯纳是任课教师,学二代,或者包括任何二代,从来就并非中国独此一家的故事。更何况,儿子从老子那里继承的不仅是财产、人脉和教育,还有不可否认的智商,如何在平等的起点上去自由竞争呢?[61] 第三,根据芝大法学院的网站报道,来自中国的学员非常勤

---

[58] Owen Fiss, *The Irony of Free Speech*, Cambridge: Harvard University Press, 1996.

[59] Kathleen Sullivan, Free Speech and Unfree Markets, 42 *UCLA Law Review* 949 (1995).

[60] Cass Sunstein, *Democracy and the Problem of Free Speech*, New York: Free Press, 1993.

[61] 罗尔斯在《正义论》中对此给出了一个颇为激进的论证,在公平式正义的框架内,不仅身份、财产及其教育是"道德上的恣意因素",就连一个人的"自然禀赋"也同样如此,因此,罗尔斯的理论并没有止于一种绩优统治的社会(meritocracy),他认为自然禀赋应当作为一种全社会的"共同资产"(common asset)。参见 John Rawls, *A Theory of Justice*, Revised edition, Cambridge: Harvard University Press, 1999, pp.86—92。

奋,他们甚至在一天课后专门开了一个"小会",讨论如何在中国推进法经济学的教学和研究,报道指出主持这次讨论的是学员中的学术期刊编辑,我把网站上提到的 prominent academic journal 译为"权威核心期刊"。

2013 年 1 月 18 日初稿于重庆大学文字斋
2 月 23 日定稿于重庆大学文字斋[62]

(初审编辑:夏戴乐)

---

[62] 就在本文定稿之际,如同本文动笔写作之初,我访问了芝大法学院的网站,头版的新闻(2013 年 2 月 7 日)就是法经济学所得到了 1000 万美元的捐赠,主要捐赠人是科斯的学生理查德·桑多博士及其夫人。根据网站的报道,法经济学研究所更名为"科斯—桑多法经济学研究所"(the Coase-Sandor Institute for Law and Economics),其"当下和未来的工作将集中在讨论法律、私人财产权和交易成本在推进有效率市场中的作用"。报道中还提到,桑多是北京大学光华管理学院的荣誉教授及其国际顾问委员会的成员。参见芝大法学院的报道"Sandors' Leadership Gift Names Coase-Sandor Institute in Honor of Mentor", at http://www.law.uchicago.edu/node/14079,最后访问日期 2013 年 2 月 23 日。

超脱或应对
——法院与市场规制部门的竞争[*]

陈若英[**]

Stay Away or to Take It:
Institutional Competition between Court and Market Regulators in China

Chen Ruoying

内容摘要：政府的市场规制在我国和全球势不可挡。与规制部门相比，法院在知识结构的改进和信息更新方面不具有天然的优势；我国政府规制独特的发展历程和目前的某些制度安排使法院这方面明显处于劣势。波斯纳建议中国和发展中国家的法院为了获得司法独立和建立司法权威采取"超脱"策略，减少对复杂社会问题的介入。但这样会进一步减少中国法官在工作中获取信息和更新知识的机会，拉大法院和规制部门在这方面的差距。规制部门与法院在资源、管理权和人才等方面存在激烈的竞争，竞争力的下降将无助于法院争

---

[*] 感谢北京大学法学院林挚、陈际和郑杰同学的协助。在我国行政法领域和经济学界，学者一般将"regulation"译为"规制"，但在政府管理和公共管理领域，也将其译为"监管"，本文采"规制"。本文中网络链接的最后查阅日期均为2013年1月6日。

[**] 北京大学法学院讲师，法学博士。

取司法独立和树立司法权威。为使法院保持足够的机构竞争力,未来中国司法改革应当以增加信息流入和提高信息质量为方向。

关键词:司法改革　政府规制　机构竞争　人力资本发展

Abstract: Government regulation of market has become inevitable in China as well as globally. Compared with regulatory authorities, Chinese court does not enjoy much advantage in terms of human capital and the mechnism in updating information. Instead, the unique hisotry of regulatory authorities and current institutional arrangement in China has put court in a disadvnataged position in terms of information and human capital. Judge Posner proposed that court in China and other developing countries shall stay away from copmlicated social contravesy to win judicial independence and authority. However, in China, such a strategy would reduce the exposure of court and judges to new information and knowledge and hence put court in a even worse position relative to reguatlory authorities. Court and regulatoritory authorities are fericly competing for resoruces, jurisdicitons and talent. Losing such a competition would not help court gain independence and authorities in China. To enhance court's competitive advantages, future judiciary reform in China shall be taken to channel new information into the court and to improve the quality of such.

Key words: judiciary reform　government regulation　institutional competition　human capital development

作为一名法官,波斯纳对于中国法院的关切天然地集中于如何提高中国法院的权威性和在政治制度中相对于其他机构的地位。至于改革的方向,他的建议可简单概括为一种超脱的策略:法院应当从世俗争论中抽身(remove from the practical),严格依照法律规则办案;法官应明确自己并非政治家、不行使自由裁量权,不考虑社会后果,并可据此要求不被干涉、不被卷入论争的漩涡。[1] 与此相呼应,他认为发展中国家的立法者应当制定简明扼要的法律和规则供法官使用不增加法官的负担。[2] 对于包括中国在内的发展中国家,波斯纳几乎从未在著述中涉及[3]或积累过生活经历,对中国制度变迁存在理解上的偏差在

---

〔1〕 见波斯纳于 2012 年 7 月在芝加哥大学法学院为芝加哥大学法学院法律经济学首届暑期班所做的演讲(以下简称"2012 演讲"),第 3 页。

〔2〕 对于包括中国在内的发展中国家的司法制度和法治建构,波斯纳似乎只在两个场合发表过自己的看法。一次是在"2012 演讲"中,另一次则是 1998 年为世界银行所做的演讲,见 Richard Posner, "Creating a Legal Framework for Economic Development", *World Bank Observer*, 1998(以下简称"1998 演讲")。

〔3〕 2012 演讲、1998 演讲及其他与 Gary Becker 合开的博客文章似乎是仅有的几例。

所难免。[4] 但他从"成本—效益"角度思考司法改革方向的思路还是值得我们驻足的。一方面,面对外部的资源和制度约束,中国的法院和法官实际上已经在根据"成本—效益"的考量制定相应的内部规则和调整行为方式[5],这一角度能够帮助我们更透彻地理解中国司法制度的现状和法官的行为方式。与此同时,当借助于"成本—收益"分析法将法院与企业类比时,我们会更自然地思索与竞争相关的问题:法院与哪些机构具有竞争关系,这些竞争关系在何种维度上展开。

法院与其他纠纷解决机构之间的竞争是老生常谈[6];但跳出纠纷解决功能之外,法院和规制部门的关系则基本被限定在行政法和行政诉讼法范畴内,作为监督与被监督者的关系加以讨论。[7] 政府规制部门尚未被视为法院的竞争者,司法制度的现状和未来也因此未被置于机构竞争的动态模型下讨论。但规制国家(Regulatory State)在全球的兴起以及中国政府规制部门的强劲发展已是不争的事实。在预算分配、纠纷解决、规则制定和人力资源等方面,法院与规制部门之间都存在不同程度的竞争关系。波斯纳建议的"超脱"策略将会减少法官获取和更新知识及信息的机会,加剧法院在人力资本方面的劣势,从而削弱法院相对于规制部门的机构竞争力;而这种情况一旦出现,要倡导政治制度和预算规模等外部约束向有利于法院的方向变革就会遭遇更大的阻力。而且,即便这些变革实际发生,法院也未必能充分顺势而为,保持自身的正当性和权威性。基于此,我们有必要澄清中国法院与政府规制部门在信息更新机制上的差异,从这一角度评价波斯纳提出的"超脱"策略,并由此切入司法改革策略和步骤的考量,以提高法院相对于规制部门的机构竞争力。

---

[4] 中国的法官和法院在法律解释和新规则制定中都享有相当的自由裁量权,并发展出了制度化的司法解释制度和案例指导制度。大部分中国法官并非直接来自法学院校,来源丰富,未必缺少波斯纳所说的实用经验。近几年来"能动司法"和"大调解"等司法改革步骤在相当程度上加深了法官和法院介入社会生活的深度和广度,也使法官积累了相当的生活经验。

[5] 例如,当尚未对诉讼费进行收支两条线管理前,法院之间经常争抢案源,以获取标的额比较大的案件和案源稳定的当事人,例见:高魁:"探寻1980—2010年法院收案数的变化规律——兼谈对未来收案数变化趋势的展望和预测",载《河南司法警官职业学院学报》2012年第10卷第3期,第103—110页,钱卫清、姚文:"法院上门收案的几点思考",载《法学杂志》1992年第4期,第25—26页。再如,为满足结案率的要求,法院几乎将调解作为必经程序,甚至以不妥当的方式迫使当事人接受调解,逐渐将立案审查由形式审查转变为实质性审查,从而达到筛选案件的目的,参见:傅郁林:"中国民事诉讼立案程序的功能与结构",载《法学家》2011年第1期,第100—103页,陈文洁、尹海萍:"'量化'诉前调解——以司法绩效评估为视角",载《全国法院系统第二十二届学术讨论会论文集》2011年,第1—17页和范愉:"诉前调解与法院的社会责任从司法社会化到司法能动主义",载《法律适用》2007年第11期,第2—7页。

[6] 范愉:"非诉讼纠纷解决机制(ADR)与法治的可持续发展——纠纷解决与ADR研究的方法与理念",载《法制现代化研究》2004年,第19—57页。

[7] 从沈岿对中国行政法基本理念的梳理中我们不难看出这一痕迹:沈岿,"行政法理论基础回眸:一个整体观的变迁",载《中国政法大学学报》2008年第6期。

本文其余部分结构如下:第一部分介绍政府市场规制在全球的兴起,以美国为例说明法院在知识结构和信息保有方面遭遇的质疑和规制部门在这方面的优势。第二部分指出,我国政府规制的独特历史发展过程和现行制度安排中的某些特点,使得我国法院相对于规制部门的这一劣势更为明显。第三部分指出,"超脱"策略会进一步减少中国法官在工作中获取信息和更新知识的机会,拉大法院和规制部门在这方面已经存在的差距,改革应当以增加信息流入和提高信息质量为方向。

一、市场规制的兴起和法院受到的挑战:以美国为例

在全世界范围内,政府对市场的规制已经成为社会控制的重要手段。[8] 欧盟的核心成员国之一德国是世界上科技最为发达的国家之一,其对科技发展和应用的谨慎态度较早催生了以风险预防为目的的政府规制。[9] 随着欧洲一体化进程和欧盟的最终成立,欧盟的超国家规制触及了市场和社会生活的方方面面;各国为执行欧盟法律所制定的政府规制则构成了欧洲大陆最重要的政治、经济和社会制度。在立法和司法都甚为发达的美国,相对独立的联邦政府规制部门日益强大,各种规制制度在联邦和各州都成为社会控制最重要手段。[10] 经历了罗斯福新政时代的政府扩张、里根政府时代的规制放松之后,政府对市场各方面的规制又卷土重来,特别是奥巴马当选总统后。[11] 具有深厚重商主义传统的英国也没有避开这场规制浪潮。第二次世界大战以后,英国和美国一样也经历了撒切尔时代的规制放松;但随着英国加入欧盟,"规制政府"取代了"有限政府",取代了强大的公司和行业"自律",[12] 在产品责任、环境保护和劳工保护等领域则几乎颠覆了普通法的传统地位。这一浪潮同样席卷了中国的东亚近邻[13]和与中国处于类似经济发展阶段的发展中国家。

规制国家兴起带来的重要后果之一,是法院相对于规制部门的决策地位受到了全面挑战。在联邦法院居于中心地位的美国,这一点体现得最为充分。第

---

[8] Michaei Moran, "Understanding the Regulatory State", 32 *British Journal of Political Science* 391 (2002).

[9] 沈岿为《风险规制:德国的理论与实践》所作"总序"第6页,刘刚编译,法律出版社2012年版。

[10] Edward Gleaser & Andrea Shleifer, "The Rise of the Regulatory State", 41 *Journal of Economic Literature* 401 (2003).

[11] 例见史蒂芬·布雷耶:《规制及其改革》,李洪雷等译,北京大学出版社2008年版,第1—2页。

[12] Michael Moran, "the Rise of the Regulatory State in Britain", 54 *Parliamentary Affairs*19, 19—20 (2001).

[13] Kanishka Jayasuriya, "Globalization and the Changing Architecture of the State: The Politics of the Regulatory State and the Politics of Negative Co-ordination", 8 *Journal of European Public Policy* 101 (2001).

一类挑战针对法官的中立性和独立性。美国联邦法院的法官[14]经提名和总统任命产生,同时享受终身制的保护。这一制度安排被认为在相当程度上确保了法官的独立性和政治中立,是法官和法院能独立于行政部门、对之行为进行权威判断的基础。[15] 但这种"中立性"在诸多关于司法判决过程的实证研究中遭到质疑:法袍下的法官虽然受制于职业伦理和崇高的声誉,但一样难逃人性的弱点:政治偏见[16]、有限理性和其他智识上的限制。[17] 与由民主选举产生、受制于政党竞争约束的立法者相比,法官和规制者[18]的偏见和智识缺陷得以逃逸于公众注意和监督之外。在这一点上,中美两国的政治制度和行政法律制度存在本质差异,可比性有待商榷,遂不展开。

第二类挑战直指法官的专业性,法院作为一个机构的决策能力和在这方面相对于规制部门的机构竞争力。现代政府规制最主要的目标是认知、防范和应对个人及社会面临的各类风险[19],例如环境污染、食品和药品安全、劳动安全和恐怖袭击等。不确定性是风险决策的突出特征:对于风险是否存在、风险有多大、应该和可以控制在什么程度及何种控制措施最为恰当等问题,都可能会面临不确定的信息和判断。[20] 法院在法律适用和规则制定方面也面临类似的问题。相较于规制部门,法院在面对不确定性时,作出决策的机构能力要差得多。这不仅是因为司法判决以确定事实和法律为起点,更因为法官缺乏认知、防范和应对风险所需专业训练,缺乏规制部门所掌握的专业知识和最新信息;法院进行风险决策的错误率会比规制部门更高。[21] 因此,面对巨大的不确定

---

[14] 除特别说明外,本文中谈及的美国法官均指美国联邦法院的法官,包括联邦最高法院的九位大法官和联邦上诉法院的法官,不包含各州法院的法官。

[15] 例见孔祥俊:"职业法官与职位法官:法官职业化的两种基本模式比较",载《法律适用》2003年第9期。

[16] 封丽霞:"政党与司法:关联与距离,对美国司法独立的另一种解读",载《中外法学》2005年第4期;实证研究也予以证实,见:Tom Miles and Cass Suntein, "The Real World of Arbitrariness Review", 75 *University of Chicago Law Review* 761 (2008)。波斯纳本人对此也进行了深入的实证研究,其成果已经出版:Lee Epstein, *William Landes and Judge Posner: The Behavior of Federal Judges: A Theoretical and Empirical Study of Rational Choice*, Cambridge, MA: Harvard University Press, 2013。

[17] Christine Jolls, Cass R. Sunstein, and Richard Thaler, "A Behavior Approach to Law and Economics", 50 *Stan. L. Rev.* 1471 (1998)。

[18] J. Freedman, "Crisis and Legitimacy in the Administrative Process", 27 *Stan. L. Rev.* 1041 (1975)。

[19] 发达国家率先在工业化和现代化过程中进入了所谓的"风险社会"。较早指出和研究这一现象的是德国学者乌尔里希·贝克,见他的专著《风险社会》,何博闻译,译林出版社2004年版。

[20] 沈岿为《风险规制:德国的理论与实践》所作"总序"第3页,刘刚编译,法律出版社2012年版。

[21] Adrian Vermeule, *Judging Under Uncertainty: An Institutional Theory of Legal Interpretation*, Harvard University Press, 2006, p.69.

性,法院对规制规则和决定进行司法审查和监督不仅可能于事无补,反而可能有害、得不偿失。据此,法院质疑规制或是对部门的政策和决定进行违宪设查时,不仅会减损行政效率,更会牺牲掉被否决或延缓执行的行政决定可能带来的巨大社会福利,甚至造成日后不可挽回的损失;而且,受到司法审查威慑的行政部门日后会更谨慎,但其行动能力一旦受到约束,将有可能无法有效防范和应对日后的危机;而这最终会殃及宪法所要保护的公民权利。这些担忧在法院审查政府反恐措施中体现得最为充分。[22]

当然,中国的历史境遇和制度现状都与美国明显不同:中国法院不享有违宪审查权,对规制部门的司法审查权也极其有限。[23] 因此,我们自然不该对法院心存"矫枉过正"的担忧。但中国法院在知识结构、信息更新上的不足[24]和规制部门在这方面的优势都是不可回避的现实。而且,由于中国规制部门和规制制度有着不同于美国的产生过程和制度安排,法院与规制部门在专业性和信息更新上的差距被进一步拉大,危及法院的机构竞争力。因此,有必要理解中国规制制度在这一方面的特殊之处,为调整院与规制部门之间的关系,提高法院相对于规制部门的竞争力,提供更坚实的基础。

二、中国的法院与规制部门:信息机制差异

在当下中国,政府对市场的规制无处不在,现代规制的特点在中国也展现得淋漓尽致,这对法院的知识更新和信息获取提出了有力的挑战。除了上文提及的不确定性之外,尚有诸多其他特点使得中国法院和规制部门的信息获取机制截然不同,例如规制的全球化特征和规制部门决策依据的多样性和不透明性。

现代风险规制的一个突出特征是全球性,具体体现为规制制度的内容、被规制主体和执行协作的全球化。首先,产生风险的行为和问题大多具有普遍性,在各国都存在,例如食品安全、环境污染和恐怖袭击等。而在科学研究、政策制定和执行方面,我国都是后起国家。因此,我国规制部门在认知和制定规则时会自然地学习域外研究成果和实践经验,借鉴甚至是移植外国制度,在这一过程中掌握大量前沿信息,磨砺专业知识和技能。规制的全球性特征还体现在被规制对象上。随着国际贸易和国际资本市场的开放和活跃程度日益提高,

---

[22] 关于此问题比较有代表性的著述是:Eric Posner, Adrian Vermuele, *Terror in the Balance: Security, Liberty, and the Courts*, Oxford University Press, 2007.

[23] 最突出的问题体现在《行政诉讼法》第 2 条和第 12 条第 2 款:法院仅有权审查"具体行政行为"而无权审查"抽象行政行为"。

[24] 侯猛:《最高人民法院研究——以司法的影响力切入》,法律出版社 2007 年版,第 27—28 页。

外国主体和外商投资企业已经成为诸多规制制度的被规制对象[25],很多国家甚至都设立了专门的规制制度应对这些涉外主体的投资和贸易行为。[26] 对于我国和诸多发展中国家而言,这些外国主体多来自发达国家,本身都具有较强的专业性和丰富的商业经验;规制部门与之频繁接触和交流必然会给规制部门带来大量的信息,规制部门的工作人员也在这一过程中获得了培训和锻炼。而上述两方面的全球性也使得纯粹的国内被规制对象会从域外机构和与自己交易、竞争的外国投资者那里学习各种行业知识、科学技术和先进的管理经验。规制部门在与这些纯粹的内资机构交往过程中也能学习到类似的知识和技能。[27] 最后,很多规制制度的执行有赖于国际协作,通过全球化的行政网络贯彻实施。在中国和其他发展中国家,甚至有外国监管部门来到设立常驻机构,与国内的机构和市场主体直接协作和规制。[28] 一些传统的驻外机构甚至介入东道国的政府监管,参与信息提供、规则制定和规制执行。[29] 在与外国同行、专家、被规制对象和市场中介共事的过程中,规制部门工作人员自然会获得丰富的学习机会,有效更新自己的知识结构和信息储备,提高自身的判断能力、决策技巧及决策效率。[30]

与之相比,法院的决策内容、规则和参与主体则更具地方性特征,极少涉及国际协作,更加根植于本土化的知识和信息。[31] 在判决依据所涉及的内容上,尽管偶尔也会涉及外国法问题,法院也不时需要参考比较法资料,但这种参考和借鉴具有极强的偶然性和个案性质,并非法院和法官日常工作的一部分。在这方面,法院与规制部门更大的差别在于管辖权的强制程度不同。被规制对象

---

　　[25] 例如,大量的中国企业到纽约、伦敦、香港的国际资本市场发行证券,成为当地证券监管部门的监管对象。
　　[26] 最典型的例子是我国商务部负责的外商投资监管和外国企业涉华并购的反垄断审查。
　　[27] 一个示例是我国一些大型国有公司到境外上市之后又转回国内A股上市,这些企业在与外国投资者、中级机构、外国竞争者和外国监管部门的交流中获取了新的知识和经验,又将这些知识和经验带回国内市场,在与国内监管部门和国内竞争者、交易对象的交流中进一步传递这些知识和经验。见陈若英提交2012年(第6届)"北京大学、国立首尔大学和东京大学法学院年会"的草稿(英文):*Realizing Rule of Law Through Cross-Border Securities: Meeting the Information Challenge*,已经收稿并即将刊登于 *Peking University Law Journal* 创刊号。
　　[28] 例如美国食品和药品安全局(Food and Drug Administration)在中国多个城市设立办事处,见郭广东:"恭贺FDA中国办事处成立",载《南方周末》2008年11月20日;http://www.infzm.com/content/20199。
　　[29] 例如美国驻中国大使馆开始搜集和发布北京空气质量的有关信息,发布的数据与北京市环保局公布的数据存在差异,引发注意,促进了北京市空气质量检测指标和制度的改进,详见:美国驻华使馆拒绝停发中国空气信息 外交部回应,载《人民网》2012年6月7日;http://world.people.com.cn/GB/157278/18099058.html。
　　[30] 例如国际贸易组织(WTO)、《京都议定书》框架下的"清洁发展机制"(CDM)。
　　[31] 实然和应然的论证见苏力:《法治及其本土化资源》(修订版),中国政法大学出版社2004年版。

一般很难割裂行为发生地和对行为的管辖权这两者的关系,避开规制部门的行政管辖权[32];在一些规制制度中,规制部门甚至享有域外管辖权,例如反垄断审查部门。[33] 而一国法院的管辖权有可能被当事人通过合同和行为地的选择来排除,国际法和国际惯例也非常排斥法院的域外管辖权。基于此,法院接触涉外主体的机会更少。同样因为合同当事人可以选择其他纠纷解决机制,有经验的商事主体进行复杂的商事活动时,经常会通过合同排除法院的管辖权,使得法院难以接触到最有经验的案件当事人和他们的专业顾问,失去了了解和学习复杂交易原理和机构的机会,在遭遇复杂的商业问题时出现误读和误判。[34] 在国际协作方面,法院的国际化程度也更低。我国是几乎所有涉及司法判决承认和协助执行的条约成员国,但国际的司法协助鲜有发生,且主要集中于法院对涉外和外国仲裁裁决的撤销、承认和执行。但国际条约和各国的国内法都严格限制法院的这一司法审查权行使的条件和范围;我国新修订的民事诉讼和仲裁法律也呈现出支持仲裁的倾向[35];在新修订的《民事诉讼法》中,仲裁前财产保全制度等新制度的创设进一步激励了当事人选择仲裁解决纠纷,对仲裁裁决的司法审查权进一步缩限。[36]

除了裁决内容和接触主体的地方性特征外,限制法院信息来源的另一个制度性因素在于法院和规制部门的决策依据不同。在我国,法院的判决依据被法律所限制。当然,法院有权自行发布司法解释,法院的判决书一般也很少细致说理,法官和法院完全有可能从各种来源吸纳信息和知识而不告知外界这些来源。但法院的内部和外部都存在诸多制度约束,在相当程度上限制了法院实际可以考虑并将之纳入判决依据的信息来源。最有效的内部约束当然是法院内部审判委员会和上级法院的监督与审查权。外部监督机制则更为丰富;除了各国皆存在的当事人极其律师的监督和媒体监督外,我国还充分运用两类特殊的外部监督体制:检察院的审判监督[37]和人民代表大会的个案监督机制[38]。与

---

[32] 有例外,如中国企业选择到海外上市,例见:李寿双、苏龙飞、朱锐:《红筹博弈:十号文时代的民企境外上市》,中国政法大学出版社2012年版。

[33] 戴龙:"我国反垄断法域外管辖制度初探",载《法学家》2010年第5期。

[34] 最近的一个典型判例是号称我国对赌"第一案"的一份判决书。在该案中,一审法院和二审法院都不同程度地误读了案件中的合同条款,也未能自洽地论证自己的意见,一经公布,在投资界就引起了强烈反响。据报道,最高人民法院再审已经审结此案,予以了一定的纠正,详情见甘肃省高级人民法院(2011)甘民二终字第96号民事判决书和最高人民法院(2012)民提字第11号民事判决书。

[35] 万鄂湘、于喜富:"我国仲裁司法监督制度的最新发展:评最高人民法院关于适用仲裁法的司法解释",载《法学评论》2007年第1期。

[36] 傅郁林:"新民事诉讼法中的程序合意机制",载《比较法研究》2012年第5期。

[37] 刘家兴:"关于审判监督程序的回顾与思考",载《中外法学》2007年第5期。

[38] 蔡定剑:"人民代表大会个案监督的现状及其改革",载《人大与议会网》2005年6月29日,详见:http://www.e-cpcs.org/newsinfo.asp? Newsid=9393。

此形成鲜明对比的是规制部门通过非书面的形式作出的大量决定、规则和指引[39],自不必解释口头决定的法律和政策依据。即便在书面的行政决定和规则中,规制机关可援引的法律渊源也丰富得多,可以包括数量庞大的法规、规章、政策和通知等。与此同时,规制部门面对的内部和外部约束也比法院宽松得多。由于规制具有专业性特征,规制部门种类繁多,各自的规制目标和使用的规制手段也不尽相同,不可能创设一个跨部门的统一内部监督体系。行政复议是规制部门惯常的内部监督机制,但远不能发挥法院上诉制度所带来的威慑和矫正功能。[40] 在现有体制下,行政诉讼无疑是对规制部门最有效的威慑机制。但其威慑功能存在诸多限制:很多规制事项完全落在司法审查的范畴之外[41];而司法审查的对象也仅限于具体行政行为,而不能及于这些作为行政决定依据的所谓"抽象行政行为"。与美国的行政法和行政诉讼法相比,我国法律并未要求规制部门在诉讼中受限于其作出决定时依据的信息[42],且法院只有权衡量行政决定的合法性,而不能对其合理性做审查。[43] 这样的制度安排至少带来了两个结果。一方面,规制部门因此享有宽泛的自由裁量权,可以将各种信息、知识和价值判断纳入其中而不用对外披露和解释。与此同时,当本该被当事人、法院和规制部门三方掌握和运用的信息被规制部门独揽在手中,不给另外两方接触的机会时,法院失去了通过审查行政决定接触规制部门工作人员和被规制主体的可能性,自然也就失去了在与前者的交流中获取专业信息和更新知识的机会。

　　法院和规制部门在信息机制方面的差异还在于双方接触信息载体的频率和与之交流的程度。众所周知,我国的监管和审批制度繁杂而精密。除了各国普遍存在的反垄断规制和风险规制领域之外,还有计划经济的特殊遗留产物:行业规制和综合性规制部门。在这些独特的规制制度中,规制部门发挥着资源配置和管理的双重功能,例如被称作"小国务院"的国家发改委。而资源配置功能的行使自然会吸引大量的市场主体对之"寻租",甚至为不断提高准入门

---

　　[39] 最典型的例子是中国证监会的所谓"窗口"管理。美国的中国法专家也早已注意到这一现象,将这些非公开的决定依据概括为"政策"(policy),见 Jerry Cohen。

　　[40] 参见方军:"论中国行政复议的观念更新和制度重构",载《环球法律评论》2004 年第 1 期。

　　[41] 《土地管理法》中关于征地的规定。发展与改革委员会对于投资的审批等决定。

　　[42] 见美国联邦行政法:Section 7(d),APA, 5 U.S.C. ∫556(e),在对行政决定进行司法审查时,法院应当仅将行政决定过程中产生的记录作为排他性的判断依据,而不能将行政机关事后提供的说明等纳入考虑范畴,司法案例见:*SEC v. Chenery Corp.*, 318 U.S. 80 (1943)。

　　[43] 江必新,梁凤云:"行政诉讼核心原则论要——以行政诉讼的核心原则为视界",载《公法研究》2007 年。

槛和巩固其既有地位向规制部门献计献策。[44] 如此的接触频率和深度是可想而知的。同时,在某些行业规制中,仍然存在严重的政企不分现象,铁道部既是一例。在这些行业中,规制部门与被规制的企业合二为一,分享共同的信息和人力资源;规制部门以市场主体的身份在市场中直接获取信息和发展与市场行为配套的人力资本。法院的情形则不同。由于"不告不理"的原则和"谁主张、谁举证"的基本制度下,法院对于法律知识之外的信息和知识获取方式基本是被动的,与当事人接触的频率和所接触的案件的复杂性也并非能由法院所控制。不可否认,中国法院的案件审理数量逐年增加;但从一审案件的类型看,婚姻家庭案件和刑事案件这两类与规则问题的关系不大的两类案件占了约三分之一,占据了法官相当多的时间,法官接触复杂案件的时间则变得少之又少,尤其是在基层法院;与此同时,在其他类型的案件数量大幅度增加的同时,行政类案件的数量却在下降。[45]

三、"超脱"策略与网络外部性

对于上面所分析指出的法院面临的信息获取和人力资本发展困难,波斯纳明显是认同的,但是他认为造成这一困难局面的原因主要在于中国法院的遴选机制:法学院毕业生直接进入法院工作、且仅在法院内晋升、发展。如果要直接采取应对措施,当然只能从改变法官的选拔制度入手。由于法官选任制度本身并不能完全由法院主导和决定,对之进行改革的时间周期之长、困难程度和所需的财务成本可想而知。波斯纳因此认为法院应当接受这个现实,转而采取"超脱"策略,尽量避免让法官从事其力所不及的事情,从而减少司法判决的错误率,减少法院所面临的舆论压力和批评,维护法官和法院的权威。从表面看,"超脱"策略似乎与美国行政法学家所倡导的司法自我节制、自我约束和司法极简主义[46]一脉相承。但若稍稍注意一下细节,就能注意到两者的本质区别:适用对象。后者是针对美国司法制度和规制制度的现状所提出的,是对宽泛而深入、甚至不断扩展的司法和宪法审查权的反思和回调,而超脱策略是波斯纳

---

[44] 一个典型事例是国家发改委所发关于禁止外国私募投资基金投资主要资产和运营在中国境内的公司的通知。该通知一经发出,就遭到了市场的批评,被认为是国内私募基金成功游说规制部门的例证。因为这些激烈的批评,国家发改委不得不收回这一禁令。

[45] 例如,2012年1至9月,人民法院的收案总数约为956万件,比上一年同比增长了11.0%;结案数约为830万件,比上一年同比增长了约12%。其余的三分之二案件由民商事案件和行政法案件构成,也并不排除其中大量的案件是小额和简单的案件。同期,人民法院的行政案件收案数比上一年同比下降了1.63%,而同期所有一审案件的收案数量增加了13.56%,所有其他五类案件的收案数量都至少增加了10%,刑事类案件更增长了20.3%,详见最高人民法院网站发布的司法数据:http://www.court.gov.cn/qwfb/sfsj/。

[46] Cass Sunstein, *One Case at a Time: Judicial Minimalism on the Supreme Court*, Harvard University Press, 1999.

特为中国和发展中国家的司法改革开出的药方。在波斯纳眼中,美国的法院应当也实际上在进行复杂的实用主义的判断和衡量,美国具有适应这种要求的法律文化传统。因此,我们有必要将"超脱"策略置于中国和发展中国家的特定制度背景和历史境遇中来审视。

"超脱"策略的第一个问题是关于立法机关的前提假设。要实现这一策略,立法机关必须具有丰富的信息和高超的立法技术,但就中国立法机关和立法过程的现状的过程而言,其实现的困难程度和成本未必会比提升法官的人力资本结构和内容更低,改变的周期也未必更短。与此同时,中国法院制度本身和外部制度环境似乎正朝着相反的方向发展。随着"能动司法"等一系列改革措施的推行,中国法院已经越来越多地介入波斯纳所称的实用主义考量[47],法院的政治化色彩会更加浓重而不是淡化,甚至有应当强化的理由。[48] 基于对事实前提的理解差异来批评波斯纳有失厚道,更缺乏建设性。因此,有必要使用波斯纳本人所倡导和实际使用的法律经济学方法对"超脱"策略所可能产生的效果进行预测,而超脱策略会在相当程度上进一步加剧法院相较于规制部门在信息获取和人力资本发展上的劣势。可能造成这一后果的机制要从信息的分布和获取方式谈起。

在《社会中的信息》一文中,哈耶克指出,信息的产生和分布是分散化的,由不计其数的个人所掌握;基于信息而作出的决策也只能以分散化的方式作出,向无数的信息持有主体搜集随时更新的信息会面临巨大的财务成本和极高的错误率;面临如此高昂的信息成本,由掌握信息的个人来汇聚、处理和决策的市场机制是最有效的信息决策机制;试图由一个主体通过收集信息来替代个人决策的企图会因为无法克服这样的信息成本而落空。哈耶克据此指出了苏联和东欧社会主义国家计划经济制度的症结并预言了其最终的溃败。[49] "预测市场"的产生和迅猛发展[50]也印证了哈耶克的洞见。从这一洞见出发,作为信息流通载体的网络具有明显的网络外部性:使用的人越多、带入网络内的新信

---

[47] 比如"大调解"、法院支持经济建设等。

[48] 侯猛:《最高人民法院研究——以司法的影响力切入》,同前注[24],第27—28页。

[49] F. A. Hayek, "The Use of Knowledge in the Society", 35 *The Amer. Con. Rev.* 519, 520 (1945).

[50] Prediction Market,指通过互联网,搜集公众对某一高度不确定的事件走向的预测结果,如球赛结果、投票结果等,由此产生的预测准确率被证实远远高于传统的民意测验和专家预测的正确率。最著名的如爱荷华大学运营的政治选举预测市:http://tippie.uiowa.edu/iem/index.cfm,事项更为广泛的 www.tradesports.com 和与此经济走向的芝加哥交易所(Chicago Board of Trade)。这类市场的创新性和重要性引起了学者的关注,例见数位美国最知名的经济学家和法学家于2007年5月在一次关于预测市场的学术会议上提交的观点汇总:http://papers.ssrn.com/sol3/papers.cfm? abstract_id=984584。关于这类市场的介绍和可能的法律应用,例见:Saul Levmore, "Simply Efficient Markets and the Role of Regulation: Lessons from the Iowa Electronic Markets and the Hollywood Stock Exchange", 28 *Journal of Corporation Law* 589 (2003).

息越多、每个使用者从中获得的收益越高;增加的收益会吸引更多的使用者,如此进入一个良性循环;与此同时,使用的人越少,网络的信息会越陈旧和贫乏,会使得部分已经使用网络的人离开,由此进入一个恶性循环。[51] 当使用者数量降低到一定水平时,该网络将会因为信息枯竭而丧失对于使用者的价值,被彻底抛弃。司法判决、仲裁和规制都可被视为这样的信息网络,且相互竞争:法院和仲裁机构之间就合同纠纷解决展开竞争,法院与规制部门之间则在侵权纠纷解决[52]和规则的制定和执行的赛场上逐鹿。

对于信息更新快、对专业知识要求高和需要复杂分析和判断能力的领域,波斯纳的超脱策略会要求将其排除在法院的管辖权之外,法院也不应在这些领域发挥规则制定功能。与此同时,现在看来简单、直白和不需太多自由裁量和权衡的问题,在未来也可能变得扑朔迷离;法院若不及时学习和更新知识,未来也可能在这些领域中显得能力不足。比如,在侵权救济领域。在此种情况下,若继续执行波斯纳的超脱策略,无疑会使法院的"领地"进一步缩小。根据哈耶克的洞见和信息网络的外部性,法院将可能进入信息竞争枯竭和人力资本锐减的怪圈;由于法院目前已经在这方面处于劣势,未来扭转这一局面和逆转趋势的困难和成本都可能会增加。而一旦信息更新速度变慢、决策错误率升高,法院与规制部门在其他面向上的竞争力也可能会遭到削弱。当法院声誉下降时,其必要性会下降,正当性会下降,在与规制部门竞争有限的预算支持时将难以提出令人信服的理由。而陈旧的知识结构和技能所带来的高错误率,会给法院招致更多的怀疑和担忧,诱使更多的外部监督和内部质量控制制度被施加于法院,使得法院在挣脱制度性束缚和争取独立性的进程中面临更多的障碍,人民代表大会个案监督制度的创立很好地说明了这一点。

在本文提出的视角下,需要改变法官的知识结构和信息更新速度,培养和提高法官面对复杂社会问题的分析能力和判断能力。同样基于哈耶克关于知识和信息分散化保有的洞见,对于法官而言,面对迅速变迁的社会和问题,培训未必是最具"成本—效益"优势的学习方法。出于速度的考虑,针对一定数量法官的集中培训会是不可避免的主要形式;而"一锅煮"的方式难以使授课人为每一个参加培训的法官都提供量身定做的培训内容。与此同时,即便授课人的知识结构、保有的信息和教学计划能够全面及时地反映法官当前的需求,也难以其能够保证其能够持续地做到这一点,因为培训必然具有一次性、静态特

---

[51] Network Externality 这一概念来自于 Michael Kat and Carl Shapiro, "Network Externalities, Competition and Compatibility", 75 *The Amer. Econ. Rev.* 424 (1985),关于法律如何应对这一现象,*See* Mark Lemley and David McGowan, "Legal Implications of Network Economic Effects", 86 *Cal. L. Rev.* 479 (1998)。

[52] 例如,据商标侵权而言,当事人既可选择到法院提请救济,也可向工商行政管理部门请求救济。

征,难以应对信息的动态变化和发展。因此,有必要探索更具持续性、针对性和灵活的学习模式,而"干中学"模式无疑是一种可能的替代方式。

如果法院有机会接触社会中人力资本最雄厚和拥有最有效信息更新机制的主体,则法官的"干中学"有可能取得事半功倍的效果。侯猛所提出的"司法竞争市场"[53]思路无疑是一条值得尝试的出路。当更多专业主体获邀参与到司法解释的制定和案件的审理与判决中,并形成一种制度时,法官将能持续、渐进的获取最新的知识。而且,这一措施基本可由法院自己控制,实施障碍和成本都会小得多。

结语

规制国家的兴起势不可挡,在中国也是如此。随着社会分工的不断分化和知识的细化与深入发展,规制部门越来越像企业的董事和高管,具有高度的专业性;获得了对各类市场和非市场行为的干涉和监管授权,面对巨大的不确定性迅速作出判断并予以实施。法院对他们的决定进行司法审查不仅会给法院本身、更会给社会带来巨大的成本,因为法院缺乏专业知识、决策错误率更高、规制事项的不确定性可能造成事后诸葛亮的不良激励后果,影响规制部门的判断和行动的积极性,削弱规制部门应对各类风险的反应速度和效果,使社会面临更大的损失和不安。因此,仿照"商业判断规则"约束法院的司法审查权、赋予规制部门更大的自由裁量权、法院因此选择"超脱"似乎顺理成章。然而,至少在一个重要的方面,规制部门不同于董事和董事会:外部竞争。董事和董事会以及他们所服务的企业在多个层面上面临竞争压力:劳动力市场、资本市场和产品市场。而规制部门都处于垄断地位和有限的司法审查。在中国,甚至连政治市场的竞争也不存在。在中国和尚未建立有效的政治竞争市场的发展中国家,对规制部门的司法审查是不可或缺的,甚至是最后一道防线。因此,在司法改革的方向上,不能一味地超脱、甚至是退出对具有争议的规制决策的司法审查,而需要从增强法院竞争力的角度着手,使法院能够吸引能带来丰富信息的使用者,作为一个信息网络进入良性循环,从而提高法院在行政诉讼中的信息基础、降低法官判断的错误率,从而为提升法院的独立性和权威性提供更多正当性证据。

今天,也许就是启程的佳期。

(初审编辑:叶蕤)

---

[53] 侯猛:《最高人民法院研究——以司法的影响力切入》,同前注[24],第97—102页。

单向度或互动的法律经济学

——与波斯纳法官的跨洋对话

艾佳慧[*]

One Dimensional versus Interactive View on Economic Analysis of Law:
An Academic Dialogue with Judge Posner

Ai Jiahui

内容摘要：在波斯纳法官的法经济学体系中，财富最大化原则和成本—收益分析是其核心概念和基本方法。本文基于但不限于波斯纳法官的这一演讲文本，以一种语境论的视野和尽量进入普通法司法实践的精神，分别从法经济学和法律的实用主义之间的关系如何、"财富最大化"原则的内在困境何在、单

---

[*] 南京大学法学院副教授。本文受南京大学985三期项目资助，同时系教育部一般课题（项目批准号：10YJC820002）的阶段性成果。

需要提前声明，本文对波斯纳法经济学的批评性评论基于以下三类文本：（1）波斯纳法官在芝大法经济学暑期训练营的演讲文本；（2）已经翻译成中文的大部分波斯纳著作；（3）波斯纳法官及其合作者的重要期刊论文。虽然随着博弈论在经济学界和法经济学界的影响力越来越大，波斯纳法官在其最新版的《法律的经济分析》中已添加了一些博弈论内容，但这一改变并不足以推翻本文的基本观点。只要"财富最大化"和"成本—收益"分析方法仍是其法经济学的核心概念和基本方法，本文的批评就不是"无的放矢"。

向度的法律经济学是否存在理论局限性以及中国法官是否需要远离实践性的和实用主义考量这四个看似独立但却具有内在逻辑联系的问题切入,深入探讨法律经济学中的一些重要学理问题。基于此,就解释复杂多变的中国问题而言,"拿来主义"式的理论移植效果肯定不佳。我们更需要一种从人与人、人与制度、制度与制度之间的互动出发,以个体的成本—收益分析为基础,以博弈论和信息经济学为工具并以促进社会合作为目标的新法经济学。

关键词:财富最大化 成本—收益分析 单向度法经济学

Abstract: It is well known that the principle of wealth maximization and the cost-benefit analysis are Judge Richard Posner's core concept and basic method in his theoretical system of law and economics. Based on most of Judge Posner's academic writing and this speech draft, discussed some important theoretical issues in the economic analysis of law, such as the relationship of economics of law and legal pragmatism, the intrinsic difficulty of wealth maximization principle, the theory limitation of one dimensional view on law and economics, and the necessity of pragmatic consideration in Chinese judge's judicial decisions. So, in China, we might have more need a new economic analysis of law that starting from the perceptive of interaction and based on cost-benefit analysis in the future.

Key words: wealth maximization principle cost-benefit analysis one dimensional view on economic analysis of law

一、引子

近十年来,由于苏力教授的大力引荐,中国法学界对波斯纳法官及其学术思想即使说不上非常熟悉,也至少不会陌生了。[1] 作为一位视"循规蹈矩"为最大罪过、乐于不断挑战法学边界的法律理论家(莱西格语),波斯纳的研究领域相当广泛:他不仅是法律经济学运动最重要、最积极的倡导者和实践者,同时也是法律与文学运动的重要成员;波斯纳牌号之实用主义法理学的创造者与力行者;甚至还是法律社会学运动乃至司法统计学、知识社会学研究的积极参

---

[1] 自 2001 年起,苏力教授组织翻译了 12 本由中国政法大学出版的"波斯纳文丛",涵盖了波斯纳法官几乎所有重要且有影响力的研究领域,具体包括《法理学问题》(苏力译,2002 年版)、《超越法律》(苏力译,2001 年版)、《道德和法律理论的疑问》(苏力译,2001 年版)、《司法/正义的经济学》(苏力译,2002 年版)、《性与理性》(苏力译,2002 年版)、《反托拉斯法》(孙秋宁译,2003 年版)、《衰老与老龄》(周云译,2002 年版)、《法律理论的前沿》(武欣、凌斌译,2003 年版)、《公共知识分子——衰落研究》(徐昕译,2002 年版)、《法律与文学》(李国庆译,2002 年版)、《联邦法院——挑战与改革》(邓海平译,2002 年版)、《法律、实用主义与民主》(凌斌、李国庆译,2005 年版)。该文丛的出版在中国法学界引起了极大的反响。

者。毫不夸张地说,在当代学界,波斯纳是一个"异数"。因为,与各自耕耘在学术分工后的"一亩三分地"因而稍显单调的各类专家们相比,他是一个可以与之进行全面对话的大师级人物,一个"复调音乐"的弹奏者。

但在这阕"复调音乐"中,最为中国法律人知晓的是他的法律经济学。出版了那本革命性的《法律的经济分析》之后[2],波斯纳试图用"财富最大化"和成本—收益分析整合整个法律理论的努力一直没有停止。追求以现代微观经济学原理来彻底解说法律(特别是美国的普通法),追求有效率的法律,在很大程度上,这是波斯纳法官秉承的"吾道一以贯之"。在很多人看来,波斯纳的法律经济学思想可以简单地概括为普通法是有效率的(在实证的意义上)和财富最大化(在规范的意义上)。这一评价基本上是准确的,因为,在《法律的经济分析》一书中,波斯纳法官明确指出,普通法(即法官制定法)的"经济理论最好被理解为,它不仅是一种定价机制,而且是一种能造成有效率(卡尔多—希克斯意义上的效率)资源配置的定价机制"。[3]

正是在这样的意义上,我们才能理解波斯纳法官的法律经济学根源于普通法法官的司法实践,并力图利用成本—收益分析这一微观经济学的基本工具改造自兰德尔以来主宰了美国法学界的形式主义法学。[4] 也正因此,面对着来自陌生的遥远东方但对法经济学知识充满了渴求的中国年轻学者,我们才能理解波斯纳法官为何对法经济学的普适性心存疑虑。毕竟,那是一个与他生活的国度完全不同的世界,不仅在民主制度和法治观念层面,更在日常的司法实践层面。

但需要进一步追问的是,波斯纳法官基于美国法治的"本土资源"构建的法经济学有没有适用的前提、边界和内在困境?如果有,是什么?进一步,如同波斯纳法官自己都疑惑的,这套理论是否具有普世性?它能够解释中国法治建设和司法实践中的诸多令我们困惑的问题吗?如果不能,我们该需要何种法经济学?对于中国的法经济学发展而言,这是一些需要清理,也必须回答的基本问题。只有对以上问题有清醒的认知,我们才能在理论层面有效扬弃,以便取舍之后轻装上阵。

需要提前指出,由于波斯纳法官在法经济学领域的泰斗地位,很多人都将其主张和概括的法经济学理论视为法经济学大厦的基础和主体。但自科斯定

---

[2] See Richard A. Posner, *Economic Analysis of Law*, Boston: Little, Brown Company, 1972.

[3] 理查德·A.波斯纳:《法律的经济分析》,蒋兆康译,林毅夫校,中国大百科全书出版社1997年版,第909页。

[4] 波斯纳法官想要竭力批判的这种形式主义法学源出于哈佛大学法学院院长兰德尔,因此又被称为兰德尔主义。虽盛行于19世纪末和20世纪上半叶,但时至今日,形式主义法学在美国法学界仍占有相当的位置。这种法律观认为存在一些永存不变、无可争议的法律原则,而法律推理的目的就是要达到这些原则,并因此掩盖甚至否认法官在司法判决中的创造性地位。

理以来,法经济学发展了半个多世纪,不管在理论的纵深程度还是在理论视域的持续扩大方面,都有了长足的进展,而且在可见的未来,这种局势还将继续下去。仅此而论,波斯纳牌号的法律经济学就并不是法律经济学的全部,更不可能是法经济学理论的终结之处。在我看来,脱胎于边沁功利主义哲学的波氏法经济学在很大程度上是一种单向度的法律经济学,其好处在于,可以将一个充满了道德性的法律疑难问题转化为一个成本—收益分析的社会科学问题,从而使法律问题变得明确[5];而其坏处在于,这一有效的"边沁式工程"很可能忽视了个体最优和社会最优之间的永恒鸿沟,由于缺乏一种互动博弈的理论视野,其理论解释力就会有限。

因此,基于但不限于波斯纳法官的这一演讲文本,本文试图探讨以下四个看起来独立但内在逻辑相互关联的问题。其一,经济学和实用主义,法经济学和法律的实用主义之间的关系为何?在波斯纳法官的理论体系中,经济学何时以及在什么情况下变成了实用主义的一个分支?其二,波斯纳法经济学之核心概念"财富最大化"有无其无法克服的困难,它能成为普通法法官判案的一般性原则吗?其三,这种单向度的、以财富最大化为目标、以成本—收益分析为基本方法的法经济学有无其适用前提,其理论局限性何在?其四,中国法官需要远离实践性的和实用主义的考量吗?如果不管从形式主义法理学和实用主义法理学争议的理论视域出发,还是从韦伯赞赏有加的形式理性法适用的规则基础来看,波斯纳法官为中国司法提出的这一"超脱"策略都不太对路的话,那么,是什么样的切入视角和思维定势促使他提出了这一建议呢?最后是一个简短的结语。

二、经济学是实用主义的一个分支吗?

在演讲中,波斯纳法官指出,由于实用主义是从结果而不是源流(origin)来考察一个行为、一种原则、一个规则或者一个决定,而经济学是对人类行为结果的研究,因此经济学就是实用主义的一个分支。忽略该表述的简单粗糙和逻辑瑕疵(这也许是因为口头演讲,波斯纳法官并没有仔细地遣词造句的原因),本节想进一步讨论经济学和实用主义之间的关系,以及波斯纳法官的这一判断在什么情况下、在何种制度语境中才成立。

其实,仅从学科分属来看,经济学和实用主义毫无可比性。极具美国特色的实用主义哲学仅是哲学的一个资历尚浅的分支,而自斯密以来的经济学早已从一门研究资源有效配置的"财富科学"发展成一门博大精深的关于个体行动

---

[5] 理查德·A.波斯纳:《法理学问题》,苏力译,中国政法大学出版社 2002 年版,第 485 页。

之理性选择和策略互动,进而社会制度之源头、演化、变迁和未来走向的一般性"社会科学"。在这个意义上,经济学和实用主义关系并不大。那么经济学和实用主义在法律层面的运用,即法经济学和法律的实用主义的关系又如何呢?作为"经济学帝国主义"开疆辟土的成功范例,法经济学的特点是运用经济学理论研究法律制度。由于经济学理论的自我发展和日益更新,法经济学的视野和领域一直在不断扩大和深化。而由霍姆斯法官开创、卡多佐法官发展并最后由波斯纳法官集其大成的法律实用主义,其实质在于运用实用主义哲学的理念、逻辑和观点讨论普通法的司法实践,不仅强调法律是一种实践的知识而不是一套原则和概念,更强调司法判决要关心在现实世界中的可能后果。其目标有二:(1)为疑难案件的审理提供理论指南;(2)力图为上诉审法官"不遵循先例"甚至"空隙处立法"提供正当性依据。

乍一看,法经济学和法律的实用主义似乎缺乏交集,但前者强调法律的效率和效果,后者关注司法可能的实际后果,两者便在如何认识法律以及法律应该具备何种价值上具有了某种潜在的一致性和亲和性。基于此,法律实用主义的创始人霍姆斯法官早就先知般地指出"理性地研究法律,时下的主宰或许还是'白纸黑字'的研究者,但未来属于统计学和经济学的研究者"[6]。不仅如此,他更是在普通法的司法实践中创造性地提出了社会利益的观念,认为通过权衡所得和所失来增进社会利益是一个法官不可避免的责任,为达此目的,他呼吁每一个律师和法官都应该懂得经济学。在霍姆斯之后,卡多佐进一步在"社会利益"的基础上提出了"社会福利"的观点。在《司法过程的性质》一书中,他更明确指出"法律的终极原因是社会的福利,未达到其目标的规则不可能永久性地证明其存在是合理的"。当法官们应召就现存规则应如何延伸或如何限制而发言时,他们一定要让社会福利来确定路径、方向和距离。[7]

可见,在波斯纳的实用主义前辈霍姆斯和卡多佐那里,经济学只是一种为法律的实用主义判决提供推理逻辑和正当性依据的社会科学理论。而在波斯纳法官的眼中,经济学何时、又在何种意义上成为实用主义的一个分支了呢?要回答这个疑问,稍微回顾一下波斯纳法官40年的学术生涯,了解其学术思想的悄然转变是有帮助的。在1973年的《法律的经济分析》中,年轻的波斯纳教授意气风发,意图用微观经济学的价格理论和成本—收益方法全面革新在当时占据主流地位的形式主义法学,彼时的他是颇为"经济学中心主义"的。自1981年担任联邦上诉法官一职后,学院派的波斯纳教授逐渐变成务实派的波斯纳法官。经年累月的法官生涯使得波斯纳法官意识到了"经济学中心主义"

---

[6] Oliver Wendell Holmes, "The Path of Law", 10 *Harvard Law Review* 457, 469 (1897).
[7] 卡多佐:《司法过程的性质》,苏力译,商务印书馆1997年版,第39页。

的危害,用他的话来说,如果仅仅用经济学概念代替法律概念,"用是否符合经济学理论来评价法律结果",这种法律经济学就是严重地脱离现实,是另一种意义上的形式主义和概念主义,而实用主义正是此症状的"解毒剂"。[8]

在 1995 年出版的《超越法律》中,波斯纳第一次对他自己的法学理论态度作了最完全的系统阐述,如果用一句话来表达,那就是:没有单独哪种进路,包括法律经济学,能够掌握着回答法律问题的所有钥匙。[9] 在此时的波斯纳看来,法律理论单有经济学是远远不够的,必须有实用主义、自由主义的强力加盟,才能联手构成一个强有力的光束,不仅可以阐明法律中的理论问题,更可以使法律理论成为一个理解和改进法律以及一般社会制度的有效工具。[10] 在这里,我们发现在波斯纳法官的理论体系中,经济学的地位已经由之前的"一支独大"降到了与实用主义、自由主义并列的地步。更晚近的,在 2008 年出版的《法官如何思考》一书中,经济学在波斯纳理论体系中的地位又进一步下滑。该书核心关注美国的上诉法官,特别是最高法院法官,面对疑难案件时应如何思考,而波斯纳的答案是实用主义的政治性考量。[11] 在这里,经济学的影子已经淡然到几近不见了。

基于上述对波斯纳法官学术思想的简单梳理,我们发现,越到后期,实用主义在其理论体系中的地位越高,而经济学(也许还包括自由主义?由于没有专门研究,我在此不敢下定论)的地位却在逐渐下降。[12] 极具美国特色的波斯纳法理学到最后只是针对普通法上诉司法实践的实用主义法理学。而在价值多元化的当代美国,一个实用主义判决考量的不仅仅是从成本—收益出发的财富最大化维度,更需要权衡妥协的政治性维度以及在观照社会整体之价值取向的基础上加以适当引导的社会性维度。

经由以上考察,我们发现,只有在当代美国的上诉审司法实践中,波斯纳法官所言的"经济学是实用主义的一个分支"的判断才能成立。因为在诸多疑难案件的审理中,基于财富最大化的效率维度只是实用主义判决需要考虑的一个面向。也因此,这一判断的制度语境和适用条件只能是"普通法、上诉审和疑难案件"。

---

[8] 理查德·A.波斯纳:《法理学问题》,苏力译,同前注[5]。
[9] 理查德·A.波斯纳:《超越法律》原文序,苏力译,中国政法大学出版社 2001 年版,第 II—III 页。
[10] 理查德·A.波斯纳:《超越法律》原文序,同上注。
[11] 理查德·A.波斯纳:《法官如何思考》,苏力译,北京大学出版社 2010 年版。
[12] 这一判断完全基于波斯纳法官的理论著述,但在具体的司法实践中,波斯纳法官撰写的司法意见书是否也呈现同样的变化趋势呢?这恐怕需要对波斯纳法官长达 32 年的司法意见书作一细致梳理和分析才能有确切的答案,而这只能是另一篇实证论文要做的工作了。在此要感谢赵骏兄的提醒和建议!

三、财富最大化的内在困境

作为当世最高产也最具影响力的大学者,波斯纳法官一直是包括我在内的众多中国法律学人的学术偶像,但经由上文的剖析,有一个疑问不得不提出:作为法律经济学运动最积极也最重要的创始人、开拓者和普及者,波斯纳法官赫赫有名,但法经济学在其理论体系中的地位为何江河日下?这就要从波斯纳牌号法经济学的核心概念"财富最大化"及其局限性谈起。

在演讲中,波斯纳法官指出"经济学的中心假设是,人们在一种相当特别的意义上是理性的,即个人试图最大化其自身效用"。换言之,即"每个人均为既定制度和社会环境下趋利避害的有限理性行动者",追求财富最大化或者效用最大化是每个个体最符合生物本能也最理性的行动选择。因此,在很多人看来,如果将成本和收益替换成快乐和痛苦,建立在快乐和痛苦的算计基础上并追求最大多数人的最大幸福的边沁式功利主义哲学便和经济学的中心假设相契合,顺理成章成为法经济学的哲学基础。但有意思的是,波斯纳法官却并不如是认为。在《正义/司法的经济学》一书中,波斯纳法官明确指出经济学并不是简单的功利主义之运用。其不仅试图通过考察最彻底的功利主义实践者边沁的思想,从而唤起读者怀疑功利主义,更力图建构一个脱胎于功利主义哲学的"财富最大化"伦理以修正,甚至替代边沁的功利主义。[13]

对边沁式功利主义,一方面,波斯纳完全认同边沁关于人在各个生活领域都是自我满足度的理性最大化者的观点,但另一方面,却对边沁著名的"最大多数人的最大幸福"原则批评甚力。前者符合波斯纳一贯坚持的经济学人性假设和个体主义进路,对后者,波斯纳的批判主要体现在:(1)边沁将"最大多数人的最大幸福"视为一项社会政策是否坚实的标准,而该原则太富于弹性以至于无法操作[14];(2)从最大幸福原则演绎出最佳制度的社会研究模式滋养的是乌托邦主义的难兄难弟——激进主义,而这可能导向极权政治[15];(3)功利主义的逻辑看上去赞同全宇宙幸福总量的最大化,但如果最大化效用的主体除了本国公民,还包括动物、未出生的婴儿和非法移民等等,具体的公共政策就很难有效制定和实施。[16] 正是基于上述批判,波斯纳认为"无论是作为一个个人道德的体系,还是作为指导社会政策的指南,边沁的功利主义都有一些严重

---

[13] 理查德·A.波斯纳:《正义/司法的经济学》,苏力译,中国政法大学出版社2002年版,特别是第二章"布莱克斯通与边沁"以及第三章"功利主义、经济学与社会理论"。

[14] 波斯纳不无戏谑地指出,边沁玩的是一个没有规则、从最大幸福原则演绎公共政策的游戏,而他提出的那一套公共政策跟他的个人偏好最为相似,比如他主张制定禁止虐待动物的法律,仅因为其以喜欢动物特别是猫而闻名。请参见上注,第33页。

[15] 同上注,第39页。

[16] 同上注,第51—54页。

的缺陷"。[17]

如果说"最大多数人的最大幸福"原则因忽视了"同意"价值,从而不足以成为社会政策和立法的基本方向和目标,那么何种原则能够当此大任? 波斯纳的答案是,"我称之为'财富最大化'的经济学规范为伦理学理论提供了一个比功利主义可能提供的更为坚实的基础"。[18] 笔者认为,波斯纳论证"财富最大化"伦理之所以胜过边沁式功利主义和康德主义的逻辑是:由于市场中的自愿交易既是一种既能满足个体层面上的成本/收益考量的最优选择,又是一种能自动实现社会福利增进的帕累托改进,因此市场是一种能同时实现个体效用最大化和社会福利最大化的资源配置机制。进一步,由于建立在单个个体自愿交易基础上的市场经济在理论上能有效实现社会财富的最大化,隐含在自由市场背后的"财富最大化"伦理因内在包含了康德式"同意"和边沁式"效用"这两大价值,因而足以包容边沁式功利主义和康德主义这两种相互对立的哲学传统。[19] 在波斯纳法官的眼中,财富最大化不仅是一种注重产出和强调社会合作的伦理,更是一种能同时兼容个体最优和社会最优的基本原则。

正是基于对财富最大化的追求,波斯纳牌号的法律经济学认为,要实现经济学孜孜以求的效率必须找到一种能够实现财富最大化的资源配置机制。在理论上,这种机制只能是完全竞争下的自由市场模式,因为"无论你依据平等的理由可以对自由市场提出什么反驳意见,市场经济会最大化一个社会的财富,这几乎是经济学家的普遍看法"。[20] 但问题在于,当市场交易的成本太高使得人们无法使用实际的市场来有效配置资源时,该怎么办? 虽说将若干个交易整合成一个合同以降低市场交易成本的企业模式是一种解决办法[21],但对大量的非市场行为而言,以事后个案处理的方式尽量降低交易成本、促成资源有效配置的法院则是另一种解决模式。因此,在波斯纳法官的眼中,"有许多普通法看来都是设计用来(无论是否明显)在市场交易费用太高、因此用市场进行资源配置不可行的情况下,像实际市场可能的那样来配置资源",而"在许多情况下,一个法院可以对会带来财富最大化的资源配置问题作出合乎情理的精确预测"。[22] 这就要求法官需要具备一种能"猜想"市场如何行事的能力。

如果说自由市场能实现一种基于自愿交易的社会福利最大化的帕累托效

---

[17] 同上注,第59页。
[18] 同上注,第47—48页。
[19] 同上注,第65—66页。
[20] 同上注,第67页。
[21] 科斯认为,企业的存在是为了节约市场交易费用,即用费用较低的企业内交易替代费用较高的市场交易,而企业的规模被决定在企业内交易的边际费用等于市场交易的边际费用那一点上。See Ronald H. Coase,, "The Nature of the Firm", 4 *Economica, New Series* 386 (1937).
[22] 理查德·A. 波斯纳:《正义/司法的经济学》,同前注[13],第62页。

率（Pareto efficiency）的话[23]，法院实现的只能是一种以事后补偿和惩罚方式实现的卡尔多—希克斯效率（Kaldo-Hicks efficiency）。[24] 在前者，由于自愿交易是一种双方都能获益的帕累托改进，因此，如果市场不存在交易成本和信息成本，或者有一系列能够有效降低包括信息成本在内的交易成本的隐形机制，竞争性的市场就能取得无意的有益结果并能够实现有限资源的有效配置，市场上所有个体层面上的自愿交易也能在社会整体层面导致一种帕累托最优状态（或者帕累托效率）。在很大程度上，这就是斯密所称的"看不见的手"之所以能有效运作的基本逻辑。在后者，由于在司法实践中，法院要处理的多为各种民商事纠纷和犯罪行为，在此类案件中，由于市场无法直接配置资源，就需要法官在事后采用模拟市场的方法（也即试图在强制交换发生的环境中重构与市场交易类似的条件）以实现财富最大化。在波斯纳法官看来，"繁荣"是一个几乎没有争议的社会目标。因此，结合了功利主义和个体主义因素的卡尔多—希

---

[23] 如果不存在另外一种可选择的状态使得没有人的处境变差而至少有一个人的处境变得更好，这样一种状态（资源配置、社会制度等）就称为帕累托最优状态。这个帕累托最优其实是一个帮助我们判断资源、利益和责任分配之优劣的效率标准，因此人们往往称其为帕累托效率。尽管只是一个简单的思想，帕累托效率的提出对新古典经济学，甚至相关社会科学的发展都有着巨大的影响。因为帕累托并不仅仅把最优这个概念表现为一个抽象的标准，而是证明了竞争性均衡将在此意义上产生一个最优资源配置，这就相当于证明了竞争性的市场（或者自由贸易）能取得无意的有益结果以及能够实现有限资源的有效配置，从而使得亚当·斯密提出的"看不见的手"的概念进一步地明确化和具体化了。更进一步地，帕累托的工作还为新福利经济学的发展奠定了坚实的基础，帕累托效率的基本思想也被扩展为著名的福利经济学第一定理，即在一个完全竞争的市场中，因为该经济中所有的行为人都是既定价格的接受者，那么该市场最终形成的竞争性均衡状态就必然是帕累托最优的，或者说实现了帕累托效率。根据福利经济学第一定理，在所有人都是价格接受者的完全竞争市场里，竞争性的均衡必须是帕累托最优。在很大程度上，帕累托效率是向斯密"看不见的手"指明的方向前进的一种良好状态，表明了我们能够追求它并且希望到达那里的良好愿望。对帕累托效率的更多讨论，还可参见《北京大学法学百科全书：法理学·立法学·法律社会学》的"帕累托效率"词条，北京大学出版社 2010 年版。另外，科尔曼从法经济学的哲学层面对帕累托效率有过相当清晰的分析，See Jules L. Coleman, "Efficiency, Exchange, and Auction: Philosophic Aspects of the Economic Approach to Law", 68 *California Law Review* 221 (1980)。

[24] 1939 年，经济学家卡尔多和希克斯提出的一种判断政策优劣的标准。考虑一个由甲政策到乙政策的转变，如果那些从这一转变中获益的人在理论上能够补偿那些受损的人，而且补偿后仍比转变前更好的话，那么不管对个人还是对社会而言，该转变就是值得的，乙政策因此就优于甲政策。这种判断政策优劣的标准就是卡尔多—希克斯补偿标准。差不多与此同时，希克斯也指出："我们所研究的改革都具有一个突出的特点，即它们都允许通过补偿来弥补受损者的损失，而且在补偿之后，仍表现出净收益。"尽管希克斯也敦促经济学家和改革者进一步明确具体的补偿政策，但他也未主张损失总应得到补偿。因此，卡尔多—希克斯标准意义下的补偿只是一种理论上的可能性，并不是事实。但是只要事后的补偿出现，将使每一个人在变革后都不会受到损失，同时会令其中部分人获得收益，因此这种预期会获得一致同意的方案就是一个能够实现帕累托改进的变革，卡尔多—希克斯改进也就成了帕累托改进，所以，人们往往又称其为潜在的帕累托改进。See Nicholas Kaldor, "Welfare Propositions of Economics and Interpersonal Comparisons of Utility", 49 *Economic Journal* 549 (1939); J. R. Hicks, "The Foundations of Welfare Economics", 49 *Economic Journal* 696 (1939)。

克斯潜在补偿意义上的财富最大化标准就更接近有争议的多元社会愿意接受的政治哲学,应该成为法官判案和规则制定的一个标准。也因此,建立在市场交易基础上的财富最大化原则就是法院应努力实现的卡尔多—希克斯效率的伦理基础。[25]

可见,不同于追求"最大多数人的最大幸福"的边沁式功利主义,波斯纳法官主张的财富最大化,其本质是一种市场价值最大化的市场伦理和"赢家通吃"伦理。这种伦理认为,在个体层面,价值的基础是人们愿意为某个东西所支付的对价,而不是人们可能从拥有此物中所获得的幸福,如果"一个个体,他很想获得某种物品,但又不愿或无法为此支付任何东西,也许因为他很穷,那么在我使用的'价值'这个术语的意义上,他就不是看重该物品的价值";在社会层面,社会的财富就是由货币(这是在财富最大化体系中唯一有道德分量的偏好)支撑的诸多偏好(也就是在市场上注册登记了的偏好)的总体满足。[26] 基于此,波斯纳法官明确指出,财富最大化进路的一个重要寓意是,"谁没有足够的挣钱能力来支持哪怕是最低的像样的生活水平,他对资源配置就没有发言权,除非是他们构成了那些有财富者的效用函数的一部分"。[27]

虽然波斯纳法官辩称,这一寓意看似冷酷可怕,或许很刺激现代人的情感,却与任何主要的伦理系统不矛盾[28],我们却会直觉这种"有钱人说了算"的伦理有违基本的正义。为什么?在我看来,波斯纳的财富最大化原则背后隐含的是一种"优胜劣汰"、"适者生存"的社会达尔文主义精神,这或许可以描述和解释"价高者得"的自由竞争市场[29],但要将其视为法经济学的规范基础,并以此指导普通法上诉审法官如何审理疑难案件,就存在两个难以克服的内在困难。

其一,在普通法的上诉审实践中,法官在何种案件中以及在多大程度上能够准确地模拟市场从而作出一个符合财富最大化原则的判决?更进一步,这一蕴含了"价高者得"的财富最大化伦理足以担当法官们进行公共政策考量时的基本标准吗?

先看第一个问题。要让法官能够准确地模拟市场,除了需要法官具备基本

---

[25] 理查德·A.波斯纳:《正义/司法的经济学》,同前注[13],第90页。
[26] 同上注,第61页。
[27] 同上注,第76页。
[28] 波斯纳认为罗尔斯等人也持有这样的观点,即个人的基因禀赋都是某种偶然事件,不具有道德的意义,对发明家和痴呆者如果给予同等对待,就是没有认真对待人们之间的差别。但依我看来,波斯纳法官在这里有狡辩的嫌疑。请参见上注,第76页。
[29] 但一旦市场并不完善(或者不完全自由,或者不完全竞争,或者两者兼备),这种社会达尔文主义的结果就只能是"穷者愈穷,富者愈富"。如果再加上政商不分、权钱交易,单纯追求财富最大化的结果很可能最终导致社会不正义。想想今天的中国,我们就能理解这种伦理的可怕了。

的法经济学知识和技能之外[30]，还需要法官手头的案件满足能在强制交换发生的环境中重构与市场交易类似的条件。但哪类案件易于让法官猜测市场会如何行事因而便于使用财富最大化原则呢？由于初始产权界定后的自愿交易能实现资源的有效配置，且自由竞争的市场模式是波斯纳法官认定的能实现财富最大化的资源配置方式，因此，反不正当竞争案件、反垄断案件和大量包括知识产权纠纷的财产类案件看来便于法官们作出模仿市场的判断从而促进市场。[31]

但问题在于，如果不是所有的案件都能成功地重构和模仿市场的运行，财富最大化原则就不足以成为法官判案的基本原则。

在我看来，财富最大化原则适用的审案范围实在有限，而且即使在技术层面上可以适用，在道德层面上我们也很难接受这种基于市场伦理的司法判断。比如，涉及单边行为的侵权案件，理论上法官在技术上能够以事后的方式重构市场，通过猜想市场该如何配置资源的方式来判决案件。但根据一种追求财富最大化的市场伦理，一个满足事后的卡尔多—希克斯效率的判决在很多时候却可能是一个有利于有钱人的判决，因为波斯纳定理指出，"如果市场交易成本过高而抑制交易，那么，权利应赋予那些最珍视他们的人"。[32] 而何谓"珍视"？在波斯纳法经济学的语境中，"珍视"只是一种愿意且能够以货币支付的能力。这，难道不与我们心中潜藏的正义律相悖吗？至于涉及双边行为的侵权案件、合同案件和婚姻家庭案件，如果事先抱着不盲目接受的学术态度，我们会发现，不管在效率性违约，还是在污染问题的讨论上，波斯纳法官基于财富最大化的成本—收益分析其实经不住仔细推敲。[33] 至于双边行为涉及的策略互动问题，本文下一节会有更仔细的分析，此处暂不赘述。

上述讨论的还只是普通案件，一旦将分析视野延伸到需要法官进行公共政策考量的宪法性案件，财富最大化原则就更力有不逮。在美国的当代背景下，当同性恋、堕胎、替身孕母、种族歧视、言论自由等隐含了现代社会"诸神之争"

---

[30] 这个问题在当代美国似乎已不是问题。在法经济学已然成为当代美国法学主流的背景下，美国联邦法院的法官们或多或少都具备一些经济学知识，更不用说在信守自由市场和保守主义的各类基金会的资助下，乔治·梅森大学法学院每年专门为法官们开办的法经济学训练营更是规模化地培养了众多法经济学的门徒。更多关于意识形态、金钱和法经济学发展的精彩分析，请参见田雷："波斯纳反对波斯纳——为什么从来没有学术的自由市场这回事"，载《北大法律评论》第14卷第1辑，北京大学出版社2013年版。

[31] 但即便是在这些案件类型中，基于司法本身的事后救济功能以及民众对公平的期待，法官也不可能完全按照"价高者得"的市场逻辑进行司法判断。

[32] 这是蒋兆康先生的概括，参见蒋兆康：《法律的经济分析》（中文版作者序言），中国大百科全书出版社1997年版，第20页。

[33] 在《正义/司法的经济学》一书中，波斯纳法官多次以污染问题为例来论证财富最大化伦理的正当性，但在我看来，这些分析不仅简陋而且有错误的嫌疑。请参见理查德·A.波斯纳：《正义/司法的经济学》，同前注[13]，第62页、第91—92页以及第108页。

的宪法性问题提交到最高法院法官面前时,他们能简单地用"价高者得"的市场伦理和财富最大化原则指导随后的司法判断和说理吗?答案当然是否定的,原因不仅在于这些宪法性问题因蕴含了多元价值冲突而极具复杂性,更在于财富最大化伦理的简单粗暴和价值单一。如果硬要用这一套市场伦理来影响公共政策——比如波斯纳和兰德斯就曾以人为限制收养婴儿的供给价格为由批评过美国政府的收养政策,认为应该放开婴儿市场以便更多的人能以更便宜的价格获得更健康的白种婴儿[34]——其结局令人黯然就是情理之中的。由于单一标准的市场伦理并不足以成为公共政策考量的标准,论者以市场伦理影响社会实践的目标根本无法达成;不仅如此,在学术市场,论者还可能因此被人贴上"市场原教旨主义"的标签而时不时受人攻击。

其二,谁的财富最大化?是单个个体基于成本—收益考量基础上的收益最大化,还是整个社会最终实现的社会财富最大化?个体最优层面上的财富最大化能自动实现社会最优层面上的财富最大化吗?

需要再次强调指出,波斯纳法官的法经济学,其适用对象是普通法的上诉审司法实践,其核心概念是以市场为调校标准的、以实现卡尔多—希克斯效率为目标的财富最大化,其基本方法是基于个体、个案层面上的成本—收益分析。由于波斯纳的法经济学要求法官在事后个案的审理中努力去模拟市场,其中便隐含了一个未言明的前设,即作为调校标准的市场本身能实现一种能兼容个体最优和社会最优的帕累托效率。但问题在于,这个前设性的标准在现实世界存在吗?

波斯纳法官在批评边沁的功利主义时指出,这种"功利主义既是一种个人道德的理论,也是一种社会正义的理论。好人就是努力最大化幸福总量(他自己的加上其他人的),而好社会就是一个追求最大化幸福总量的社会"[35],但其最大的问题在于,"最大多数人的最大幸福"并不是个人幸福量的自然加总,因而很可能具有隐含极权者意志的集体主义倾向。不同于边沁的功利主义,波斯纳认为其主张的财富最大化是一种强调个体本位和自由主义的伦理,原因在于基于自愿的市场交易模型尊重个人的选择,并能在自愿交易的过程中自动实现社会财富的最大化(一种帕累托效率状态)。基于此,波斯纳法经济学的分析逻辑就是,在自由竞争市场状态下,市场中的价格完全反映生产的边际社会成本,而且该社会中的每个人都能对自己的行为负责(也即私人成本和社会成本、私人收益和社会收益之间不存在任何差距),由于个体最优层面上的财富最大化能自动实现社会最优层面上的财富最大化,因此在分析具体问题时便只

---

[34] See, Landes, Elisabeth M. & Richard A. Posner, "The Economics of the Baby Shortage", 7 *Journal of Legal Studies* 323 (1978).

[35] 理查德·A.波斯纳:《正义/司法的经济学》,同前注[13],第51页。

需考察个体层面的财富最大化即可。

但问题在于这一前设性的假设前提太过理想。当放弃了完全竞争的不现实假定,不仅市场的帕累托效率难以实现,基于私人成本/私人收益考量的个体财富最大化(或者个体最优)和基于社会成本/社会收益角度考量的社会财富最大化(也称为社会最优)之间也必然存在一条巨大的鸿沟。而这,其实就是我们生活于斯的真实世界的客观写照。由于个体行为普遍存在的"外部性"(externality)[36],单个体对自身财富最大化的追求不仅不一定促进,甚至可能反过来阻碍社会财富最大化的实现。所以盛洪才说,"外部性问题的存在,反映了人类社会一个根深蒂固的矛盾,即个人理性和集体理性、个人最优和社会最优之间的不一致。"[37]因此才需要包括法律在内的诸多制度设计有效的激励机制,使得每个人为自己的行为负责,承担自己行为引起的成本,通过各种制度的设计使得个人理性和集体理性、个人最优和社会最优尽可能一致,以此来解决亘古存在而在现代社会又越来越多的"外部性"问题。但遗憾的是,以新古典微观经济学的价格理论为理论基础,主打"成本—收益分析"牌的波斯纳法官似乎考察的大多是个体层面上的收益最大化(背后隐含的是对自由市场的信任,因为在此市场下,个体最优和社会最优是一体的),由于忽视了个体最优和社会最优之间的永恒差异,其理论解释力必然有限。

综上所述,遵循个体主义本位和市场逻辑的波氏法经济学存在两个内在的缺陷:其一,由于在逻辑上完全无法证成在现实世界中,基于个体、个案层面的财富最大化能自动实现社会财富最大化,因此,作为法官判案之调校标准的市场本身就无法成为一个判断社会福利的效率标准。其二,市场伦理的价值单一性使得财富最大化原则既无法成为法官判案的一般性原则,更无法成为法官进行公共政策考量的基本标准。正是因为这两大缺陷,虽然波斯纳法官努力将财富最大化原则构建为法经济学的规范基础,但在普通法的上诉审司法实践中,波斯纳牌号的法经济学却很难在疑难案件和宪法性案件的审理中为法官提供有效的理论指南。在我看来,这也许就是法经济学在波斯纳法官的理论体系中的地位日渐下滑的原因了。

---

[36] 外部性是法律经济学中一个非常重要的概念,简单地说,外部性是指有人承担了他人行为引起的成本或获得别人行为创造的收益。外部性有正有负,如果一个人行为的成本实际上由他人负担或分担,这种情形就叫做负外部性,典型的如各种污染;如果行为人的收益被他人分享,那就是正外部性,比如乐善好施等等。在这种情况下,每个人对自己权利和责任的边际的界定是不清楚的,这就实际上导致了个体最优和社会最优之间的矛盾。更多分析,请参见《北京大学法学百科全书:法理学·立法学·法律社会学》的"外部性"词条,北京大学出版社2010年版。

[37] 盛洪:《治大国若烹小鲜——关于政府的制度经济学》,上海三联书店2003年版,第22页。

四、单向度的还是互动视野的法经济学?

上节的分析表明,虽然波斯纳法官力图以普通法上的种种证据证明,他主张的一种脱胎于边沁又超越了边沁的开明的功利主义由于收编了各种限制,从而使财富最大化成了一个有吸引力的伦理原则[38],但很明显的是,其试图将"财富最大化"原则打造成法经济学规范基础的努力却并未成功。因此,在1990年出版的《法理学问题》中,基于实用主义哲学,波斯纳法官在财富最大化问题上作了理论上的修正和退步,认为"如果对财富最大化作实用主义的理解,财富最大化就是工具性的,而不是基础性的"[39]。在我看来,这种理论上的退步是无奈的,但退的并不彻底。因为即便财富最大化只是工具性的,在普通法的上诉司法实践中,如果法官们追求的一种霍姆斯和卡多佐强调的"社会利益"或"社会福利"最大化,以这种工具主义的、虽强调社会合作但建立在个体本位基础上的"财富最大化"伦理来指导法律和公共政策,效果仍然不会好到哪里去。原因正是前面分析的,基于个体层面的财富最大化并不一定能导出社会总体意义上的最佳效果,也并不一定能真正地达成社会合作。一句话,波斯纳法官坚持的财富最大化并不能自动实现霍姆斯和卡多佐追求的社会福利最大化,或者法律实用主义要求的一种总体上的最佳效果。

在我看来,这是波氏法经济学的一个大缺陷,但在很多时候,波斯纳法官都有意无意地忽视了这一明显的逻辑跳跃或漏洞。比如,在演讲中,波斯纳法官居然能从"个人总是试图最大化其自身效用"这个论题毫无压力地转化到"由此可以得出,在实用主义意义上合理的司法决定、法令、规则或者其他各种法律决策是那些在总体上能够带来最佳效果的法律决策"。虽可以这只是一个口头演讲为借口,但这中间缺失的逻辑链条之多还是令人吃惊。这种忽视,究其原因,仍然和波斯纳法官对自由市场的信奉和追随有关。前面的分析已表明,自由竞争市场状态下的个体最优就等同于社会最优,因此,我猜想,波斯纳法官之所以忽视个体最优和社会最优之间的差异,可能是因为他认为在自由竞争的市场体系中,在个体、个案层面上追求财富最大化就自然实现了社会财富最大化。

波斯纳法官曾这样概括其从事的对"非市场"行为的法经济分析:人们在做非市场行为决策时,是以满足其财富最大化的理性方式行事的;法律规则的作用在于对这些非市场活动施加不同的价格,从而会改变这种活动的数量与性质;普通法的发展最好被解释为能导致帕累托或卡尔多—希克斯有效结果的努

---

[38] 理查德·A. 波斯纳:《正义/司法的经济学》,同前注[13],第106页。
[39] 理查德·A. 波斯纳:《法理学问题》,同前注[5],第483页。

力。[40] 可见,波氏法经济学的特点有三:(1)分析对象仅限于单个个体、单个组织、单个制度、单个案件;(2)分析工具是微观经济学中的价格理论和成本—收益分析;(3)追求的目标隐含了市场伦理的财富最大化。我认为,与关注人与人、人与制度,甚至制度与制度之间的策略互动,侧重从动态和互动视野的理论视角切入分析的法经济学相比,这是一种单向度的法经济学。其优点在于,"在一个目的共同的场合,将一个法律问题转化为一个社会科学的问题,可以使法律问题变得明确起来,并因此可以推进有效的边沁式工程,即把法律建立在一种更加科学的基础上,并且不伤害其他的竞争性价值"[41]。但其缺点也很明显,除了其适用有其前提(即相对完善和自由的市场经济制度)和边界(普通法的上诉审实践)外,财富最大化原则的内在困境以及忽视个体最优和社会最优之间的矛盾更导致其应用时常受限。

举例而言,合同法上的"效率性违约"是波斯纳法官在霍姆斯的合同选择权基础上创造的一个概念。基于对财富最大化的追求,波斯纳认为"约定必须遵守"这一原则并不绝对。只要违约方违约带来的收益大于其不得不赔偿因其不履行合约给对方当事人招致的损失,这就是一个卡尔多—希克斯意义上的效率增进。由于社会净福利因此得到了提升,这个违约就是可以允许和值得提倡的。"效率性违约"理论完美地展现了波斯纳法经济学的精髓,那就是个体、个案层面上的成本—收益分析和追求财富最大化。但问题在于,理论的简单优美很可能遮蔽了现实的复杂和冷酷。以一种互动博弈的视野来看,"效率性违约"背后不仅隐藏着一个难办的司法技术难题,长期而言更隐含着一种诚实信用的市场伦理可能因此败坏的风险。

在前者,"效率性违约"之所以有效率的原因在于违约方愿意赔偿对方损失,但在具体的司法实践中,是应赔付对方的预期损失、信赖损失还是返还预付款呢?由于合同是一个典型的双边行为,不同的损失补偿规则对双方的投资决策和激励效应大不一样:选择预期损失补偿规则,会激励买方(即潜在受害方)过度投资,选择信赖损失补偿规则,又会导致买方过度依赖,如果选择返还性补偿规则,则会提高潜在违约方的违约概率。由于没有任何一种规则能使双方同时选择社会最优的投资水平和社会最优的违约区间,不管法官事后选择何种损失补偿规则都会对社会效率造成损失,"效率性违约"带来的福利增进很可能因此减少甚至为负。[42] 当然,在理论上,法院应该选择一种使得双方在边际上对他们的决策承担完全责任的补偿规则,但该规则又要求投资是法院可以观察

---

[40] 理查德·A.波斯纳:《法律的经济分析》,同前注[3],第907—908页。
[41] 理查德·A.波斯纳:《法理学问题》,同前注[5],第486页。
[42] 对三种损失补偿规则的详细分析,请参见张维迎:《信息、信任与法律》,生活·读书·新知三联书店2003年版,第116—124页。

到的,这在现实世界中难以实现,因此我才称之为一个司法技术难题。在后者,诚实信用是商业社会数千年以来形成的基本规范,其功能不仅在于降低交易成本,更在于维续基本的市场秩序。在短期内,允许"效率性违约"似乎带来了社会净福利的增进,但如果我们支持和鼓励这种为了利益而故意违约的行为,在长期内,不仅会增加很多无谓的交易成本(比如违约成本和救济成本),更会损伤契约精神,败坏商业风气。这恐怕是力主"效率性违约"的波斯纳法官也不愿意看到的吧。

再比如,在侵权责任和刑事制裁的分析上,单向度的法经济学分析同样存在局限性。先来看侵权责任问题。在演讲中,波斯纳重点提到了汉德公式,指出与霍姆斯的侵权法观点——侵权法的目的仅在于将不法行为受害者所承担的成本转移给加害人——相比,汉德法官在卡罗尔拖船案中总结的过失责任公式更能体现法经济学促进资源有效配置、制止社会资源浪费的宗旨。不仅如此,由于该规则第一次在普通法法官作出的侵权案判决与经济学家们对这些判决进行的经济推理之间架起了桥梁,在法经济学家眼中,这一充分体现了成本—收益考量思维的汉德规则便构成了整个侵权法的基础。但问题在于,汉德公式只不过是在确定适用过失责任规则的法定背景下,通过将潜在预防成本与该成本可能获得的收益相比较,来确定加害方是否存在过失的一种方法。因此,一个更一般性的问题是,如果现代社会的责任规则既包括严格责任规则又包括过失责任规则,那么什么情形下该适用严格责任规则,什么情形下又该适用过失责任规则呢?

在互动视野的法经济学看来,不同的责任规则实际上是不同的激励机制,如果将侵权法的目标视为如何确定最优的责任规则以便在不损害激励的情况下实现社会正义所要求的补偿的话,我们需要进一步考察的是,在什么情形下需要什么最优的责任规则?在单边侵权情形下,既可适用严格责任规则(这是霍姆斯法官理解的最优侵权规则)也可适用过失责任规则(这是汉德公式适用的前提),在理论上,两者在实现帕累托效率上是等价的。但一方面,由于严格责任规则存在外部风险和财产约束两个问题,且该问题在现代社会比在传统社会更严重,所以我们今天看到的侵权规则一般是过失责任规则。另一方面,由于过失责任规则对法院获得侵权方真实信息的能力要求很高,而现代社会很多产品的生产技术越来越复杂,所以在产品责任上,我们看到的是从过失责任向严格责任的变迁。可见,在不同情况下选择不同的责任规则,背后的考量不仅仅是单向度的成本—收益分析,更是对不同情形下各种互动因素综合权衡后的适应和选择。

在双边行为情况下,由于事故本身是一个"团队生产",仅靠单向度的成本—收益分析更是无法确定何为最优的责任规则。但以一种同时决策的静态博弈理论,我们发现,(1)在事故法的制度语境中,实际的预防由加害人和受害人分别作出,每一方都是在给定别人的选择下作出个人的最优决策,一个最优的责任规则必须同时调动双方的积极性,使得双方都能在事前谨慎小心,从而降低社会成本并减少事故的发生。(2)不同的责任配置规则会导致不同的"纳什均衡",如果某种责任规则下"纳什均衡"导出的预防措施与帕累托最优的预防措施相一致,这种责任规则就是最优的。[43] 正是在互动博弈的理论视野下,我们才能知晓为何在双方行为的情况下,过失责任不仅优于无责任规则,也优于严格责任规则[44],而单向度的法经济学对此却无能为力。

最后再简单讨论一下刑事制裁。在波斯纳法官看来,天才地界定了预期惩罚成本(即惩罚概率与惩罚严厉性之乘积)、视惩罚为对犯罪行为施加成本并由此改变从事这种活动之激励的一种方法的边沁,是运用现代经济学分析犯罪与惩罚的理论鼻祖。[45] 贝克尔对犯罪和刑罚的经典分析不仅承继了边沁的基本思想,更开创了对刑事法治进行法经济学分析的现代先河。[46] 可以说,基于成本—收益分析的法经济学对犯罪行为的分析立基于理性犯罪人的假设,目的是想在国家司法资源既定的前提下,指出何者为最优的制裁量和最优的犯罪量,从而实现资源的最优配置。这种分析进路同样内含了个体最优和社会最优的一致,但问题在于个体层面和社会层面的最大化可能出现冲突。[47] 比如,在个体层面,潜在犯罪人是在既定法律背景下进行其成本—收益考量并决定其是否犯罪,要减少此类犯罪,我们必须提高此类犯罪行为的预期成本,或增大惩罚力度或提高捕获率和定罪率;但在社会层面,不管是增大惩罚力度还是提高捕获率,都会增加社会成本,如果惩罚的边际成本大于惩罚的边际收益,从社会最优的角度看,我们或许就应该放过这类犯罪不予惩罚。可见,由于忽视了国家和潜在犯罪人之间的博弈互动,忽视了惩罚也需付出社会成本,单从潜在犯罪

---

[43] 对双边行为下侵权责任规则的分析,请参见张维迎:《信息、信任与法律》,同上注,第99—102页。

[44] 通过构建不同的博弈形式来比较不同责任规则之优劣的具体分析,请见道格拉斯·G.拜尔(等):《法律的博弈分析》,严旭阳译,法律出版社1999年版,第2—24页。

[45] 理查德·A.波斯纳:《正义/司法的经济学》,同前注[13],第41页。边沁对刑事惩罚的精彩分析,See Jeremy Bentham, *A Fragment on Government and an Introduction to the Principles of Morals and Legislation*, W. Harrison ed., Oxford: Basil Blackwell, 1948, pp.293—294。

[46] See, Gary S. Becker, "Crime and Punishment: An Economic Approach", 76 *Journal of Political Economy* 169 (1968).

[47] 说实话,将贝克尔的刑法经济学分析归入单向度的法经济学不太厚道,因为贝克尔明确考虑到了惩罚的社会成本问题,考虑到了国家惩罚成本和私人犯罪回应之间的矛盾(基于此,社会最优的制裁量才不可能消灭所有的犯罪,因此才有最优犯罪量之说)。但贝克尔对"罚金"制度的青睐,暗示了其和波斯纳法官一样对市场伦理信赖有加——因为"罚金"这一惩罚方式不存在惩罚的社会成本,因此在惩罚市场上,采用罚金刑便能自动实现个体最优和社会最优的统一,从而实现最优威慑和社会成本最小化——在法经济学方法论上两者还是有一些共同之处的。

人的成本—收益角度切入考察的边沁式进路很难解释现代社会中的"刑罚轻缓化"、"轻轻重重"等诸多刑事司法政策。[48] 不仅如此,什么行为应被归入犯罪,什么行为不应归入犯罪(这背后隐藏的是一个重要的刑民边界问题)这类更基本的前提性问题,单向度的法经济学同样无法回应。[49]

基于上述并不全面也不深入的分析,我想指出,由于人类行为的互动性和策略性,单个个体的财富最大化很难加总为社会最优层面的社会福利最大化,因此,面对充斥着合作与背叛、信任与欺骗,并呈现出复杂动态博弈关系的现实世界,从单个个体出发的,以成本—收益分析为工具并以财富最大化为目标的法经济学的解释力自然不会太足,其为法律变革提供理论支持的力度当然也就有限。

五、中国法官应远离实用主义判决吗?

可能是因为自己创建并力主的法经济学在普通法的上诉审司法实践中适用受限,波斯纳法官后期才将学术兴趣转向了实用主义法理学。在《法理学问题》一书中,波斯纳指出,作为实践理性分支之一的法律推理在遇到疑难案件时往往无法产生确定的结果,这时的司法决定因此经常不得不建立在公共政策、政治考量、社会理想以及"价值偏见"的基础之上,"法官最好将他们的工作理解为:在每一案件中获得特定境况中最合乎情理的结果"。[50] 在这里,我们很吊诡地发现,其早年坚持的、应该在疑难案件的审理中遵循"财富最大化"原则的思想已然被波斯纳法官自己扬弃掉了。在很大程度上,波斯纳自己否定了波斯纳。

正是站在实用主义法理学的立场上,波斯纳法官在演讲中反对那种形式主义判决,因为其认为"正确的司法决策是从一些立法的、宪政性的或者司法判例建立起来的权威性文本中演绎出来的,而其效果则不在考虑之列"。在波斯纳看来,虽然大多数法律文本的意思容易理解且不会产生歧义,但对那少数并非如此的文本来说,那种源起于布莱克斯通的形式主义法理学,不管是其解释理论还是其解释实践都无法为某个法律判决提供客观性基础。对此类疑难

---

[48] 我曾对刑罚轻缓化有过深入的分析,请参见艾佳慧:"刑罚轻缓化的法经济学考察",载《法律适用》2012年第6期。

[49] 张维迎先生曾从激励效应入手,讨论过刑法和民法的分工问题。他认为,刑事与民事界线的设定本身就是激励机制设计的一个重要问题,并进一步提出刑民边界划分的三个标准:外部性标准、可信性标准和恶性报复标准。请参见张维迎:《信息、信任与法律》,生活·读书·新知三联书店2003年版,第154—162页。我也从刑事诉讼制度变迁的角度讨论过刑民边界模糊地带的理论问题,请参见艾佳慧:"刑事诉讼的制度变迁及其理论发展——从《刑事诉讼的中国模式》切入",载《法律科学》2011年第5期。

[50] 理查德·A.波斯纳:《法理学问题》,苏力译,同前注[5],第165页。

案件,波斯纳提出的替代性方案是后果主义的,即放弃"解释"的企图,代之以关注特定案件中法律文本的不同适用,再通过比较各种适用的不同实际后果来做决定。与拘泥于语义并坚持"遵循先例"的形式主义法理学相比,这是一条关注实际后果的实用主义道路,是一种努力以思想为武器促成更有效行动的、以未来为导向的工具主义法理学。[51]

站在普通法的司法语境下,我们发现,所谓的"实用主义判决"和"形式主义判决"之争其实只是上诉审法官面临疑难案件时的两种处理方式而已。在前者,或者明确表示应在"空隙处立法"(霍姆斯语)——卡多佐就曾直言,对于那些没有决定性的先例可参照而其判决又有可能影响未来生活的案件,那些对未来很有价值而且可能推进或延滞法律的发展的案件,法官就必须在考察了逻辑的、历史的、传统的以及社会效用的基础上创造先例,也就在这里,法官承担起了立法者的职能。[52]——或者在适用法律的过程中权衡各种方案的利弊,从中选择一个预期在总体上能带来最佳社会效果的司法判决。[53] 在后者,不仅认为司法的过程就是将存放在法官心中的抽象理性(体现为作为一般命题存在的法律原则和定理)作为判案依据,并不时适用于法庭上得以恰当确认的事实的过程,而且认定遵循先例是一早已确立的规律,不得违反。[54] 如果说实用主义法理学承认法官的创造性、强调判决的实际后果,并追求总体意义上的社会最佳效果的话,形式主义法理学则否认法官有造法功能,看重运用种种法律解释和推理技术寻求法律原则下的"唯一正确答案"(德沃金语)。[55]

但一旦跳出普通法的语境,以一种更开阔的理论视野,我们发现,对"形式主义判决",其实存在两种制度语境下的两种理解。上文所述只是普通法上诉

---

[51] 同上注,第 577 页。

[52] 基于此,卡多佐明确指出,遵循先例不是绝对的,只要一个法官在经过恰当的经验检验之后发现一个法律规则与正义感不一致或者与社会福利不一致,他就应该毫不迟疑地公开宣布这一点并完全放弃该规则。用卡多佐的话来说:"司法过程的最高境界并不是发现法律,而是创造法律。"请参见卡多佐:《司法过程的性质》,同前注[7],第 105 页。

[53] 用霍姆斯法官的话来说,就是政治力量初步开凿了法律而法官将它琢磨成型,最好的法官是把法律琢磨得最精确符合,甚至预见到社会中占支配地位群体的愿望的法官。能这样判决的法官就是最具有实用主义精神的法官,而这样的判决当然就是一个能带来最佳社会效果的实用主义判决。

[54] William Blackstone, *Commentaries on the Laws of England: A Facsimile of the First Edition of 1765—1769*, Chicago: University of Chicago Press, 1979, pp.69—380. 转引自[美]理查德·A. 波斯纳:《正义/司法的经济学》,同前注[13],第 23—24 页。

[55] 但在我看来,在普通法的制度背景中,形式主义判决也好,实用主义判决也好,其实在很大程度上都是追求社会效果最优化的,只不过前者是摆在明面上的,而后者是隐含其中的。从布莱克斯通一直到当代的德沃金,这些形式主义法理学坚持的法条主义判决其实往往内含实用主义的考量。比如波斯纳法官在演讲中批评的斯卡利亚大法官在"赫勒案"(Heller)中的司法意见,看似拘泥于宪法第二修正案的语义,但其中难道就没有提防政府权力扩张以及保护实力不可小觑的军火商人的利益等实用主义的考量吗?

法理争议中的一种"形式主义判决",其背后的形式主义法理学一直都是实用主义法理学的理论死敌。但还有另外一种"形式主义判决",即根据逻辑三段论就能成功断案的那种形式主义判决。这种"形式主义判决"的存在其实是不分普通法系和大陆法系的。比如,在普通法系,除开上诉审中的疑难案件,不管是霍姆斯、卡多佐还是波斯纳,实用主义法理学家们其实都承认法院需要解决的大多数案件其实只要认真考察和比较先例就能得出不错的结论。在这类案件中,"大前提"是"相关先例","小前提"是"本案事实","结论"就是"本案判决"。由于案情简单,根本不需法官劳心费神地去运用繁琐的解释技术,或者判断什么是最佳社会效果。而把眼光投向大陆法系,我们惊异地发现韦伯极力推崇的"形式理性法"(其极致就是一头投入法条和事实,另一头吐出司法判决书的"司法售货机")究其本质不外乎就是要求一种形式主义判决,只不过其"大前提"不是"相关先例"而是"成文法条"罢了。[56] 很大程度上,对这种形式主义判决的需求其实就是现代社会对"规则之治"的基本要求。

以此观之,不管是大陆法系还是普通法系的国家,只要已然转型至现代工商社会,对"规则之治"以及其背后隐含的形式主义判决的需求就是一般性的。正处于社会转型变迁中的中国当然也不例外。也正因此,我们才好理解广大民众对"同案同判"、"类案类判"及其内含的司法公平的热切期待,也才好理解如今正如火如荼展开的指导性案例制度及其法治意义。但问题在于,形式理性法也好,规则之治也罢,其司法产品——形式主义判决——要能够顺利作出,必须具备一个前提,或者成文法典足够完善和细致(在大陆法系),或者先例库足够庞大和精细(在普通法系)。如果这一前提不具备,或者社会的发展和变化使得之前的法条和先例不敷使用的话,这就不是一个能用逻辑三段论得出形式主义判决结论的简单案件了。在此情况下,不管是大陆法系的法官还是普通法系的法官,均有给出实用主义判决的义务。我们通常认为,由于立法或先例或者不够完善和精细,或者存在僵化和不足,需要司法机构或者通过娴熟的司法技术实用主义地适用法律,或者以事后个案判决的方式实现规则的重新配置和补充。在很大程度上,这也就是一种补充性的规则之治。

今天的中国,法制建设的时日不多,大肆移植域外法律的后果就是立法不仅粗疏而且冲突和错漏甚多,当面对法律规则不充足或者规则与社会生活不相

---

[56] 就是在这里,我发现波斯纳法官对韦伯"形式理性法"的认识恐怕有误。韦伯倡导法官们保持形式理性,摒弃实用主义和关注效果的做法并不是因为他承继了布莱克斯通的精神,而只是他对以德国成文法典为代表的形式理性法的信任和偏爱。相反,对于以混乱和无序著称的英国法,韦伯一直想不明白为何如此缺乏形式理性的法治传统也能促进资本主义的兴起和发展,以至于这成为韦伯思想中一个极重要的"英国法问题"。对韦伯"英国法问题"的深入考察和分析,请参见李猛:"除魔的世界与禁欲者的守护神:韦伯社会理论中的'英国法问题'",载《法律与价值》(思想与社会第一辑),上海人民出版社2001年版。

契合之时,法官们是应该更多采用逻辑三段论作出形式主义判决,还是应该更多地比较不同判决可能的社会后果而给出一种实用主义判决?实然层面上,对追求"息诉服判"以便完成各项绩效考核指标的中国法官而言,当规则不够用或规则与社会脱节之时,基于对自身利益最大化和风险最小化的追求,他们的理性选择要么是"生搬硬套",要么是"向一般原则逃逸"。一言以蔽之,就是"机械司法"。"从实践来看,机械司法的一个突出特征就是法官仅仅从法律条文出发,按照三段论的逻辑推理过程裁判案件,拒绝对案件裁判结果的社会效果进行考量。"[57]这显然是一种典型的形式主义判决。但问题在于,在当代中国,这种"不顾社会效果,不追求案结事了,定分止争,机械地套用法律条文"的法条主义判决,"其后果是造成越来越多的涉诉上访,影响和谐社会的构建,影响社会的稳定"。[58]因此,鉴于机械司法对法治秩序和社会安定带来的危害,在应然的层面上,与形式主义判决相比,中国法官在此类案件中似乎更应审时度势地进行基于社会后果的实用主义考量,并在必要的情形下变通司法,通过创设规则不断界定模糊的权利界限,减少规则不足或不契合而发生的不服判案件。[59]

但在演讲中,基于对法治观念薄弱国家之政治文化的理解,波斯纳法官对中国司法的建议却是一种陈若英概括的"超脱"政策,即"更好的选择是保持抽象和形式主义,而实质上远离实践性和实用主义的考量"。[60]基于我们对中国司法现状的认知,波斯纳法官的这一建议显然不太靠谱。但基于什么思考角度,波斯纳法官才会提出如此不太靠谱的建议呢?

仔细考察该建议提出的前后语境,波斯纳法官似乎将中国法官等同于布莱克斯通时代的英国法官了。——因为布莱克斯通认为法官仅是"神谕的消极传送者",所以中国法官也只需努力将正义的古老原则转变为司法决策,而尽量不行使裁量权。但这似乎时空错置了。首先,虽同属法治观念尚属薄弱的国家,布莱克斯通的英国和当代中国其实是没有多少可比性的。其次,布莱克斯通以"神谕传送者"为隐喻的那种形式主义判决只是普通法上诉审语境中的一种形式主义判决,中国法官既缺少作出这种形式主义判决的制度背景,即普通

---

[57] 李杰:"法官机械司法的博弈分析",载《法律和社会科学》第九卷,法律出版社2012年版,第3页。

[58] 纪敏:"公正司法,一心为民,廉洁自律,一生平安——在全国民事审判工作座谈会上的讲话",载《民事审判指导与参考》2007年第2集,法律出版社2007年版,第71—72页。

[59] 通过构建一个一审法官和当事人之间的不完全信息动态博弈模型,李杰指出司法的困境很大程度上不是来自于当事人的纠缠不清,而来自于缺乏明确而清晰的权利边界。因此,在很多规则不充足或规则与社会不相契合的案件中,或许应鼓励法官变通司法。更多分析,请参见李杰:"法官机械司法的博弈分析",同前注[57]。

[60] 对波斯纳法官"超脱"建议的另一个角度的批评,请参见陈若英:"超脱或应对:法院与市场规制部门的竞争",载《北大法律评论》第14卷第1辑,北京大学出版社2013年版。

法和上诉审(虽然我国诉讼法规定了上诉制度,但中国司法缺少真正的上诉审却是事实),又缺乏作出如此形式主义判决的能力(与布莱克斯通的专家型法官相比,中国法官的专业素养和职业精神均极为匮乏)。[61] 最后,即使将"神谕传送者"的隐喻扩展到所有法官,在今天的司法制度背景下,中国法官也缺少作出布莱克斯通意义上之形式主义判决的意愿。在布莱克斯通看来,遵循先例的"神谕传送者"不会存在什么私心,他们追求保障公民的基本权利,即人身安全、人身自由和财产安全。在波斯纳法官看来,这很大程度上就是在追求与社会财富最大化意义大体相近的社会福利最大化。[62] 在这种制度背景下,法官追求自身效用最大化与其力图实现的社会福利最大化在很大程度上是激励兼容的。[63] 但当代中国就不一样了,普遍年轻化且追求金钱和权位的中国法官为了自己的一己私利,很有可能表面打着"正义公平"的旗号,干的却是违法裁判这等令法治蒙羞的勾当。[64] 这里,法官追求自身利益最大化的个体最优层面就与司法判决所追求的社会最优之间出现了极大的鸿沟。

因此,我们发现,在当代中国的司法背景下,由于既无"超脱"的基础(在一般性规则之治的"形式理性法"层面,规则不仅粗疏而且严重不足),又无"超脱"的能力和意愿(在上诉审和补充性规则之治的层面,中国法官不仅专业性不够而且动力不足),波斯纳法官提出的"超脱"策略(即建议中国法官拥抱形式主义判决并远离实践性的和实用主义的考量)在中国完全不合用。而之所以提出该建议,除了对中国司法现状不了解、不熟悉之外,单方面从法官角度考虑问题的单向度思维可能是另一个重要原因。在波斯纳法官的理论视野中,法官对自身效用最大化的追求和他们通过司法判决追求社会福利最大化在很大程度上是兼容的,因此,在他的研究中,我们看到联邦法官是一群偏好众望、声望、投票和休闲的法治精英,不管是认同实用主义还是形式主义的法学理念,他们绝不可能将个人的私利置于社会福利之上。[65] 但美国并不等于全世界,美国法官也不等于其他国家的法官。法治西方的生活世界塑造了波斯纳法官的

---

[61] 爱德华·考文指出,作为普通法基石的正确理性,从一开始就是法官的正确理性。普通法被看作是依赖于知识或发现的法,所以它是依赖于专家们的法,随着遵循先例(stare decisis)学说以空前稳固的方式得到确立,情况便愈益如此。请见爱德华·S.考文:《美国宪法的'高级法'背景》,强世功译,生活·读书·新知三联书店1996年版,第20页。

[62] 理查德·A.波斯纳:《正义/司法的经济学》,同前注[13],第15页。

[63] 激励相容是机制设计理论中的一个术语,是指在市场经济中,每个理性经济人都会有自利的一面,其个人行为会按自利的规则行为行动;如果能有一种制度安排,使行为人追求个人利益的行为,正好与集体或社会价值最大化的目标相吻合,这一制度安排,就是"激励相容"的。

[64] 根据在实地调查中获得的将近500份法官调查问卷,我发现今天的中国法官不仅普遍呈现年轻化的态势,而且均极为看重收入和权位。更多对中国法官效用函数的具体分析,请见艾佳慧:"中国法官最大化什么",载苏力主编:《法律和社会科学》第三卷,法律出版社2007年版。

[65] 波斯纳法官曾总结过联邦法官们的诸多偏好,并以此建立了一个联邦法官的效用函数。具体内容请参见理查德·A.波斯纳:《超越法律》,同前注[9],第157页。

理论关注,也在一定程度上限制了他的理论视野。因此,当他运用其独有的法经济学视角研究司法行为和法院管理之时,只从法官偏好及其效用函数角度出发就是理所当然。因此,尽管波斯纳法官在司法行为研究上的成就世所瞩目(不仅在精致程度更在实证分析层面),由于这类研究背后的法经济学方法论不会关注当事人和法官、法官和笼罩在其身上的诸多管理制度之间的长期互动博弈,当面对复杂多变之中国司法问题时,就可以理解为何这种单向度的法经济学在解释上会"捉襟见肘"并导出不甚靠谱的建议了。

六、中国需要什么样的法经济学(代结语)

从法经济学和法律实用主义的关系问题出发,本文不仅从"财富最大化"原则的两大内在困境出发讨论了法经济学为何在波斯纳理论体系中的地位日渐下降的原因,更从忽视个体最优和社会最优之永恒差异的角度指出了单向度的法经济学在解释诸多法律问题上的理论局限性。不仅如此,鉴于中国司法问题的特殊性和复杂性,本文进一步的讨论表明,要让生活在法治相对完善之当代美国的波斯纳法官理解中国,并运用其一贯坚持并擅长的法经济学成功解释中国看来很困难,其提出的"超脱"策略就是明证。在波斯纳法官的眼中,民主制度尚未健全和法治观念淡薄的当代中国似乎很难容纳其创造并不断发展壮大的法经济学分析。由于很多国家并不具备法经济学适用的"制度结构"和"法律文化",在很大程度上,这恐怕就是波斯纳对法经济学的普适性表示怀疑的主要原因。

但跳出波斯纳牌号的法经济学[66],以一种互动博弈的理论视野,我们发现各国看似不同的"制度结构"和"法律文化"其实完全可以成为法经济学的解释对象。由于理论视野更开阔,研究工具更先进,这种从人与人、人与制度、制度与制度之间的互动出发,以个体的成本—收益分析为基础,以博弈论和信息经济学为工具并以促进社会合作为目标的新法经济学不仅能更好地解释当代中国法治建设和司法实践中的诸多法律难题,更能在此基础上为我国的法治改革提供更多更可行也更有建设性的相关建议。以此观之,在中国法经济学的发展道路上,我们需要的不仅是对"超脱法律"的追求,更需要一种"超越波斯纳"的学术信心和勇气。

(初审编辑:叶蕤)

---

[66] 重申一下,在本文的语境下,这是一种从单个个体、单个案件出发的,以成本—收益分析为工具并以财富最大化为目标的单向度的法经济学。

新瓶不能装旧酒
——从 *persona* 到 person 的动词问题[*]

吴宗谋[**]

Lost in Translation:
The Verbal Change from *Persona* to Person

Tzung-Mou Wu

内容摘要：本文藉由分析若干罗马法文句的翻译问题挑战当代的法律概念"人"(person)。本文呈现为何拉丁字 *persona* 无法成为地方语言 person 的字源，并主张 person 的当代用法来自 19 世纪的德国法学文献，尤其是萨维尼的作品。本文说明 *persona* 与诸如 *gerere*、*tenere* 与 *sustinere*（相当于英语的 bear、carry、hold）等动词构成一词组，无法单独表达意义。这类词组需要一个属格形态的名词补语，一如其同义语的及物动词"代表"或"代理"(represent)需要一个直接受格—

---

[*] 本文原出处为 Wu Tzung-Mou, "Lost in Translation: The Verbal Change from Persona to Person", 2 *Comparative Legilinguistics* 141, 141—151 (2010)。英文原稿的撰写接受欧洲联盟执行委员会玛丽·居里先期研究培训计划(Marie Curie Early-Stage Research Training Program)，以及作者当时所属的意大利人文科学研究所(SUM, Istituto italiano di scienze umane)资助。最初发表于第 4 届《翻译、口译与比较法律语言学研讨会》——2009 年 7 月 2 日至 4 日于亚当密茨凯维奇大学(波兰,波兹南)举行。本文尽量保留原稿的用字遣词，仅于必要时增加帮助使用汉语的读者了解的按语。

[**] "中央研究院"法律学研究所助研究员。

般。另一方面,现代法学文献赋予 person 意义,将其看作人类个体的同义语,并将其与 be 动词一起使用。这种用法是现代的发明,译回拉丁文时必定产生混淆。

关键词:人格　法人　德国历史法学派

Abstract: This paper challenges the modern legal concept of "person" by analyzing the translation problems of some Roman law fragments. It shows why the Latin word "*persona*" cannot be the etymon of the vernacular "person", and argues that the modern use of "person" stems from the nineteenth-century German juridical literature, especially that of F. C. von Savigny. This paper shows that "*persona*" forms a phrase with verbs like *gerere*, *tenere* and *sustinere* (bear, carry, hold, etc.) and has no meaning by itself. Such phrases require a noun complement in genitive form, as their synonym "represent", which is transitive, needs a direct object. On the other hand, the modern literature attributes a sense to "person", taking it as equivalent to "human individual" and using it word with the verb "be". This use is a modern invention and cannot be re-translated into Latin without semantic confusion.

Key words: personality　legal person　German Historic School

2005 年 4 月间,约瑟夫·拉辛格枢机被选举会议选为若望保禄二世的后继者。外界向来认为拉辛格是已故教宗在理论问题上的主要咨询对象,并因此经常为他塑造一派保守神学家的形象,甚至由于传闻中他对女性晋铎、同性恋者与避孕议题所持的传统派立场而被蔑称为"上帝的罗威那犬"。选举会议结束后,来自美国的席奥多·麦卡里克枢机在一场记者会上为新任教宗打抱不平,他说:"本笃十六世为人们所知的公共面貌(public persona)在许多情况中与事实不符"。

的确在这个事件中被提到的英语字 *persona* 显然与 person 相异,但拉丁字 *persona* 则显得暧昧不明,对法学者而言更是如此。当代法学文献认为拉丁文中的 *persona* 是现代法律概念 person 的字源。某些学者指出,这个概念早已存在于古典罗马法中,且在 19 世纪的欧洲曾出现过一场关于 person 概念、特别是关于团体享有之所谓法人格的漫长学术争论。[1] 这场争论的主要参与者是德

---

[1] See Raymond Saleilles, De la Personnalité juridique, *histoire et théories*, *Vingt-cinq leçons d'introduction à un cours de droit civil comparé sur les personnes juridiques*, Paris, La Mémoire du droit, 2003. Léon Michoud, Louis Trotabas (ed.), *La Théorie de la personnalité morale et son application au droit français*, Paris, LGDJ, 1998, vol. 1. Werner Flume, *Allgemeiner Teil des bürgerlichen Rechts. Die juristische Person*, Berlin, Springer, 1983, Vol. 1, Part 2. Thomas Duve, "§§1—14. Natürliche Personen, Verbraucher, Unternehmer", Fred G. Bär, "§§21—79. Juristische Personen I: Vereine", Martin Pennitz, "§§80—89. Juristische Personen II: Stiftungen und juristische Personen des öffentlichen Rechts", in Mathias Schmoeckel (eds.), *Historisch-Kritischer Kommentar zum BGB* (= HKK), Tübingen: Mohr Siebeck, 2003, pp. 166—231, 232—271, 272—305.

国的民法学者,争论涉及的则是《市民法大全》——亦即罗马法学文句的汇编——若干章句的解释。若干文献认为这些学术争论早已在德国与瑞士民法典分别于 1900 年与 1912 年施行后丧失了实践意义。这两部法典各自规定了社团与财团的基本制度、原则,并以体系化的条文取代了学说对散见各处之罗马法文句的解释。这两部法典影响了诸多其他国家,从法律人手中夺走了古老的争议,而将尚无答案的问题交给了学术界。自此之后便再无显著进展。只有 20 世纪 30 年代出版的两本专书特别处理了古典罗马法上的 person 问题。[2]

法律语言中的 person 一语在第二次世界大战后似乎已无歧义。1945 年,《联合国宪章》在其序言中提及"人'格'尊严与价值"(the dignity and worth of the human person)。《世界人权宣言》在 3 年后引用了这句话。两者随后启发了许多其他国际法文件。[3] 国际法层面之外,1949 年公布施行、其后更产生世界性影响力的《德国基本法》也在其第 1 条文字中就揭橥"人之尊严"(德语 Würde des Menschen;通常英译为 dignity of man)的理念。[4] 随着更知名的"尊严"一语,human person 也在战后的人权词汇中占了一席之地。对 human person 字义的理解似乎也存在着共识:此语常被当成 Man 或 human being 的同义词(《世界人权宣言》第 1 条)。[5] 如孟克所见,人权理论的传统强调述语"人"(Man)的"规范性格",它是享有"尊严"的唯一条件。[6] 对 human person 字义的共识是对战争结束后世人才得窥全貌的各种种族主义与优生学暴行的部分回应,这一点自不待言。组成联合国的各民族当时的用意是在各种罪行中特别谴责所有残酷、非人道与凌虐的待遇。即便尊严、残酷、非人道与凌虐这些词语并无周延的定义,但唯一重要的只有身为人这件事情,这一点绝无误解

---

〔2〕 See Ludwig Schnorr von Carosfeld, *Geschichte der Juristischen Person*, München, Beck, 1933. 本书原有"第 1 卷"之注记,但并无后续著作。参见 P. W. (Patrick William) Duff, *Personality in Roman Private Law*, Cambridge, Cambridge University Press, 1938.

〔3〕 Oscar Schachter, "Human Dignity as a Normative Concept", 77 *The American Journal of International Law* 848, 848—849 (1983).

〔4〕 亦作"人性尊严"。在庞大的宪法与人权法文献中有时也被改写为英语的 human dignity 或德语的 Menschenwürde。有趣的是《欧洲联盟基本权利宪章》(2000/C 364/01)的序言与第 1 条的翻译方式:英文版中第 2 段中出现了 human dignity 的说法,而在德文版中是 Würde des Menschen,法文版中则是 dignité humaine。德文版的 Würde des Menschen 符合德国法的官方用语,因为条约第 1 条第 1 句即沿袭了《德国基本法》第 1 条第 1 项第 1 句的文字。然而,法文版的 dignité humaine 可能仿《法国民法典》第 16 条之例改为 dignité de l'Homme 或 dignité de la personne humaine,毕竟英语的 human rights 不能逐字法译为 droits humains,而应译作 droits de l'Homme。European Communities, *Official Journal*, 18.12.2000, EN C364, pp. 8—9.

〔5〕 欧林还讨论了许多其他例子,参见 Jens David Ohlin, "Is the Concept of the Person Necessary for Human Rights?", 105 *Columbia Law Review* 209 (2005).

〔6〕 Christoph Menke, "De la dignité de l'homme à la dignité humaine: le sujet des droits de l'homme", 3 *Trivium* (2009), para. 3, at http://trivium.revues.org/3303, 最后访问日期 2012 年 11 月 26 日。

余地。

尽管如此,这个法律人的共识,就语言的角度而言却值得商榷。为何 person 显然与 being 不同,但 human person 却被等同于 human being? 如果单单 person 一字就足以表达 human being 的意义,human person 这样的说法难道不是无益的重复吗? 再者,若现代的 person 一字来自在拉丁文中原指戏剧演出中所使用的面具之 persona,面具如何最后和戴面具的人混为一谈? 麦卡里克枢机之所以能作出上述关于本笃十六世为人的评论,正是因为这两个字之间的差异。无论 public persona 是英语还是拉丁文,这位枢机显然都不认为它正确地描述了他认识的那个人。若缺乏这个语义层次与存有层次的差异,麦卡里克的评论将毫无意义。

对于那些相信现代的 person 源自罗马法之 persona 的论者而言,查士丁尼的《法学阶梯》与《学说汇纂》提供了坚实的证据。根据英译文,这位东罗马皇帝写道:"首先让我们讨论 persons,因为若不认识 persons 这个法律之所以被制定的理由,光认识法律也是无用的。"[7] 这个说法也许是改写了《学说汇纂》收录的法学家赫莫吉尼亚(Hermogenianus)的见解:"既然所有的法律都是为了人而被制定的(cum igitur hominum causa omne ius constitutum sit),首先我们应该讨论各种 person 之等级(status hominum; status of persons)。"[8] 但没有任何参考文献注意到这两句话使用了 persona 的复数型,而这一点在整部《学说汇纂》中颇为罕见。也就是说这个型态似乎不具能产性(productive)。另一方面,学者德鲁桑以一篇精彩的专文挑战了这个人类中心式(anthropocentric)的看法。他主张 person 作为法律语汇的现象直到19世纪才出现,而罗马法上的 persona 是法律凭空创设的抽象范畴。[9] 他的看法呼应了罗马法学者托马的意见。托马以此批评他本人一部合著作品的书名所称的"不出生的权利"。[10] 托马提出这个意见时,正是废弃法院——法国的民刑事最高审判机构——判决一个婴儿有权利对诊断出其尚未出生前患有唐氏症、而未告知其母亲可以中止怀胎的医

---

[7] Inst. 1, 2, 12,英译文参见 John Baron Moyle, *The Institutes of Justinian*, Oxford, Clarendon Press, 1913。

[8] D. 1, 5, 2,英译文参见 Alan Watson, *The Digest of Justinian*,, Philadelphia, University of Pennsylvania, 1998, vol. 1。柯可兰指出,赫莫吉尼亚留下的记录介于公元293至302年之间。Simon Corcoran, *The Empire of the Tetrarchs: Imperial Pronouncements and Government*, AD 284—324, Oxford, Clarendon Press, 2000, pp. 87—90.

[9] David Deroussin, "Personnes, choses, corps", in Emmanuel Dockès (ed.), *Le Corps et Ses Représentations*, Paris: Litec, 2001, p. 80.

[10] Olivier Cayla, Yan Thomas, *Du droit de ne pas naître: à propos de l'affaire Perruche*, Paris, Gallimard, 2002.

师请求损害赔偿,而社会各界正激烈争议的期间。[11]

本文赞同德鲁桑前揭文的整体方向,但反对他的诊断。确实,19世纪值得法律史学界多加关注。然而,本文主张聚焦于 persona 一语无济于事,理由不在于这个词语表达了什么与现代法律概念格格不入的意义,而是相反地,这个语词可以根本不指涉任何事物。尽管如此,本文采用的并非波兰学者佛卢布雷夫斯基所使用的逻辑——符号学分析手法。[12] 本文认为,19世纪文献将 persona 从一个它原本是作为一组及物动词之受词补语的习语表达(idiomatic expression)中孤立出来,将其与 be 动词一起使用而使其变质。这个动词使用的转变阻碍了许多论者解开民事法论理与人权论述的纠结,并因此误导了许多在生命科学昌盛时代关注人类身体保护的研究。

一、翻译作为法律史的核心问题之一

虽然法律史文献显示没有任何罗马法学家曾经写下"某人是个 person"这样的文句,但一般却普遍相信这个"概念"存在于古代世界。1840年,知名的德国法学家萨维尼(1779—1861)在他极具影响力的当代罗马法论著中写道:person 的理念,或者以德国式自然权利论哲学的语言来说,"法律主体"或"权利主体"(Rechtssubjekt)必然与人(Man)的理念相竞合,而每个个体皆是、也只有人类的个体才是法律上的有能力者,亦即能够拥有、取得或处分财产等。[13] 在他所称的"自然'人'"(natürliche Person)之外,还有"法'人'"(juristische Person),例如社团与财团。他承认罗马法上并无共通名称可用于所有型态各异的法人。萨维尼说,"当他们想要泛称这种(法律)主体的性质时,他们只说这些主体代替'人'的位置"(die Stelle von Personen vertreten),"它们是被想象出来的'人'"(fingierte Personen)。[14]

虽然萨维尼承继了部分先人的传统,正是他镕铸出当代民法教科书今日仍

---

[11] 这个判决通称为"佩吕实(Perruche)案"。Court of Cassation, Decisions of November 17, 2000, no. 99-13701, Bulletin of the Plenary Assembly 9 (2000), p.15. 受到此判决的刺激,法国国会随后通过了2部与判决见解相反的法律,分别是2002年3月4日2002-303号法(又名库士纳(Kouchner)法),以及2002年12月30日2002-1577号法(又名阿布(About)法)。Law no. 2002-303 of March 4, 2002, *Official Journal of the French Republic*, p.4118, text no.1. Law no. 2002-1577 of December 30, 2002, *Official Journal of the French Republic*, 2002, p.22100, text no.3.

[12] See Jerzy Wróblewski, "Legal Person: Legal Language and Reality", 11/12 *Quaderni fiorentini per la storia del pensiero giuridico modern* 1035 (1982/83), at http://www.centropgm.unifi.it/quaderni/11/1035.pdf, 最后访问日期2012年11月26日。

[13] Friedrich Carl von Savigny, *System des heutigen römischen Rechts*, Berlin, Veit und comp., 1840, vol.2, p.2. 本书可在线阅读:http://dlib-pr.mpier.mpg.de/m/kleioc/0010/exec/wrapbooks/%22199241%22, 最后访问日期2012年11月26日。

[14] Friedrich Carl von Savigny, *System des heutigen römischen Rechts*, supra note [13], p.241.

然再三使用的语词与理论公式。[15] 但他既不是第一位结合 person 与 man 的作者,亦未首创下分为自然人与法人两个子范畴的 person 概念。本文稍后会再说明 person 与 man 的结合的历史更为悠久,在此之前要解释的是:自然人与法人的二元架构可以被轻易地上溯至 18 世纪。事实上,这个架构最早出现在著名的自然权利哲学家沃尔夫(Christian Wolff, 1679—1754)的高足内特尔布拉特(Daniel Nettelbladt, 1719—1791)的作品中。[16] 至于 person 与 man 的重叠,至少有两个原因,就时间而言其一距离萨维尼较近,另一个原因则比较久远。一方面,《市民法大全》中记载的 persona 究竟何指,似乎长期不确定。几个世纪以来,人们对上述查士丁尼与赫莫吉尼亚的引文采取符合基督宗教教义的理解方式。福音书上所记载之耶稣与法利赛人关于安息日的意义见解不同的典故,成为"法是为人所制定,而非人为法律而存在"格言的出处。[17] 虽然赫莫吉尼亚的生平不详,但查士丁尼在《法学阶梯》的序言中明白地"奉我们的主,耶稣基督之名"。既然在罗马法古本重现后,人们发现罗马法学引句与基督的言论有异曲同工之妙,如此解读似乎也不无道理。另一方面,自然权利论哲学家沃尔夫具影响力与代表性的哲学语言或许也让读者适应了"X 是 Y"或"P 称为 Q"的定义式风格。这位业余法学家在 1740 年写道:"精神'人'(*homo moralis*; moral man)是义务与权利的主体。"[18]他在 10 年后出版的简明版自然权利论哲学中实质修正了这个定义。他说:"在其被认为是某些义务与权利的主体的限度内"——为了显示此处的多义性,于译文中先以原文呈现——人(homo; man)是个 *persona moralis* 或 moral person[19],亦即在内特尔布拉特的文脉中宜作"精神人"、而在萨维尼的文脉中宜作"道德人"的模糊用语。

无论萨维尼的 person 概念有多么巨大的影响力,由拉丁文翻译为地方语言

---

〔15〕 Werner Flume, *Allgemeiner Teil des bürgerlichen Rechts. Die juristische Person*, supra note〔1〕, p. 1.

〔16〕 内特尔布拉特曾论及"肉身'人'"(*physica persona*)与"精神'人'"(*moralis persona*)。Danielis Nettelbladt, *Systema elementare universae iurisprudentiae naturalis*, Halae Magdeburgicae, Renger, 1767, p. 31, §45. 萨维尼明白反对其用语,以伦理与道德的角度理解"moral"的字义,并将"肉身"(physical,来自希腊文的 *physis*)代换为"自然"(natural,来自拉丁文的 *natura*),值得注意的是 moral 同时有"无形"(intangible)的意义。Friedrich Carl von Savigny, *System des heutigen römischen Rechts*, supra note〔13〕, p. 240. 关于内特尔布拉特到萨维尼之间的转折,See Martin Lipp,"'Persona moralis','Juristische Person' und 'Personenrecht'-eine Studie zur Dogmengeschichte der 'juristischen Person' im Naturrecht und frühen 19. Jahrhundert", 11/12 *Quaderni fiorentini per la storia del pensiero giuridico moderno* 217(1982/83).

〔17〕 马可福音 2:23—27。

〔18〕 Christian Wolff, M. Thomann (ed.), *Ius naturae*, Hildesheim, Olms, 1972, vol. 1, p. 43, §70.

〔19〕 Christian Wolff, M. Thomann (ed.), *Institutiones iuris naturae et gentium*, Hildesheim, Olms, 1969, p. 50, §96.

(vernacular languages)的正确性问题仍然值得读者注意。先前提及之配合福音书的诠释法已可例示：并非所有与本文主题相关的罗马法文句都获得了适切的翻译。若将有疑问的文句放回原脉络中重读，即可发现仅挑出"所有法律都是为了人而存在"这部分是过度简化与误导的读法。首先，由于这些句子并不指涉无论如何翻译的 persons，而是指与各种不同 persons 相关的法律与权利。查士丁尼与赫莫吉尼亚的两句话字面上依循了第二世纪的法学家盖尤斯叙述的原则："我们使用的所有法律都与'人'（personae）、物或诉讼有关。"[20] 再者，接续在上述查士丁尼引句之后的即是"关于各种 persons 的法"（de iure personarum）。换言之，《法学阶梯》与《学说汇纂》关注的不是"persons"，而是"法"。事实上，整部《法学阶梯》的第一编处理的都是依不同 persona 而产生差异的法律效果，而且即使人们想象 persona 十分重要，这一编也不认为有必要加以定义。从而，赫莫吉尼亚提到的"hominum causa"中介系词 causa 比较妥适的翻译方式应该不是目的论意义的"为了"，而是其最常见的意义"由于"。法律未必要"只为了人"而存在，但必定是因为人才存在。

　　法学者对 person 的解释在 19 世纪扮演了引领潮流的角色。让新的 person 意义进入主要辞典的主要是法律史学，而不是辞典学。其中一个绝佳的例子是雅各布·格林（1785—1863），他是萨维尼在马堡的学生与至交，并以与其弟威尔罕（1786—1859）收集、出版的童话而闻名于世。受到其恩师的启蒙，他投身于中世纪法律史的研究，并将他的法律史研究方法与知识应用在他与弟弟合编的不朽巨作《德语辞典》（Das Deutsche Wörterbuch, DWB）中。这本辞典的 Person 辞条是以雅各布的字源考察作为开场白的。他将拉丁文的 persona 分析为前缀 per—与动词 sonare，前者暗示强调、扩大，后者意为"发声"，并据以主张 persona 是用来扩大音量的工具。[21]《德语辞典》没有忘记提及德语的 Person 指"在法律科学中，一个有能力享有若干权利的人"，例如精神人或法人。[22] 相较于此，法兰西学术院所编纂的辞典直到 1835 年的第 6 版为止均未纳入上述的定义。奇特的是，利特雷（Emile Littré, 1801—1881）编纂的辞典（1872—1877）则引用知名神学家博絮埃（1627—1704）的文句，将法语的 personne 界定为"享有某些权利"者。相较于此，无疑是 18 世纪最重要的法国出版品之一的、狄德罗与达朗贝尔的百科全书则略过具有影响力的博絮埃，而仅在"per-

---

[20] Inst. 1, 2, 12, *supra* note [7], D. 1, 5, 1. 英译文参见 Alan Watson, *The Digest of Justinian*, *supra* note [8].

[21] "Person", in Jakob Grimm, Wilhelm Grimm (eds.), *Das Deutsche Wörterbuch* (= DWB), Leipzig: S. Hirzel, 1854—1960, column 1561. Also available at http://germazope.uni-trier.de/Projects/WBB/woerterbuecher/woerterbuecher/dwb/wbgui, 最后访问日期 2012 年 11 月 26 日。Jacob Grimm, *Kleinere Schriften*, Hildesheim, Olms, 1965, vol. 3, p.370.

[22] Id., column 1564.

sonne(神学意义)"辞条中简短提及:学者们称 personne 为"dignity",亦即阶级、职务或位置,例如父亲、丈夫、法官、检察官等等。[23] 百科全书的措辞类似其同时代的另一部作品,亦即康直爵士(Sieur du Cange)所著的《中世与近世拉丁语字汇》(*Glossarium mediae et infimae latinitatis*)。作者查理·冯·佛列纳(Charles du Fresne, 1610—1688),以封号简称 du Cange 或 Ducange 行于世,他以拉丁文的 *dignitas* 作为 *persona* 的第一义。[24] 1771 年出版的《全拉丁文辞典》(*Lexicon totius latinitatis*)同样也未包含 *persona* 在法律上的特殊用法。其编者将本文先前已论及的"我们所使用的所有法律……"引为例证,但并未强调其特殊性。[25] 附带一提,在 18 世纪末的当时,该段文句仍然被误标为另一位法学家保卢斯(Paulus)所作,这无非是因为该句的原出处、即盖尤斯著《法学阶梯》亡佚已久,必须等到尼布尔(1776—1831)在意大利维罗纳的重大发现发生后才重新为世人所知。

二、误读的词组与孤立的 *persona*

另一个法学文献制造的问题是:罗马文本究竟是否字面上表达"代替'人'的位置"。的确 *persona* 一字存在于罗马法源中,而法学者也能找到一些支持该主张的例证。然而字词的存在并不当然能产生概念,况且无视字词在整个句子中的文法功能将其单独抽出也是行不通的。当几个字组成了习语(idioms)或词组(phrases)时,它们不再单独发挥功能,而必须在句子中被当成一个单位。这即是解开学界关于法学上的 person 一字复杂讨论的关键。

在各种被用来概念化 person 一字的罗马法材料中,很大一部分是关于所谓"待命继承"(*hereditas iacens*;亦有休止继承、搁置遗产、无人继承的遗产、尚未继承的遗产等多种译法)的,字面上是"躺下"的遗产。这个概念指一笔遗产等

---

[23] "Personne", in D. Diderot, J. l. R. d'Alembert (eds.), *Encyclopédie, ou Dictionnaire Raisonné des Sciences, des Arts et des Métiers*, Paris, Briasson et al., vol. 12, p.432. Also available in Robert Morrissey (ed.), *University of Chicago ARTFL Encyclopédie Project*, Winter 2008 Edition, 2008, at http://encyclopedie.uchicago.edu, 最后访问日期2012 年 11 月 26 日。

[24] Charles du Fresnesieur du Cange, "Persona", in *Glossarium mediae et infimae latinitatis*, Niort: L. Favre, 1883—1887, at http://ducange.enc.sorbonne.fr/PERSONA, 最后访问日期2012 年 11 月 26 日。

[25] "Persona", in Egidio Forcellini (ed.), *Lexicon totius latinitatis*, Bononia: Forni, 1965 [1864—1926], pp.676—677.

待继承人承认的过渡状态。[26] 在罗马继承法的某些情境中,当某人死去,他的遗产,亦即权利、动产、不动产、债务与诉讼的总和,立即落于被称为"自家继承人"(heres suus)或"自家且当然继承人"(heres suus et necessarius)这两类人上。若无这两类继承人,有意承受所有权利与义务者必须自愿出面接受继承,这个法律行为被称为"aditio"。上述这种遗产因而在死亡与接受行为完成之间躺下待命,并由于权利人的欠缺而引发堆积如山的问题。举例而言,属于待命继承的财产,既然原权利人已经死亡而新权利人又尚未出现,在法律上是否为无主物、得否被任何人取得?在此期间收获的果实与新生的牲畜应归谁所有?谁有权利受领死者的债务人所提出的清偿?对这些与待命继承相关的法律问题,其中一个解决方式是诉诸所谓的"拟'人'化"(personification),对现代学者而言,这表示整笔继承或遗产(hereditas)被视为代表一个"人"(person)。[27] 萨维尼引用的文例(occurrence)正是在处理这个问题。

此处的翻译问题是:罗马人是否表示一笔继承或遗产"代替'人'的位置"或"代表一个'人'(person)"。值得先提醒读者的是以下的讨论仍然会被放在语言而非法学理论的层次上。重点并不是法学概念的person,而是一般认为是这个概念之由来的语词。如果每个学者可自行定义person,当然没有任何挑战"继承(或遗产)代表一个person"这个命题的余地。但此处不是这个情况。拉丁字persona在文献中不仅是个字源。它被认为等同于现代字person。

"代替'人'的位置"或"代表一个'人'"的说法来自诸如"hereditas personae vicem sustinet"的拉丁文句,例如(暂不汉译的)"nondum enim adita hereditas personae vicem sustinet, non heredis futuri, sed defuncti"。[28] 文献上对此似乎已有共识。即使是挑战所谓法人格理论的学者也为persona找到了对应字。前剑桥大学市民法钦定讲座教授达夫(P. W. Duff)虽然认为persona并不是"人"(person),并指出即使:"继承人(heredis)与被继承人(defuncti)这两个属格系为personae,而非其同位语",却仍然将上述"personae vicem sustinet"译作"被视为、或

---

[26] 英语文献的简要解释参见 W. W. Buckland, Peter Stein (ed.), *A Text-Book of Roman law from Augustus to Justinian*, Cambridge, Cambridge University Press, 1963, pp. 306—310. 参见 P. W. Duff, *Personality in Roman Private Law*, Cambridge, Cambridge University Press, 1938, pp. 162—167. Duff 的部分论点似乎在 Lübtow 处获得回响, See Ulrich von Lübtow, "Betrachtungen zur '*Hereditas iacens*'" in *Studi in onore di G. Grosso*, Torino: Giappichelli, 1968, vol. 2, pp. 583—636. Ubaldo Robbe, "*Hereditas iacet*" *et il significato della* "*Hereditas*" *in diritto romano*, Milano, Giuffrè, 1975. Alfonso Castro Sáenz, *La Herencia yacente en Relación con la personalidad jurídica*, Sevilla, Universidad de Sevilla, 1998.

[27] 晚近的文献中出现了其他不同措辞。某些作者不再使用 personification,而使用 personation 或 impersonation。被译作"人格"的 personality 也倾向于被 personhood 取代。

[28] *Inst.* 2, 14,

具有'人'的功能"。[29] 从而他将上述《法学阶梯》的引句英译为:"遗产代替一个 person 的位置,亦即,不是继承人的 person,而是被继承人的 person。"[30] 换句话说,达夫认为,无论 persona 指的是 person、权利与义务主体或生物意义的人,从句法(syntax)的角度而言可以接受仅有"*personae vicem sustinet*"(按:此时即必须译作某人或事物"代替一个 *persona*")。达夫并不孤单。包括博学多闻的萨维尼在内,无数学者都采取相同的理解,并共享相同的预设。尽管存在于他们彼此之间的各种其他争议,这些学者都赋予 *persona* 意义,并承认其文法上的独立地位。这正是翻译问题之所在。

想侦测出这个问题,并不需要任何特殊知识或能力,仅需外语学习者共通的经验就已足够。当某人开始学习字汇时,注意力不只会放在字义上,同时也会指向使用这些字的正确方式。随机的语词排列可能会变成一首好诗,但很难成为任何有意义的话语或文句。即使这样的排列既符合逻辑也符合文法,仍然可能令人听来无法理解、造成困惑、前言不对后语,或至少觉得稀奇。要正确地使用一个字就必须同时学习与其配合使用的其他字词。以英文的香水一字为例。约定俗成的说法不是"用"香水,而是在其他文脉中意为"穿戴"、而在香水的场合汉语可译作"擦"的 wear。在这个例子中,字面直译"用香水"(to use perfume)因符合文法而有意义,但并不是一般惯用的说法,因此也不会被推荐给以英语作为外语的学生作为学习对象。

同样的经验对于 *persona* 的讨论也是一样派得上用场。罗马人能以拉丁文理解 19 世纪的法学理论推演吗?答案是否定的。事实上,19 世纪的各种理论若译成拉丁文,将令人完全无法了解。之所以如此,正是因为当 *persona* 与拉丁文的 be、亦即不定词形态是 *essere* 的动词一起使用时,*persona* 表达的是吾人已知的意义,也就是面具,或形象意义的角色或人物。诸如"*persona est*"或"*aliquis persona est*"的命题因此表达"有个面具(角色或人物)"与"某人是个面具"。这样的命题不仅与法学知识关系极浅,甚至是近乎无意义的。最常与 *persona* 一起使用的动词,不是 be 动词,而是有如 *gerere*, *tenere*, *sustinere*, *suscipere* 等等的动词,也就是"穿"、"戴"、"持"、"拿"等意义。由于它们在拉丁文中都是及物动词,因而都需要一个直接受词,如此一来 *persona* 就必须变化为(直接)受格(accusative)形态的 *personam*。当然,一个这样的动词与其直接受词组合起来,就足以在文法上成为一个句子,但"*personam sustinet*"与"*personam gerit*"除了表达"某人或事物戴着一个面具"或"扮演一个角色"的意义之外,别无其他可能。

最重要的问题因此浮现:当 *persona* 与一个妥适及物动词的组合表达的意

---

[29] P. W. Duff, *Personality in Roman Private Law*, supra note [26], pp. 1—22, 162.
[30] Id., p. 166.

义距离今日所谓的 *person* 如此遥远时,我们要如何从中得出一个 *person* 的概念?

法学家们手上有的文例可能让人想到两种不同的解读,但学界的传统总是偏好本文称为的积极解读。这种解读法是将 *persona* 当成一个字并赋予它一个意义。另一个方式则是对 *persona* 的消极解读。这种解读法将"personam sustinere"当成一个词组(phrase),甚至是当成一个习语表达(idiomatic expression),这么一来就消除了 *persona* 字义的问题。此时值得注意的不再是 *persona*,而是这个习语变化为属格(genitive)形态的补语。因为这个解读法将"*personam sustinere*"等同于动词"代表"或"代理"(represent),这个动词需要直接受词,是故受词将决定这个句子的主词究竟代表了什么。

如果暂且忽略时间顺序与所有考据层面的真实性问题,只要阅读所有与待命继承有关的文句,用语的变异性就会清楚地呈现在眼前。称呼这种法律情境的说法并非只有唯一一种。这些文句可以被分为三类。整笔继承或遗产被认为可以代替被继承人或继承人的地位,也可能被当作是其自身的财产主。换句话说,"代替……的位置"与"代表"(或代理)的意思并无二致,区别所在是并非所有文句都使用了 *persona* 这个字。在一段关于罗马财产上损害赔偿的阿奎利亚法(*lex Aquilia*)的讨论中,人们会看到:"继承被……认为是财产主(*dominum... habebitur*),因而继承人在承认继承后将可承受(对杀害继承之奴隶的加害人所提起的诉讼)"。[31] 后世的文献考据对此提出了无害原义的订正:"*domini autem loco hereditas habebitur*",继承被认为是"居于财产主的地位"。[32] 在另一个脉络中,继承"顶替财产主的位置"。[33] 又一句文例写道:"继承扮演的不是继承人的角色,而是被继承人的角色,许多市民法学说都肯定这一点。"[34] 有关未来的继承人,第二世纪的法学家庞波尼乌斯曾经提到:在缔结 *stipulatio* 这种要式口头契约时,即使受要约方在答复前死亡,缔约过程也不会终止,因为继承人可以接续这个过程。在受要约方死亡之后"那段时间,被继承人也会被继承所代表"。[35] 另一种表达方式 *vice*(藉由、依靠)应该也能传递相同的意旨。较早期的例子是一段被认定为一世纪法学家亚沃雷努斯(Iavolenus)所作的文字:"*hereditas personae defuncti vice fungitur*。"[36] 这段话几乎原封不动地经由生平不详的佛罗伦汀努斯传到查士丁尼的《法学阶梯》:"*hereditas personae defuncti vicem sustinet*。"应注意的是无主格(nominative)形态、而属格形

---

[31] Ulpian, *D.* 9, 2, 13, 2. Duff, *Personality*, supra note [26], p. 163.
[32] Lübtow, Betrachtungen, supra note [25], p. 598.
[33] Ulpian, *D.* 43, 24, 13, 5. Duff, *Personality*, supra note [26], p. 163.
[34] Ulpian, *D.* 41, 1, 34.
[35] Pomponius, *D.* 46, 2, 24.
[36] Iavolenus, *D.* 41, 3, 22.

态作 *vicis* 的这个字指位置、地点、空间等等。这个句子字面上的意思是："继承顶替死者之 *persona* 的位置。"当然，这个句子可以被理解为暗示在 6 世纪时 *persona* 已经具有一个特殊意义。但它也可以被当作是在同一个句子中试图结合两种不同古典词组的拙劣遣辞，也就是" *vice fungi* "与" *personam sustinere* "。这两个词组搭配上一个属格形态的名词作为补语时表达相同的意思，在现代语言中大可径译作"代表"。作为一个及物动词，"代表"需要一个名词作为直接受词。总结而言，罗马法学家们关注的不是 *vicis* 与 *persona* 这两个字，而是" *vice fungi* "与" *personam sustinere* "这两个词组的名词补语。将 *persona* 从原本嵌入了这个字的词组中孤立出来是毫无理由的。

从这个观点而言——本文并以此为结论，至少在以拉丁文论证时，不可能不犯下另造新词(neologism)的毛病而从罗马法学文本中推导出任何"法'人'(*persona*)"理论来。Person 被从一个习语中孤立出来，这一点正是问题所在。由于这样的语言操弄，原本通常与 person 搭配使用的动词被遗忘与取代，也因此导致罗马法章句的文义超载。当现代英语中仍然区分 person 与 persona 这两个字时，法语的 personne 与德语的 Person 看来则各自占据了这两个位置，而拉丁词组" *personam gerere* (*tenere*, *sustinere*, etc.)"已在翻译中永远丧失了原有的文义。

（初审编辑：梁洁艳）

谁拥有互联网信息
——从百度文库说起

胡 凌[*]

Who Owns Online Information:
Lessons from Baidu Wenku Case

Hu Ling

内容摘要：本文借助解剖百度文库著作权侵权纠纷的例子，将批判的对象扩展到整个新经济，分析其在中国兴起的法律保障和意识形态因素，特别是新经济如何通过商业模式的创新解决合法性问题，最终确立其不可动摇的地位。本文还将分析互联网企业在这一模式下，如何使网民大众成为它们的免费劳动力，为其创造财富，并将自己牢牢捆绑在新经济庞大的机器上，逐渐失去对个人信息内容的控制，卷入一个监控更多、自由更少的世界。

关键词：百度文库 信息所有权 选择退出 商业模式

Abstract: This paper attempts to provide a critical analysis over the new economy by examining the recent copyright infringement disputes of Baidu Wenku. It will discuss the critical factors such as legal and ideological conditions during the

---

[*] 上海财经大学法学院讲师。本文由国家社科基金项目"互联网治理中的国际法问题研究"（11CFX067）资助。

rise of the Internet in China, especially how the new economy solved the problem of legitimacy by means of business model innovation and finally established itself. This paper will also analyze under such model how the Internet companies make the mass users become their free labor, create values for them, tie themselves onto the huge digital machine of the new economy, lose control over personal data, and get involved into a brave new world with more surveillance and less freedom.

Key words: Baidu Wenku the ownership of information opt-out business model

一、导论

互联网对印刷术时代的版权制度造成巨大冲击,使得网络侵犯版权变得容易和无处不在。为履行国际公约的要求,中国引入了"避风港"规则,使网络内容提供商在信息和能力不对称的状况下免于对侵权内容的事先审查和责任。大量案例和研究集中在"避风港"规则的性质与适用条件上面,众多内容提供商在面对侵权指控时也纷纷运用这一规则为自己辩护。[1] 2011年发生的百度文库事件让围绕这一规则的讨论超出了学术界范围,扩展到更多的网民和大众媒体。一些作家声讨百度窃取他们的知识财产牟利,也在社会上掀起了一股保护数字版权的舆论浪潮(尽管这股浪潮部分地同批评百度的商业模式与过滤搜索内容有关)。由于名人效应,焦点很快聚集在作家和出版商的权利实现上面,而与版权保护相对应的知识公有领域、百度使用由用户分享和上传作品的权利等问题都没有得到任何讨论。[2]

百度文库宣称其重要特征是免费、共享和开放,即允许任何人上传和下载免费内容,并设计出一套机制保证这个"公有领域"不被竭泽而渔。作家们不满的正是他们的"私有财产"未经许可便被纳入这一领域,(有争议地)减少了他们的收入。从纯粹的法律角度来看,百度文库侵犯一些作品版权的过错是明显的,百度靠"避风港"规则抗辩无法免除其合理注意义务。这种侵权在之前的MP3服务中就已经出现,产生了一大批针对百度的诉讼,并不新奇;法律学

---

[1] 例如,百度mp3曾经一度成为数字侵权指控的众矢之的,直到百度改变商业策略,加强同唱片公司(特别是国际巨头)的合作。涉及的重要案例和各地不同的规则,参见王迁:《网络环境中的著作权保护研究》,法律出版社2011年版。

[2] 可能的原因是:首先,按照《著作权法》,网络作品要等到作者去世50年才失去版权保护,根本不是一个现实问题;其次,没有作者声称放弃数字版权令其进入公有领域;第三,连百度自己都没有为文库的积极功能辩护,例如脱销书和绝版书可以满足读者的需求,降低社会知识成本。这些后遗症甚至延续至2012年修改《著作权法》的争论中,同样是音乐著作权人群体的维权话语主导了整个公共舆论,但没有人讨论究竟如何充分利用孤儿作品,扩大知识公有领域的问题。

者也多针对其法律问题进行分析。但如果我们把视角稍稍扩展就会发现,这种依靠将一切数字化、违反印刷术时代限制信息流通的法律,并侵犯与这些法律相适应的传统权益的商业模式,并不止于文库和 MP3,而是大部分重要互联网服务在中国兴起的基础。如果我们认定前者侵犯了某些信息内容的著作权,那么后者同样有违法利用信息获利的问题:它们会依靠披露的个人信息与隐私[3]、色情内容[4]、网络推手[5]和网络群体性事件[6]牟利。如果百度文库的存在是非法的,本文将论证,在现代工业经济的法律框架内,几乎整个互联网内容产业模式都存在合法性问题;因为传统权益都可以声称对网络信息的某种权利,或约束而禁止在线传播和使用,限制信息流通,从而扼杀互联网,只不过是哪些声音能够被听到和放大的问题。[7] 但现实是,互联网不仅没有关闭,反而成为人们工作和生活的重要部分,互联网的崛起已经不可避免,我们需要客观地从法律角度解释这一过程。[8] 不同于纯粹的法律研究和网络商业模式研究,本文将探索两个领域的交叉地带。[9]

本文的第一个目标是,借助解剖百度文库的例子,将批判的对象扩展到整个新经济,分析其兴起的法律保障和意识形态因素,特别是新经济如何通过商业模式的创新解决合法性问题,最终确立其不可动摇的地位。法律作为上层建筑,一定程度上反映了新兴经济社会利益的要求,本文不过是这一古老论断在信息时代的例证。

在信息时代,所有权与使用权的分离成为网络信息权属的主要特征,最大限度地搜集、使用免费信息成为互联网企业的标准商业模式。本文的第二个目标就是,进一步分析互联网企业在这一模式下,如何使网民大众成为它们的免费劳动力,为其创造财富,并将自己牢牢捆绑在新经济庞大的机器上,逐渐失去对个人信息内容的控制,卷入一个监控更多、自由更少的世界。对信息收益的

---

[3] 刘瑞生、赵康:"网络社交和社交网站发展报告",载尹韵公主编:《中国新媒体发展报告(2010)》,社会科学文献出版社 2010 年版,第 90 页。

[4] 郑东阳、阳淼:"大陆网络色情调查",载《凤凰周刊》2010 年第 25 期。

[5] 胡凌:"规制商业网络推手:理由、行动与逻辑",载《法商研究》2011 年第 5 期。

[6] Guobin Yang, *The Power of the Internet in China: citizen activism online*, New York: Columbia University Press, 2009.

[7] 例如,在个人数据保护较为严格的欧洲,就没有出现世界级的互联网公司,尽管万维网协议(www)是在欧洲粒子物理研究所中诞生的。

[8] 要解释新经济的兴起需要考虑各种复杂条件,本文主要考虑约束网络内容信息的法律问题,并不涉及像作为公共基础设施的电信网的作用、摩尔定律,风险投资状况、竞业禁止制度等社会经济因素。

[9] 一些中国互联网企业史研究很少涉及宏观上的法律制度环境,甚至宏观政策环境,例如林军:《沸腾十五年》,中信出版社 2009 年版;吴晓波:《激荡三十年》(下),中信出版社 2007 年版;凌志军:《中国的新革命》,新华出版社 2007 年版。而专门的互联网治理研究又没有涉及互联网业界,例如李永刚:《我们的防火墙》,广西师范大学出版社 2009 年版。

攫取是新经济崛起的秘密,这一秘密往往被它们提供的免费服务所掩盖,用户在这一过程中的身份既是消费者又是生产者,最终都有利于互联网企业占有网络内容的增值权益。

本文的主要结构如下:第二部分简要分析百度文库及其争论,讨论关于著作权人选择退出的机制和逻辑;第三部分从百度文库延伸至更广泛的互联网服务模式,表明整个互联网兴起的合法性实际上不断面临挑战;第四部分讨论新经济如何从法律角度回应这些挑战,例如利用法律的漏洞和政府对网络信息的不同态度进行扩张,最终确立稳固地位;第五部分进一步说明信息时代的资本主义形态如何通过意识形态宣传利用大众为其发展服务,并将他们卷入一个由数据和广告构成的世界;最后是一些初步结论。

二、百度文库及其侵权争论

百度文库于2009年底推出,并在不到一年半的时间内汇集了超过两千万份电子文档、图书和其他资料[10],其特点是允许用户自由上传和下载这些文档。[11] 百度声称文库是"千万网友的知识文档分享平台",为避免某种"公地悲剧",百度设计了积分制度,如果用户需要下载更多资源,需要同时上传其他文档,以获取积分。这样的效果是,下载的用户越多,上传的内容就越多。[12] 基于如此庞大的文档数量,百度联手爱国者和京东商城共同发布了电子书阅读器,独家为该阅读器提供文库上的免费内容。

随后有作家发现百度文库中有未经许可上传的诸多作品,于是联手发起了声势浩大的声讨运动,要求百度道歉,赔偿巨额损失,并采取"先审核、后发布"的措施。[13] 为吸引眼球和博取同情,作家们还有策略地将百度侵权同街头小贩、钉子户维权[14],以及一些作家艰难的生存处境联系起来,给人们造成是百

---

[10] 百度文库:"文库简史",http://baike.baidu.com/view/3066550.htm#4,最后访问日期2013年1月15日。

[11] 但百度也被怀疑一开始利用其搜索能力主动抓取网上已经存在的各种文档,存入百度文库,并未取得文档著作权人的同意。

[12] 其道理和一些P2P软件较为相似,用户在使用P2P软件下载资源的时候,也同时将自己已下载部分作为资源上传,结果是扩大了网内资源,增加了所有用户下载的速度。关于P2P和公地悲剧的关系,见Tim Wu,"When Code isn't Law," 89 *Virginia Law Review* 679 (2003)。

[13] 路金波:"3.24谈判破裂六代表告百度书",http://blog.sina.com.cn/s/blog_467a4bd101017aa8.html,最后访问日期2013年1月15日。

[14] 贾平凹等:"三一五中国作家讨百度书",http://blog.sina.com.cn/s/blog_467a3a7f0100pqvs.html,最后访问日期2013年1月15日。

度的侵权直接导致其作品销量减少的印象。[15] 百度坚持文库是一个非营利的公共平台和"信息存储空间",具有实质性非侵权用途,受到业界通行的"避风港"规则的保护,只有接到权利人通知,才会按照程序进行删除[16];而且百度完全没有能力审查每天上传的大量作品的版权问题。但在作家们看来,百度实际上纵容了用户上传盗版作品,一些很明显的盗版作品出现在首页的分类栏目中,即使无法严格审查,也应承担合理的注意义务。[17] 在双方谈判破裂、北京市版权局也声明不支持百度之后,百度向作家道歉,并迅速删除了279万份文学作品中的绝大部分,但并未关闭百度文库。相反,百度同时推出文库版权合作平台,并在该平台首页中公布了销售模式、广告分成模式及版权保护方案等内容;还着手开发了"反盗版 DNA 对比识别技术",加强对用户上传内容的审查。最近百度积极加强同文著协的谈判,希望像 MP3 服务那样变成数字文档发布与出版的合法平台。[18]

按照纯粹的法律解释,百度文库的部分行为很可能被认定为不受"避风港"规则的保护,因为文库中侵权作品数量过于巨大,并且其首页的推荐和排序可以证明其知道或者应当知道侵权行为的存在,须承担共同侵权责任。[19] 不难看出,百度在短时间内推广文库的目的已经达到,顺势向正版方向转变符合其利益。尽管百度声称自己并未从文库中直接盈利,但它已经吸引到大量用户,特别是中小学教师和学生,他们将是未来中国互联网的主流用户。[20] 目前,鼓励用户上传非出版类文档仍然是文库的核心机制。

在对待电子图书的方式上,百度文库与颇受争议的谷歌图书(Google Books)有一些不同,后者主要是主动将纸质书扫描成电子版,并提供简要的搜索服务,可以在美国法下通过"合理使用"抗辩;而前者则是向读者提供整本电子书阅读,超出了著作权人容忍的程度。但是两者的最终目标殊途同归,都试图成为正版电子书的发布商与数字版权交易平台。这一设想按照如下逻辑进

---

[15] 韩寒:"为了食油,声讨百度",http://blog.sina.com.cn/s/blog_4701280b01017ijd.html,最后访问日期2013年1月15日;"给李彦宏先生的一封信",http://blog.sina.com.cn/s/blog_4701280b01017ijj.html,最后访问日期2013年1月15日。版权人的衰落很可能不是人们不买书了,而是整体上看书的时间少了,信息碎片化了。同时,也有试验证明电子版增进了纸版的销售。

[16] 《信息网络传播权保护条例》第14—17条,也称"通知—删除"制度。

[17] 这一注意义务没有在《信息网络传播权保护条例》中规定,也没有统一的实践标准。有学者不断主张参考源于美国国会对《千禧年数字版权法》报告中的"红旗标准"。

[18] 百度已经和音乐著作权协会达成和解,共同建立音乐词曲著作权合作渠道。

[19] 《信息网络传播权保护条例》第23条。该行为甚至可以解释成引诱用户侵权,尽管中国法中没有这一分类。2012年9月法院在韩寒等作家诉百度文库一审宣判决中遵循是就是这个逻辑。

[20] 百度鼓励教师上传和分享教案,今年还举办了全国教案大赛。关于教育界的态度,见:"教育界各方力挺百度文库",http://baike.baidu.com/view/2984109.htm#7,最后访问日期2013年1月15日。

行:首先,网站获得大量数字作品(用户上传或自行扫描),其中包括未经授权的正版作品,也包括孤儿作品和进入公有领域的作品;其次,打着公共利益的旗号,并通过"合理使用"或者"避风港"规则抗辩,力争服务本身是有益无害的[21];第三,通过免费服务吸引到大量用户,形成他们的合理预期与黏性,同其他服务一起形成网络效应;第四,要求权利人选择退出(opt-out),而非选择加入(opt-in),即先大量使用这些作品,除非权利人明确不同意这种使用,"避风港"规则也是这类先斩后奏模式的体现;最后,等到时机成熟,停止利用盗版作品,要求和出版社与权利人合作,发布正版电子作品,永久占据这一地位。换言之,此过程的本质是,通过技术革命改变作品的发行渠道,并抢占数字出版市场;在获得足够多的用户之后,取得有利谈判地位,顺理成章地成为合法的数字出版商。而且,即便是为了更有效率地满足权利人的删除要求,或避免信息不充分带来的误删,网站本身也需要事先掌握大量版权信息,成为一个动态地掌握全部作品版权交易的全国性平台或者注册机构,取代传统的地方著作权代理人。[22] 百度和谷歌的技术平台已经具有了这样的能力来事先囊括各种作品,只要没有权利人提出异议,就可以用来提供免费服务,这样可以极大降低交易成本,促进信息流通,满足用户一定的信息需求。[23]

　　对传统作者和出版商而言,由于交易成本不可能为零,事先获得许可然后付费与先侵权再补偿的效果并不相同。如果后者成为网络版权的默认规则,单个出版社很可能处于不利地位,因为网站汇集了诸多内容和用户,优势明显;而众多出版商缺乏一个有效的集体著作权管理组织代表其谈判。更重要的是,网站获得的广告与增值收入远比收费下载电子书要多,双方地位明显不对等。因此,大部分出版社和作家都偏重传统版权市场的基本规则——选择加入模式,即只有事先谈判同意才可以授权使用数字作品,除非能够获得更大比例的广告

---

[21] 这个逻辑和美国几个 P2P 案件中的抗辩一致:P2P 本身无害,不能因为传输了盗版作品就把整个软件封杀掉。

[22] 类似的逻辑也发生在数字音乐领域,只有拥有一个海量的正版音乐数据库,才可能甄别辨识出盗版音乐。而在 2005 年前后,"很多唱片公司并无数字化服务和数据库,所以很多在线服务商采用了一边从唱片公司拿数据,一边自建数据库的做法"。然而自建的部分很多是从 CD 店里买来的盗版碟,上面标注的信息也是错误的,这些信息就可能出现在网站的数据库中,被版权人发现,这是当时相当数量的侵权官司的根源。参见陈戈:《创业的旅程:为什么 Google 选择了我们》,中信出版社 2010 年版,第 48—50 页。如果不自建数据库,音乐网站可能永远没办法生存下去,类似地,百度和谷歌也可以争辩说,如果不事先扫描书籍,出版社永远不会提供电子书。

[23] Hal Varian, *The Google Library Project*, at http://people.ischool.berkeley.edu/~hal/Papers/2006/google-library.pdf,最后访问日期 2013 年 1 月 15 日。2012 年的《著作权法》修改草案也提出了由著作权集体管理组织事先代表全部著作权人,除非有人明示不同意,这也是一种选择退出的机制,只不过具有官方背景的文字著作权协会缺乏足够技术和能力成为版权交易平台。

分成。[24] 这仍是一种把著作权许可看成"财产规则"的思路。[25] 目前的著作权法也并不支持除法定许可以外的默示许可。[26]

相反,"先笼统使用,再精确授权"的"责任规则"显然对于百度更加有利,因为互联网的商业模式是通过免费内容吸引用户,再通过各种其他渠道获利。百度之所以能够吸引众多网民,正是因为它可以在短时间内聚集大量内容,如果经由合法授权谈判再取得内容,将极大增加交易成本,这是无法做到的。这个模式经由无数网站探索,成为互联网的一般模式,而非百度独有。这就意味着,我们需要把批判的眼光扩展到整个互联网,追问新经济的兴起是否存在像百度文库一类的"非法"情形。

三、新经济商业模式及其"非法"兴起

互联网的基本商业模式是"免费",即不直接出售信息内容、软件、服务,而是向大众提供免费的信息产品,通过网络效应培养用户黏度,在此基础上收取广告收入与增值收入,提供差异化服务,即在某种信息潜在的消费者与广告商之间进行匹配。[27] 这就是为什么大部分网站看重用户信息的搜集、聚合、分析和预测,目标是向用户投放精准广告。用户使用互联网越多,披露的信息就越多,对用户行为和偏好的分析就越精确。

一个自然的问题是:免费的内容从哪里来？由于互联网是一个媒介融合的平台,随处可以发布广告,只需要提供免费内容服务即可吸引用户点击。这些内容可以通过购买正版(例如视频网站)、使用盗版(例如百度 MP3)、自己开发(例如安全软件和游戏)、依靠用户提供(例如百度文库、微博和 SNS)。甚至搜索引擎服务本身就免费利用了海量的网站和网页,通过蜘蛛机器人搜集尽可能

---

[24] 在谷歌图书背景下的分析,See Tabrez Ahmad and Pratik Priyadarshi Choudhury, "Rebirth of Opt-In System in Copyright: Analysis in the Light of 'Google Books' Controversy", 16 *Journal of Intellectual Property Rights* 500 (2011)。"华语音乐作者维权联盟"也坚持百度遵守"先授权,再上线"的基本原则。

[25] Guido Calabresi and A. Douglas Melamed, "Property Rules, Liability Rules, and Inalienability: One View of the Cathedral", 85 *Harv. L. Rev.* 1089, 1111—1115 (1972);在信息经济中的应用,See Mark A. Lemley and Phil Weiser, "Should Property or Liability Rules Govern Information?", 85 *Texas Law Review* 783 (2007)。

[26] 原《最高人民法院关于审理涉及计算机网络著作权纠纷案件适用法律若干问题的解释》第 3 条规定:"已在报刊上刊登或者网络上传播的作品,除著作权人声明或者上载该作品的网络服务提供者受著作权人的委托声明不得转载、摘编的以外,网站予以转载、摘编并按有关规定支付报酬、注明出处的,不构成侵权。"即网络的转载可以不经过特别授权,只需支付报酬。而 2006 年 12 月 8 日的新解释删除了这一规定,可以认为转载他人作品需要授权,但很难想象这条法律如何得到执行,大多数作者实际上是默许了其作品的转载。

[27] 在这个意义上,传统作家们和百度文库确实无法达成共识,因为后者并不靠出售这些内容获利,它想要的就是用户的注意力,并不在于内容本身。关于这类模式的经典总结,参见安德森:《免费:商业的未来》,蒋旭峰、冯斌、璩静译,中信出版社 2006 年版。

多的网页回传给服务器建立一个快照并排序。

互联网兴起的过程就是将大量信息数字化、通过网站和终端向用户提供的过程,在此过程中既得到了忠诚的用户,也得到了有价值的内容。问题在于,互联网兴起之前的一些传统的限制信息流通的法律,现在已经成为互联网的障碍。例如,网站需要打破信息网络传播权的限制,希望越来越多的作品得到"合理"使用;它们也希望减少隐私法与个人数据保护法对披露和使用用户数据方面的限制,这样可以最大限度地交易用户数据,开发新产品;它们还希望解除政府管制,以表达自由的名义,允许色情、暴力、非法信息等内容在网上任意流通,同样可以赚取高额的广告收入。所以在一个更广泛的意义上,这样的商业模式能否成功取决于信息能否尽量不受限制地在网上生产和流动。

影响信息生产和流动的几个主要因素是法律、社会规范、市场和代码。[28] 这些因素主导着新经济的发展和演化。首先,法律和社会规范可以阻止某些内容的发布,保护信息的网络传播权。如果这样的法律或规范执行起来较为困难,或者无法实施对侵权者有效的惩罚,就仍然无法阻止非法信息的流动。其次,用户对发布和接受信息的成本很敏感,互联网便利了大众的知识生产和传播,是因为人们接触网络信息的成本极低;代码同样可以加速或阻碍信息流通,例如,从 BBS 到博客到 SNS 到微博、微信这样的信息架构演变就可以看出,网络信息的篇幅越来越短,流动速度却越来越快,要求人脑处理信息的速度也越来越快。

就法律而言,尽管政府对网站的设立与运营的监督管理较为严格,运动式治理与多头管理不断打击创业者的热情[29],但从另一方面看,涉及信息内容的法律并没能清楚区分合法与非法的"复制",也未能有效制约互联网企业利用侵权或非法内容开展业务或进行不正当竞争,例如:

- 转载与信息搜集。这是互联网上常见的现象,除少数网站采取了技术措施防止读者复制外,大多数网站和作者并没有反对这样的转载,因为若要控制副本流传,费用极高。[30] 不少网站只是靠搜集和整理网络内容,缺乏原创信息,甚至还要求读者注册或付费才能阅读。
- 搜索引擎。被搜索引擎抓取对互联网是默认状态,网站只能通过技术手段选择退出。尽管搜索引擎的合法性已经牢牢确立,但一些网络服务商仍然对主流搜索引擎公司屏蔽,防止其蜘蛛机器人抓取网站内容,转而自己开发搜

---

[28] Lawrence Lessig, *Code version 2.0*, New York: Basic Books, 2006.

[29] 胡凌:"网站治理:制度与模式",载《北大法律评论》第 10 卷第 2 辑,北京大学出版社 2009 年版。

[30] 一个相似的例子是新闻的转载,尽管《互联网新闻信息服务管理规定》禁止未经许可即转载刊登新闻消息的行为,但这根本无法彻底禁止。一些博客则采用了 Creative Commons 授权的方式,允许自由转载。

索引擎。[31] 百度 MP3 本质上也是对网上免费音乐的抓取和利用。行业内甚至出现了免费利用其他公司搜索结果的"搜索的搜索"。[32]

• 垂直搜索。一些专门的垂直搜索引擎直接抓取同类网站上的内容,形成了不正当竞争关系,争夺的焦点是网站上用户提交的评论数据究竟属于谁。[33]

• P2P 软件。内容服务商围剿 P2P 软件的战争在中国几近尾声,以后者被大规模关闭或者向正版合作转化而告终。[34] 但问题的实质仍然是:P2P 软件利用用户的分享赚取广告和增值收入,而没有与内容服务商分成。

• 视频网站。中国最早的一批视频网站依靠国外盗版影视起家,并在国家通过行政许可限制网络视频市场之前形成了几大寡头的格局。当国外版权人向政府施压的时候,它们已经积累了足够多的用户,很快转变为购买正版节目的模式。

上述的例子都说明,现有法律倾向于从整体上认可新经济的赢利方式:互联网鼓励产生诸多信息,而不论这些信息的来源如何。在这一基础上,富有创见的数字企业家和投资人不断发现和探索新的商业模式与服务技术,以满足不断增多的网民需要,并最终将所有人都纳入新世界的体系。免费的商业模式并非一开始就得到共识,而是分别在不同的市场由少数能够承受免费风险的企业率先尝试,并逐渐改变市场生态。[35]

在强调互联网创新的同时,人们往往忽视了作为生产资料的信息所有权,这毫不奇怪。[36] "信息自由流动"口号的背后,实际上隐藏着要求一切信息被纳入公共领域加以随意利用的意图。百度文库和上面列举的诸多商业模式的共同特点是,尽力获取免费的网络内容,依靠提供的增值服务赢得消费者,并最

---

〔31〕 例如阿里巴巴就屏蔽了百度的蜘蛛机器人。关于搜索引擎的版权责任,参见沈明:"搜索引擎引发的版权危机",载苏力主编:《法律和社会科学》,法律出版社 2010 年版。也有人认为搜索引擎的存在是一种默认的"习惯法",See Przemysław Paul Polański, *Customary Law of the Internet: in the Search for A Supranational Cyberspace Law*, The Hague: T. M. C. Asser Press, 2007.

〔32〕 例如 360 新近开发的综合搜索就被认为是利用了百度、搜狗的搜索结果,但还需要证据进一步证明。

〔33〕 例如爱帮网与大众点评网的侵权纠纷,前者属于垂直搜索服务,大量复制了后者聚集的点评信息。但后者通过用户协议获取用户点评作品的著作权并未得到法院确认。最近 360 垂直搜索抓取百度知道等内容引发的争论也属于这类纠纷。

〔34〕 中国最大的 P2P 网站 BTChina 被迫关闭,VeryCD、迅雷等公司也逐渐转向同视频网站合作与购买正版作品。这背后还反映了客户端软件模式不敌在线播放模式的趋势。

〔35〕 传统的内容和软件行业卖的是副本,他们很难想象自己的产品被免费提供给大众。即使到了互联网时代,他们的思维仍然停留在收费下载的阶段。但目前的格局已经完全改变,并且用户的免费预期也被培养出来,很难再次改变。邮箱、软件、游戏、音乐、影视都逐渐从收费转向免费,尽管这种模式开始带来一些负面效应,例如变相赌博。

〔36〕 姜奇平:"互联网时代商业模式创新",http://finance.sina.com.cn/hy/20120324/155711670221.shtml,最后访问日期 2013 年 1 月 15 日。

终取代传统信息生产渠道。在信息可以产生广告收入的情况下,争夺的焦点就成为:谁拥有信息所有权?

从内容提供商的角度看,互联网产生之前约束信息流动的法律主要是著作权法,出版商依靠一定期限内排他的著作权垄断出售信息产品,获取利润,由此催生了竞争性的出版市场。互联网经济与之正好相反,网站并不靠出售内容赢利,无论信息质量高低,都可以带来广告收入。在传统出版商看来,新经济的盗版行为无异于掠夺。但从互联网的角度看并非如此:它们只是想把传统出版商拉进数字平台,成为互联网链条上的一部分,在用户、内容服务商、广告商之间提供精确的匹配。但问题是:为什么传统内容提供商非要和新经济合作呢?为什么不能维持自己原来的出版发行渠道?原因并不难理解:在完善的数字版权法、个人信息保护法和网络广告法出台之前,互联网会尽力利用免费的盗版内容和用户数据,招揽广告,一旦法律成熟,数字平台也已经确立起来,无法被摧毁。新经济拥有网民的大力支持,后者花费越来越多的时间在网上,而非图书、报纸和电视。如果传统媒体和出版商不与其合作,就只能眼睁睁地看着用户数量的流失。迫于压力,成为互联网链条的一环将是它们的理性选择,它们将不得不屈从于免费的商业模式,按照点击或下载量对广告和增值收入同网站分成。[37]

类似的过程发生在广大网民身上。和传统著作权人群体不同,个人数据与隐私权在中国一直得不到很好的保护。买卖用户数据、鼓励用户产生大量信息并从中分析真实的个人信息、追踪用户的浏览或使用记录、对用户的密码不提供加密保护、随意搜集各种未经保护的个人数据[38]等行为成为业界的常态。出于便利考虑,大部分用户也并不在意自己的信息被披露或使用。因此,中国网民对信息安全和使用的集体无意识是互联网兴起的重要因素之一。当越来越多的人开始使用互联网,越来越多的资源流向互联网的时候,那些希望远离网络的人也不得不被拉入新世界,成为互联网链条的另一环。如果在一开始就有着严格完善的个人数据保护法和民间的隐私权组织,互联网很可能不会发展到今天的程度。

因此,按照工业经济时代的法律,新兴信息技术必然面临着"非法"的指控,这背后反映的是衰落的传统利益群体(无论是否有代言人)的反击。但这并不是说著作权与隐私权在互联网时代就必然终结。当新世界的利益重新分配完毕的时候,新的著作权法和个人数据保护法就会得到倡议,但前提是承认

---

[37] 美国的好莱坞巨头们还在挣扎,试图游说国会摧毁互联网。参见胡凌:"通过改变互联网架构保护知识产权?",http://www.ideobook.com/1232/ip-protection-through-architectural-change-of-internet/,最后访问日期 2013 年 1 月 15 日。

[38] 例如谷歌通过街景车搜集经 wifi 传输的个人数据,纳入自己的数据库。

谁可以合理合法地拥有和使用这些信息。中国正在经历的便是这样一个新旧合法性争夺的过程。无论如何,新兴经济利益都必须在现有的旧法律框架下寻求突破,那么面对传统法律和利益团体的质疑,它们究竟是如何确立自己的地位的?

四、新经济的法律基础

新经济主要从法律和意识形态两方面逐渐寻求帮助,确立优势。本节集中探讨法律基础。从互联网企业的角度来看,一切法律约束都是运营成本的一部分,无论法学家们如何争论法律的适用和解释,互联网企业家只关心各种法律事实上是否影响他们的商业利益。如上所述,尽管存在严格的管理制度,中国目前的相关法律实际上仍然降低了新经济获取其主要生产资料——信息内容——的困难,这部分是由政府和互联网企业看待信息价值的不同角度造成的。

首先,就著作权法而言,避风港规则(先斩后奏、选择退出机制)保证了新经济可以事先利用侵犯版权的作品进行获利,如果有版权人提出异议,再慢慢删除。在多数情况下,证明其主观上的过错比较困难,网站往往能够免责。权利人缺乏足够能力对网络信息进行持续的监控,并缺乏动力起诉侵权网站。[39] 即使网站遭到起诉,他们能够获得的广告收益要远远高于侵权赔偿的数额。[40] 这都鼓励了网站对网络内容合法性采取放任、甚至是诱导侵权的态度。

其次,用户协议则确保了对大众创造内容的无偿使用,这是新经济最为重要的(宪法性)法律基础:合同自治。百度文库的使用协议中规定:"对于用户上传到百度文库上的任何内容,用户同意百度在全世界范围内享有免费的、永久的、不可撤销的、非排他性的使用和再许可的权利。百度享有修改、复制、发行、表演、展览、信息网络传播、改编、翻译、汇编等权利。"[41] 换句话说,用户仍然对发布在文库中的内容享有著作权,但同时授予百度使用这些内容的权利。这就保证了百度可以永远利用里面的内容开发新的服务,并和其他内容服务商或终端厂商合作开发产品。百度并不需要拥有这些信息,它只需要随时利用这些信息。而几乎没有用户愿意花时间阅读这些冗长的协议,即使阅读了,也会迷失在繁杂的法律条款中。默认的事实便是,只要用户使用了网站服务,就视

---

〔39〕 围绕百度 MP3 的一系列诉讼表明,对具体内容的监控责任分配仍然有极大争议,比如网站是否需要持续监控某一个已经进行通知的盗版内容。

〔40〕 用法律经济学的语言说,侵权行为被发现的概率和惩罚强度之乘积要小于侵权可以获得的收益。中国的一个实证研究,见李建星:"影视作品网络著作权侵权法定赔偿额研究——以 310 例判决为样本",载《中山大学研究生学刊》2011 年第 1 期。

〔41〕 《百度文库用户协议》,http://www.baidu.com/search/wenku/help.html#文库协议,最后访问日期 2013 年 1 月 15 日。

为同意这些条款。[42]

再次,如上一节所述,隐私和个人数据保护法的缺失实际上帮助了新经济以极为低廉的成本获得了宝贵的资产,正是这些资产成为新经济对传统媒体的强大优势。[43] 传统的隐私和个人数据观念认为只要个人的基础信息不被不正当地披露和泄露即可。但问题是,互联网企业同样许诺不买卖个人信息(它们会采取更加合法的手段获取,例如收购),也许诺不向第三方泄露个人信息(但是与第三方网站合作除外),而且声称为了提供更好的信息服务而对用户的信息进行分析预测,并投放广告。用户协议要求用户同意这类利用,否则就不能使用网络服务,却未对其进一步的使用进行限制。这种一揽子条款也确保了互联网企业得以不断开发基于既有用户的新服务,而无需事先征得用户的单独同意。[44]

第四,网络广告法在十余年中的缺失使网络广告业的发展十分混乱。在没有明确的标准区分在线广告、软文、公关和网络推手的情况下,很难按照传统媒体上的广告进行治理。在政府的注意力仍然放在传统媒体上的时候,新经济群体抓住机会进行扩展,以至于中国的网络空间处处充斥着商业广告(特别是打擦边球的软色情广告)。

最后,反垄断法如何应用于互联网企业也远远没能达成共识。互联网时代崇尚针对大数据的发掘和分析,用户越多,生产资料就越丰富,越能降低企业的边际成本,规模收益越大。依靠网络效应和多边市场生存的互联网企业很难依照传统反垄断法进行相关市场认定与计算份额。这导致了像腾讯、百度和阿里巴巴这样的平台企业迅速崛起。

不难看出,上述讨论都涉及互联网时代信息的所有权与使用权的分离。对新经济而言,占有信息不是目的,最大限度地开发信息的价值才是关键,这与依靠出售实物的传统经济十分不同。[45] 概括地说,不论对于版权内容还是用户的个人信息而言,这一分离都具有这样的含义:"选择退出"模式以及上述用户协议实际上宣称:网站并不试图拥有这些内容,它不靠出售这些内容和个人数据获利,只是从中获取直接的注意力、黏性和间接的广告收入。"您的内容和

---

[42] 这在要求信息迅速流动的时代几乎不可避免。搜索引擎意在帮助用户很快找到有帮助的信息,直接将用户带到该信息的页面,而不是带到用户协议的页面,客观上助长了无人阅读协议的趋势。尽管用户协议的存在确实代表着"选择加入",但"竞争"和"速度"要求无视这一机制,演变成"选择退出"。

[43] 许磊等:"免费的代价",载《计算机世界》2010 年第 47 期。

[44] 关于隐私保护与选择加入的关系,See Hans Degryse and Jan Bouckaert, *Opt In versus Opt Out*: *A Free-Entry Analysis of Privacy Policies*, CESifo Working Paper Series No. 1831, September 2006.

[45] 当然还是有一些网站将网络信息据为己有,不允许转载,并要求用户付费阅读。但这一模式不可持续,因为网络信息如此丰富,如果有任何限制,用户就会转向免费的内容。几乎没有什么是不可替代的,这本质上是用户注意力的稀缺性。

隐私仍然是您的",只不过用户许可网站加以无限利用而已。这就是为什么互联网企业倾向于选择退出模式,它们可以最大限度地使用从各种渠道获得的免费信息。更关键的是,它们倾向于强调互联网的服务属性,而刻意忽略其商品属性。[46] 在这个意义上讲,"谁有权使用互联网信息"某种程度上比"谁拥有互联网信息"更值得关注。

互联网的创新要求更需要用户信息的搜集与挖掘。在互联网兴起之初,不同的网站都在通过不同的方式搜集用户数据,在此基础上进行分析,同时提供免费的内容吸引用户。在这一阶段,它们往往被看成是传统媒体的竞争者,这就是为什么传统出版商和音乐人仍然在谈判时幻想着收费下载模式,互联网对他们而言不过是一种发行产品的新渠道。然而逐渐地,新经济阵营产生了分化。[47] 一部分互联网企业不再和传统媒体竞争,而是成为驾驭这些内容的信息匹配者。按照本文第三节的描述,这些企业的兴起是非法的,一旦成为互联网的"入口"或"平台",它们就开展同传统内容提供者的合作,倡导正版化,保护用户隐私,并确立新的反垄断标准。平台提供者已经掌握了大量用户的数据,在深入分析这些数据的基础上将内容提供商、应用开发商和广告提供商都纳入这一平台,完成精确的匹配,同时也省却了中小服务商初创搜集数据的困难,由此产生的价值要远远超出碎片化的互联网服务,也可以减少个人信息买卖的犯罪活动。[48] 我们看到的大部分法律纠纷基本上可以放在这个网络平台兴起的过程中得到解释。

同时,政府对政治性和威胁社会稳定的信息的重视超出了版权和隐私。从政治逻辑看,网络信息不能威胁公共安全与稳定,但从商业逻辑看,版权和隐私恰好是需要破除和重新定义的领域。这就是为什么政府的精力一直集中于扫黄打非,对于纯粹民事意义上的数据纠纷,司法机关无法在整体上确立规则,影响互联网的崛起。[49]

从传统内容提供商和媒体的角度看,它们的发展策略随着对手的分化就变得十分复杂,如果安排得当,可以采取的策略包括:(1)联合广大用户,通过个

---

[46] 胡凌:"认知资本主义如何重新定义财产(下)",http://www.ideobook.com/1184/how-cognitive-capitalism-redefine-property-2/,最后访问日期 2013 年 1 月 15 日。

[47] 谢文从全球范围内将新经济阵营分为上中下游三类,上游企业"能够掌握大数据标准、入口、汇集和整合过程",中游企业是"一批在某些垂直领域或特定区域掌握大数据入口、汇集和整合的公司",而下游企业则"扮演大数据生态圈的数据提供者"。参见谢文:"重组互联网产业链",载《新世纪》2012 年 23 期。

[48] Phil Simon, *The Age of the Platform: How Amazon, Apple, Facebook, and Google Have Redefined Business*, San Antonio: Motion Publishing, 2011.

[49] 政治逻辑和商业逻辑的划分同样有助于我们理解网络实名制由不同主体推动实施的不同效果,相关的讨论见胡凌:"网络实名制实施:目的、机制与效果",载李建盛等主编:《首都网络文化发展报告(2011—2012)》,人民出版社 2012 年版。

人数据保护来限制平台的扩张;(2) 联合中小网站与应用开发者,通过反垄断法限制平台;(3) 联合著作权利人,通过版权法限制互联网对内容的免费使用;(4) 游说政府,通过网络广告法等限制其收入和资金来源;(5) 联合家长和教师,通过针对色情暴力和网络游戏的意识形态宣传,限制未成年人的使用。

然而现实是,中国的传统内容提供商和媒体要么受到行政垄断的庇护,要么一盘散沙,无法形成高效的集体权利组织。更为关键的是,他们还没有真正理解互联网强大的商业模式,以及它的运作方式。要阻止互联网不只是内容层上的问题,还涉及开放的代码层和物理层,后两者共同保证了无数新生产者和消费者喷涌而出,为商业化的互联网源源不断地贡献能量和资源。在这个意义上,传统利益群体的衰落和消亡不可避免,下一节将说明为什么会是这样。

五、从消费者到生产者

信息革命深刻地改变着人类的生产关系与社会关系。乐观的评论者欢呼:大众从原来被动的消费者转而成为信息和文化的生产者,重新获取了信息控制权,并帮助塑造了一个开放多元的公共领域。[50] 但问题的另一面往往被忽略:大众为谁生产?似乎网民沉浸在日常的信息生产与消费之中,转入了大众生产的公共领域,即众人生产知识,并可以为众人免费获取和分享。但是这一过程背后的信息平台的提供者却被遗忘了,它们一方面吸引用户不断提供新的信息,一方面则将用户牢牢捆绑在自己的平台上,通过开发一系列服务,提供一站式的网络世界。

大众与新经济的关系并非是简单的合作关系或服务合同关系,同时也是一种生产交换关系,用户为网站生产内容,进而提供了更多的潜在用户,同时获得无法得到法律保证的服务。[51] 通过浏览免费内容,通过 SNS 同友人互动,他们提供的内容本身又进一步成为网站可以利用的资产,在这个意义上,越来越多的网民正在成为互联网经济的免费劳工。[52]

大众能够成为无处不在的生产者,是因为互联网的分布式架构与廉价的信息设备提供了前所未有的条件,信息生产工具逐渐大众化了,人们可以通过多种媒体接入互联网。新经济无时无刻不在吸引着用户的注意力,引诱他们使用

---

[50] Andrew L Shapiro, *The Control Revolution: How the Internet is Putting Individuals in Charge and Changing the World We Know*, New York: Public Affairs, 1999; Yochai Benkler, *The Wealth of Networks: How Social Production Transforms Markets and Freedom*, New Haven: Yale University Press, 2006; 胡泳:《众声喧哗:网络时代的个人表达与公共讨论》,广西师范大学出版社 2008 年版。

[51] 所有网站的用户协议都声明自己的服务"按现状提供",并免除许多风险和责任。

[52] 一个综述,See Tiziana Terranova, *Free Labor: Producing Culture for the Digital Economy*, http://www.electronicbookreview.com/thread/technocapitalism/voluntary, 最后访问日期 2013 年 1 月 15 日。

零散的时间成为信息消费者,同时贡献出自己的个人偏好信息与大量用户创造内容。这些内容反过来又进一步成为新的生产资料。[53]

通过上一节描述的用户协议安排,互联网经济的基础由此奠定,信息作为新经济的生产资料与消费资料,几乎丧失了稀缺性。新经济的开拓者们永远不必担心信息有用尽的一刻,他们可以专心开发新应用和服务。相反,用户的注意力则变得稀缺,一切媒介和网络服务争夺的焦点便在于如何将更多的用户纳入自己的平台,花费更多的时间在自己的网络世界,并提供个人化的信息服务。我们似乎已经接受这样的社会经济秩序,但容易在不经意之间无视那些影响大众的意识形态。这些意识形态口号包括"免费"、"信息想要自由"、"开放"、"共享"、"礼物经济"、"公共领域"等内容,它们鼓励大众生产和分享更多的信息,将更多的信息内容注入一个"公共池",并允许自由获取和利用。[54] 大众固然从中受益,同时获利更多的便是互联网企业,或者信息资本家们。他们声称提供了一个"公共领域",这意味着开放,对任何人而言都可以免费获取,并不得据为己有;然而却并不意味着非商业化的开发,相反,他们随时都在从中获益。联系到之前的所有权与使用权分离的原则,就不难理解为什么诸多互联网公司要求全球范围内毫无限制的互联网信息自由。[55]

大众通过消费与生产行为帮助互联网兴起,逐渐战胜传统内容生产商,最后也把自己镶嵌在互联网链条的一环上。在新经济的想象中,无论大众是消费者还是生产者,都是经济意义上的存在,它们只关心网民的行为是否带来了流量和广告收入,任何政治与社会变革都不过是互联网使用的副产品。这样的态度与创造一个真正的公共领域背道而驰,它启发我们进一步思考意识形态说辞与背后利益之间的关系。更重要的是思考未来数字技术如何能够帮助建立真正的公共领域,所有人不再为私有的互联网企业生产。

---

[53] 传播政治经济学中一个重要议题就是"传播商品论",讨论传统媒体如电视通过提供免费的节目出售广告。在这个意义上,互联网免费模式不过是这一传统的延续,只不过前者仍然购买正版节目,而后者则利用盗版和用户生产的内容获利,成为信息资本家。一个综述式讨论,参见章戈浩:"数字时代的受众商品论",载《数字时代阅读报告》2012年第11期。

[54] 除了 The Wealth of Networks,另一本不失严谨的著作是 Clay Shirky 的 *Cognitive Surplus*:*Creativity and Generosity in A Connected Age*(New York:Penguin Press, 2010)。从书名即可看出,作者欢呼网络时代大众可以利用他们的剩余时间和精力从事个体无法完成的事情。但硬币的另一面是,新经济也同样欢呼这一现实,因为用户既消费了广告,又生产了内容,为网站创造了大量的财富。马化腾在为该书中文版作序时毫不讳言:"认知盈余是新时代网民赋予互联网从业者最大的红利之一。"参见克莱舍基:《认知盈余:自由时间的力量》,胡泳、哈丽丝译,中国人民大学出版社2011年版。

[55] Google 的联合创始人 Sergey Brin 在最近的一次采访中把苹果公司、Facebook 和好莱坞、中国政府放在一起,当成开放互联网的敌人。See Ian Katz, *Web freedom faces greatest threat ever, warns Google's Sergey Brin*, http://www.guardian.co.uk/technology/2012/apr/15/web-freedom-threat-google-brin?INTCMP=SRCH. ,最后访问日期2013年1月15日。

另外，新经济兴起的这一过程同样表明，希图依靠统一的现代著作权法或其他法律来确保所有利益得到尊重和维护并不现实。在资本主义经济内部，存在传统文化工业经济和新信息经济的冲突，甚至也包括不同经济体之间的矛盾。[56] 而新经济更是依靠对其有利的法律机制近乎无偿地获取大众生产的果实，商业契约完全取代了社会契约，成为新经济稳定的基石。

六、结论

作为新兴的信息技术，互联网被认为极大地促进了信息自由流通；而那些尚未达到特定信息和表达自由标准的国家和政府，则被据此设定了一个单线的历史目的，能否实现这一普世目的就成了该国家发展互联网的主要评判标准之一。政府对互联网内容放松管制、增进信息流通的好处自不待言，但人们常常忽略，放松管制未必是"历史的终结"以及网络空间大同世界的到来；相反，网络空间仍然能够被新兴的力量控制或掌握，那就是数字经济的弄潮儿——互联网企业。互联网治理的研究者通常更多地关注政府在控制互联网方面的角色[57]，却容易忽视整个互联网带来的对人们行为所处环境（或"架构"）的根本改变和影响，无论互联网由政府还是私人企业管理。[58]

特别是在中国，业界希望摆脱政府对互联网的严格控制，促进数字经济，形成一个繁荣开放的电信业和互联网。这一态度在强调政府的不恰当管控的同时[59]，容易给人这样一种印象，即政府和互联网产业是完全对立的，只有尽可能地放松管制，加强行业自治，才有利于整个互联网发展，并最终有利于全体人民。但实际上，中国的政策环境不只是对互联网严格约束和限制，同时也存在规范信息流通的法律缺位和监管不力的情况，反而为新经济的不规范和"非法"成长创造了条件，这一点往往被有意无意忽略。客观的法律和社会研究同样应当考虑这些因素，本文就从这一视角发掘了网络新经济与相关法律之间的关系。

本文通过百度文库的例子，扩展分析中国语境下互联网经济兴起的过程，特别是如何利用法律和意识形态工具获得自己的合法性基础，并逐渐从与传统

---

[56] Feng Xiang, "The End of Intellectual Property", 2 *International Critical Thought* 99 (2012).

[57] Jack Goldsmith and Tim Wu, *Who Controls the Internet: Illusions of A Borderless World*, New York: Oxford University Press, 2006.

[58] 这就是 Lawrence Lessig 那句名言"代码就是法律"的含义。See Lawrence Lessig, *Code version 2.0*, *supra* note [28].

[59] 例如，"最坏状况"的心理态度经由官僚制层层放大，就促成了经常性的专项整治运动，这使得互联网风险投资者不断降低对未来的预期，减少对创新网站的投入，从而整体上减少网络创新的激励。当然，另一个重要因素是，像腾讯那样的巨头倾向于模仿而非收购，也会降低人们开发新产品的动力。关于"最坏状况"心理和互联网治理的关系，参见胡凌："网络舆情中的认知、风险与规制"，载苏力主编：《法律和社会科学》（第八卷），法律出版社 2012 年版。

内容产业的竞争中胜出。这个过程并非田园牧歌般平静,而是存在着相当激烈的争夺。作为网民的大众表面上变成了政治与社会意义上更加独立和自由的个体,但在经济意义上未必如此。他们反而成为无处不在的新经济的消费者和工人,只不过缺乏明确的自我意识。网络信息内容对用户而言是免费的,但更多的利益和价值被新经济占有。我们需要认真对待新世界中的生产和消费结构,并进一步理解法律在这个过程中起到的作用。[60]

每一次新技术革命都会带来既得利益群体的变化,而新兴利益群体总会抓住法律的缺失和管理漏洞发展壮大,挑战旧法律秩序,直到新秩序得以确立并确保其利益。本文并非针对某个特定的互联网企业,而将讨论引申到整个互联网,因为一个商业模式的成功建立在成千上万网站探索甚至失败的基础上,并得到广泛接受。这也是送给传统媒体和内容提供商的教训:对手并非特定网站,而是互联网的一般模式。

(初审编辑:刘庄)

---

[60] 互联网架构的变化看似解决了发展过程中出现了隐私和财产等法律问题,但仔细分析便会发现,用户提供的信息内容并没有减少,发生变化的只是被用户接受的新服务形态,例如未来的云计算便是围绕用户展开的个人化服务。用户储存在云端的个人信息与文档不会被侵犯,而是会被深入分析。

过失犯中被害人自陷风险的体系性位置
——以德国刑法判例为线索的考察

江 溯*

The Systematic Position of Self-Endangering of the Victim in Negligent Crime: A Study of Criminal Case Law in Germany

Jiang Su

内容摘要：德国刑法判例上过失犯中被害人自陷风险问题的探讨可谓源远流长，它肇始于德意志帝国法院的梅梅尔河案，而确立于德国联邦最高法院的海洛因注射器案，在此过程中，逐步发展成为德国刑法上一个独立的问题领域。关于被害人自陷风险的体系性地位，德国刑法判例经历了以下的立场变迁过程：从昙花一现的罪责层面的注意义务排除，到违法性层面的被害人同意，再到构成要件层面（参与他人自我危害的自我负责不可罚），最后形成分别在构成要件层面（自我负责的自我危害）与违法性层面（同意他人危害化）处理被害人自陷风险问题的格局，从而确立了被害人自陷风险问题的体系性地位：被害人自陷风险是一个不法层面的问题而不是一个罪责层面的问题。虽然如此，德国

---

* 北京大学法学院讲师，法学博士。本文是作者主持的中国博士后基金第 50 批面上资助"过失犯中被害人的自陷风险问题研究"项目的部分成果。

判例上区分被害人自陷风险两种类型的做法既不具有正当性的根据,也缺乏适当的区分标准。对于这两种类型的被害人自陷风险,应当给予相同的规范评价,即应当承认两者均具有排除行为人之不法的效力,并且在这一前提下探讨这种排除不法的正当化根据。

关键词：过失犯　自陷风险　注意义务　同意　不法

Abstract: There has been a long history on the discussion of Self-Endangering of Victim in Negligent Crime in German criminal case law. It can be dated back to Mermel Case decided by German Imperial Court and established by Heroine Case decided by German Federal Court. During this process, this issue has developed into a independent area of research. The systematic position of Self-Endangering of Victim in Negligent Crime evolved from the exclusion of due care to the consent of victim, from the definition of crime to the level of wrongfulness. Finally this issue was divided into two levels, i. e., the level of definition of crime and the level of wrongfulness. Therefore, this issue is a problem of wrongdoing but not a one of culpability. Nevertheless, the distinction between self-endangering and endangering by another in German case law can neither be justified nor be adequately distinguished from each other. These two types of self-endangering should be given the same evaluative assessment. That is to say, the exculpating effect of these two types should be recognized and the justification of this exculpation should be discussion under this precondition.

Key words: negligent crime　self-endangering　due care　consent　wrongdoing

所谓被害人自陷风险,又称为被害人自冒风险、自担风险或者危险接受,是指被害人意识到风险并且自己积极地走进风险,或者被害人单纯被动地意识到风险,从而在被害人和行为人的共同作用下产生了法益侵害的结果。过失犯中的被害人自陷风险的核心问题在于:在被害人自陷风险的情况下,被害人的行为对行为人的不法是否产生影响? 对于这一问题的探讨,得益于德国刑法判例的发展。在某种程度上,甚至可以说被害人自陷风险这一领域是判例发展的结果。在德国刑法判例中,涉及被害人自陷风险的判例为数不少,其中最古老的判例可以追溯至德意志帝国法院1923年的梅梅尔河案(Memel-Fall)判决。[1] 最近的重要判例是德国联邦最高法院2008年的加速试验案(Beschleunigungst-

---

[1] 在梅梅尔河案判决之时,判例和学说都没有将之作为一个被害人自陷风险的问题来对待,只是到了1984年的海洛因注射器案之后,被害人自陷风险才成为一个独立的领域,此时人们才承认梅梅尔河案是被害人自陷风险问题的滥觞。

est-Fall)判决。本文试图通过梳理德国刑法关于过失犯中被害人自陷风险的主要判例,明确这一问题在刑法上的体系性地位。

一、注意义务的排除?

在德国刑事判例上,德意志帝国法院(RG)1923年的梅梅尔河案(Memel-Fall)判决[2]被认为是关于被害人自陷风险的第一个主要判例。该案的主要案情是:在一个暴风雨的天气,梅梅尔河的水涨起来了,两名乘客到渡口要求船夫将他们送到河对岸,尽管他们知道在那样的天气渡河有生命危险。起初船夫以渡船危险为由加以拒绝,但最终拗不过这两名乘客而同意开船。结果船行至河中央被浪卷翻,两名乘客淹死而船夫幸免于难。德意志帝国法院最终判决被告船夫不构成过失致人死亡罪。

在本案判决理由中,德意志帝国法院指出,要认定被告人是否构成过失致人死亡罪,关键在于被告人"是否通过其行为方式,完全不顾及人类共同生活通常所要求的对两人(乘客)的健康和生命的关照"。[3] 依德意志帝国法院之见,在本案中应当对这一问题作出否定性回答,因为两位乘客均"为成年且理智的人,其对于行为的危险性与被告具有完全相同程度的预见"。[4] 因此,被告人对于两位在梅梅尔河中丧生的乘客并不负有特别的照料或者谨慎义务,且在渡河过程中,被告人驾驶船只也并未违反义务。德意志帝国法院认为,这意味着,之所以出现本案的不幸后果,乃是因为两位乘客明知在当时的情形下渡河有生命之虞而依然决定冒险,而被告船夫并未违反自己的注意义务,因此应当以无罪论处。

由此可见,在梅梅尔案中,德意志帝国法院否定被告船夫构成过失致人死亡罪的理由在于被害人自陷风险的行为排除了船夫的注意义务。在当时的犯罪构造体系上,过失犯的注意义务是作为罪责来加以把握的。[5] 这意味着,根据当时的理解,在本案中,船夫的行为人仍然符合过失致人死亡罪的构成要件

---

[2] RGSt 57, 172ff.

[3] a. a. O, 173.

[4] a. a. O, 174.

[5] Schünemann, Moderne Tendenzen in der Dogmatik der Fahrlässigkeits-und Gefährdungsdelikte, JA 1975, S. 435 ff, 437. 在古典的犯罪论体系之下,过失被视为与故意相并列的第二种罪责形式,因此,作为过失之核心的注意义务的体系性位置必然就是罪责而不是不法。但是,随着主观构成要件要素的发现和确立,特别是目的行为论的强大影响,过失不再被仅仅视为罪责,而是成为构成要件的一部分,相应地,作为过失之核心的注意义务(特别是客观的注意义务)的体系性位置就从罪责阶层上升到不法阶层。晚近以来,由于客观归责理论的兴起,过失犯的注意义务的内涵发生了重要变化。目前德国学界对过失的体系性位置仍然存在较大的争议。Vgl., Heng-da Hsu, Zurechnungsgrundlage und Strafbarkeitsgrenze der Fahrlässigkeitsdelikte in der modernen Industriegesellschaft, 2009, S. 105 ff.

且具有违法性,只是因为不具备过失犯的注意义务这一罪责要素而排除了可罚性。这种体系性定位不仅对司法实务具有重要的影响,而且对于被害人自陷风险理论的发展具有非常深远的意义。在德国学说上,有的学者赞成判例的这种立场。例如,Geppert认为,在过失犯的情况下,如果被害人有意进入对自己法益的风险,那么应当从过失犯的行为不法着手探究行为人排除不法的根据。德国通说认为,过失犯的行为不法是注意义务的违反,因此被害人自陷风险所涉及的是客观注意义务的内容和范围的决定。具体而言,这里所涉及的规范问题是,被害人自陷风险的行为是否影响行为人在具体情况中所应该履行的通常注意义务,换言之,行为人的注意义务在被害人自陷风险之时,是否会沿着不利被害人的方向而相对化。[6] 注意义务内容的决定,之所以会受到被害人自陷风险的影响,主要理由在于注意义务的内容是从个案中所涉及的"具体情况"中产生的。法秩序设定注意义务之时,是以个案的具体情况为背景来决定一个人为了避免法益侵害所应尽的平均注意程度,以此作为潜在的行为人从事社会交往时的行动规则。由此可以推导出以下结论:在具体情况下,被害人自陷风险可以否定行为人的注意义务,这是因为,被害人自陷风险可以提高容许风险的程度[7],这也就意味着,被害人所陷入的风险相对于行为人而言就是容许风险。[8]

但这种主张注意义务可以因为被害人自己陷入危险的行为而相对化的观点,显然错误地理解了过失犯以客观注意义务的违反作为行为不法的意义——注意义务的存在是为了从事前控制行为人对于外部世界之支配的正确性,它不会因为被害人的行为而有所改变。[9] 换言之,行为人的注意义务是刑法对行为人事前的要求,并不能因为被害人对风险的认可而排除。此外,主张行为人是否违反注意义务取决于个案中法官对所有案情的衡量,违反了法律明确性和法安定性的要求。[10] 事实上,梅梅尔河案判决之后德国的判例几乎全都从正面肯定了行为人的注意义务,这说明德国司法实务也认为过失犯中的注意义务不会因为被害人自陷风险而被相对化或者被排除。因此,虽然梅梅尔河案在判例的发展史上具有重要的地位,但其后的判例只是将之作为一个附带意见(obiter dicta),而并未将之作为一个普遍法理来看待,将被害人自陷风险定位于

---

[6] Geppert, Rechtfertigende"Einwilligung"des verletzten Mitfahrers bei Fahrlässigkeitsstraftaten im Straβenverkehr?, ZStW 83(1971), S. 992.

[7] Geppert, a.a.O., S. 993.

[8] Krey, Deutsches Strafrecht Allgemeiner Teil, Band I, 2001, Rn. 634.

[9] 参见周漾沂:《被害人自陷风险对于行为人不法之作用》,台湾大学法律学研究所2005年硕士论文,第71页。

[10] Roxin, Zur einverständlichen Fremdgefährdung, JZ, 2009, S. 400.

过失犯的注意义务的做法受到了极大的限定。[11]

二、对危及生命的被害人同意？

（一）摩托车案（Motorrad-Fall）

在1923年的梅梅尔河案之后不久，德意志帝国法院于1925年作出了另外一个关于被害人自陷风险的重要判决即摩托车案（Motorrad-Fall）。[12]该案的主要案情是：被害人P自愿乘坐被告人A驾驶的摩托车，当时A已经年满18周岁，而且，正如P所知道的那样，A并没有驾照。在出发之前，A发现自己的摩托车的手刹和脚刹都失灵了，但P对此一无所知。在这种情况下，A仍然高速驾驶摩托车，在一个急转弯处发生事故，导致P死亡。德意志帝国法院最终判决被告人A构成过失致人死亡罪。

在本案判决理由中，德意志帝国法院指出，通常认为，对于他人过失伤害的同意是一个过失的、不可罚的自我伤害。但是，在本案中，这样的同意并不存在，因为对死亡的同意应当被评价为在根本上没有意义：被告人谨慎驾驶的义务是无法被免除的，因为该义务是一个绝对的义务。[13]

虽然从表面上看，在摩托车案中，德意志帝国法院仍然探讨了被告人的注意义务与被害人自陷风险之间的关系，但是，通过强调被告人谨慎驾驶义务的绝对性，即被告人的注意义务无法因被害人自陷风险而排除，实际上等于否定了梅梅尔河案的判决理由。另一方面，在本案判决理由中，德意志帝国法院已经开始转向一个新的被害人自陷风险问题的体系性定位，即从被害人同意的角度来看是否可以排除被告人的可罚性。由于在当时的犯罪构造体系上，被害人同意是被作为排除违法性的事由来看待的，因此，摩托车案的判决意味着，对于被害人自陷风险问题的定位，德意志帝国法院已经开始从排除罪责的注意义务转向排除违法性的被害人同意。当然，在本案中，由于对于死亡的同意是无效的，因此被告人依然成立过失致人死亡罪。

（二）赛车案（Wettfahrt-Fall）和天花医生案（Pockenarzt-Fall）

在第二次世界大战之后，在很长的时期内，对于被害人自陷风险的问题，德国联邦最高法院（BGH）基本上延续着德意志帝国法院摩托车案的体系性定位，即从被害人同意的角度来看是否可以排除行为人的不法。这里的核心问题依然是：当被害人甘愿冒险之时，其对于自己生命的处分（同意）是否有效？对于这一问题，德国联邦最高法院关于赛车案（Wettfahrt-Fall）[14]和天花医生案

---

[11] Walther, Eigenverantwortlichkeit und strafrechliche Zurechnung, 1991, S. 9.
[12] RG JW 1925, 2250ff.
[13] a. a. O., 2251, 2252.
[14] BGHSt 7, 112ff.

(Pockenarzt-Fall)[15]的判决作出了明确的回答。

1. 赛车案(Wettfahrt-Fall)

1955年赛车案的基本案情是：被害人K拥有一辆非常破的轻型摩托车，他主动邀请被告人赛车。由于两人的力量对比悬殊，因此被告人同意让被害人K先开车，在赛车过程中，被告人并没有想超过被害人K的赛车。在当天晚上，被告人和被害人K都喝了酒，其中，被害人K的血液酒精浓度为1.5‰[16]。在这种情况下，被害人K再次邀请被告人赛车。被告人仍然让被害人K先开200米，但此时他改变主意，想超过被害人K的赛车。为了阻止被告人超过自己，被害人K采取了各种方法。在被告人试图超过被害人K的时候，两车相撞，被害人K不幸遇难。州法院和德国联邦最高法院均判决被告人构成过失致人死亡罪。

在本案的判决理由中，德国联邦最高法院指出：

> 被告人的行为违法了，因为不存在排除违法事由。K尽管容忍了自己的危险，其同意对于杀人行为而言却是没有法律效果的……过失也毫无疑问地要被肯定，因为被告人违反义务地引起了可预见的和可避免的结果。……即使K是在没有任何障碍或者危险的情况下出于自己的驾驶错误而翻车，被告人的参与行为也是违反义务的。虽然根据实在法不存在着保护第三者免于危险或伤害的一般性法律义务，但是人类的共同生活通常要求，应当顾及他人的健康和生活。……在共同的危险行为中，参与他人过失的自我伤害什么时候可以被视为违反了义务，取决于案件的具体情况。其中要特别注意的包括：完全责任能力者对充分认识到了的危险的可能的合意、行为的动机和目的、可能的防护措施、草率的程度和危险的大小。事实审法庭在具体案件中应当对这些因素进行谨慎判断。本案中，州法院将被告人的行为评价为是违反义务地和有责地共同引起了死亡，是因为特别考虑到下列情况：在夜晚的街道上骑摩托车赛车是危险和不理智的，尤其是在喝过一轮酒后拿两个人的生命冒险；K骑的是轻型摩托车，而被告人的摩托车马力要更大一些，这使得K不得不将他的摩托车发动到极限；K已经微醉了，而被告人只是喝了少量的酒，比K更清楚地预料到了危险；K在第一次比赛中已经明显行为不理性和漫不经心；为了阻止超车，K曾在第二次比赛中转弯驾驶；尽管K已经直线骑行了一段时间，但是被告人应当预见到，在终点前K可能再次采取类似的行为。衡量了这些情节后，州

---

[15] BGHSt 17, 359ff, NJW 1963, 165 m. Anm. Rutkowsky.

[16] 根据当时《德国刑法典》的规定，只有当血液酒精浓度达到2‰之时，才能认为是限制责任能力。

法院将被告人的行为评价为违反了义务,这在法律上没有问题。[17]

从这一判决理由可以看出,德国联邦最高法院的态度与德意志帝国法院在摩托车案中的态度是基本一致的:虽然德国联邦最高法院并没有以谨慎驾驶义务的绝对性为由,径自肯定被告人违反了注意义务,而是强调"在共同的危险行为中,参与他人过失的自我伤害什么时候可以被视为违反了义务,取决于案件的具体情况",即在被害人自陷风险的情况下,行为人义务违反性的判断必须在个案中进行衡量(Abwägung),但从本案的事实出发,德国联邦最高法院最终仍然赞同州法院的看法,认为被告人违反了注意义务。另一方面,德国联邦最高法院强调,尽管被害人 K 甘愿接受在酒后的夜晚、驾驶一辆很烂的轻型摩托车与被告人赛车可能具有的风险,但由于对于危及生命的危险的同意在法律上通常是无效的,因此被告人违反注意义务的违法性不能被排除。

虽然赛车案与摩托车案的判决理由基本相同,但这两个判例的事实是有所不同的:在赛车案中,被告人只是参与被害人自我危害的行为;而在摩托车案中,被害人则很明显是一个自陷风险的行为。[18] 对于赛车案的判决理由和结论,Roxin 提出了以下质疑:首先,《德国刑法典》第 21 条在血液酒精含量超过 2‰时才被考虑,而 K 的含量只有 1.5‰,并没有影响他的刑事责任能力。其次,尽管德国联邦最高法院说,被告人"比 K 更清楚地预料到了危险",但是这个更高的风险意识的理论基础并不清晰,因为 K 的微醉并未使其不能洞悉轻率驾驶行为的风险。此外,根据此后的判例发展出来的"过失参与他人自我危害或自伤"原则上不可罚的原理,Roxin 认为应当认定本案被告人无罪。[19]

2. 天花医生案(Pockenarzt-Fall)

1962 年天花医生案的基本案情是:1958 年,被告人(医生)在结束印度、锡兰的访学之旅后,染上天花返回。尽管他不明白他自己得了什么病,但也没检查一下他尚受疾病侵扰的健康状况,就重新开始了他在大学医院里的工作。在那里,他将疾病直接或通过被他感染的他人传染给了许多医生、医护人员以及病人们。连去看管处于隔离中的病人的医院牧师也感染上了。德国联邦最高法院判决被告医生对该医院牧师构成过失身体伤害罪。

在本案的判决理由中,德国联邦最高法院指出:

> 当时,医院牧师自愿到隔离区,探望患者。……由此尚不代表说,牧师决定亲身进入隔离区以给病人提供心灵上的照料的决定以及这一决定的

---

[17] Fn. 14, 112—115.
[18] Walther, Fn. 11, 1991, S. 19.
[19] Roxin, Höchstrichterliche Rechtsprechung zum Allgemeinen Teil des Strafrechts, 1998, S. 158—159.

真正实施可以理解为《刑法典》第 226 条 a(新版第 228 条)意义上的同意,因为他这样做虽是出自于牧师的责任,但却正如州法院判决中所说的,乃是"自愿"的行动。……无论如何,通常只能将法益主体明确表明他想使法益也就是身体完整和健康听任特定他人处置,以及放弃其刑法保护的举止视为《刑法典》第 226 条 a(新版第 228 条)中的同意。因此,同意所针对的,必须是他人即将来临的将来举止,此乃认定同意所必要……因此,至多可以认为,牧师的举止中含有对他要探望的病人的将来行为或不作为的同意。但由此无法得出,这一"同意"所针对的,也是被告人的过失举止。当牧师探访隔离区之时,被告人的过失举止早就已经结束了。[20]

与赛车案与摩托车案的判决理由不同,在本案的判决理由,德国联邦最高法院并没有讨论被告人是否违反注意义务的问题,而是将焦点直接集中在是否存在有效的被害人同意这一问题上。对此,德国联邦最高法院认为,有效的被害人同意必须针对行为人未来的举止,而不是已经结束的举止。在本案中,由于当牧师探访隔离区之时,被告医生的举止已经结束,因此就不存在一个有效的被害人同意。

对于本案的判决理由,Roxin 虽然表示赞同,即认为在本案中不存在有效的被害人同意,但他认为德国联邦最高法院的论证过程是有问题的。在 Roxin 看来,虽然人们不能够事后地针对已经结束的举止作出同意(同意乃是事先的赞同,与此相对,批准则是事后的同意),然而,通常可以想象的是,在某个危险的行为结束之后,还能针对由此产生的侵害风险表示同意。不过,Roxin 认为,基于以下几点理由仍然可以否定本案中存在一个有效的被害人同意:首先,从《德国刑法典》第 226 条 a(新版第 228 条[21])的体系性位置(位于《德国刑法典》第 230 条(即新版第 229 条[22])之前)来看,其仅适用于故意的身体伤害,而不适用于过失的身体侵害;而且,违反风俗这一要素也很难与过失行为相匹配。其次,由于《德国刑法典》第 216 条[23]禁止处分自己生命,因此,针对危及生命的感染(在本案中,一名医生和一名女病人死于感染)所表示的同意或许应当认定为无效。最后,采用"同意"的思想,本来就是个忽视现实情况的假定。即使某个人为了一个目标而不顾死活地冒险,但这并不代表其"同意"对自己的

---

[20] BGHSt 17, 359—360.(着重号为本文作者所加)

[21] 《德国刑法典》第 228 条(同意):行为人具有受伤者的同意实施身体侵害的,只有在该行为尽管存在同意也违反善良风俗时,才是违法地在行动。

[22] 《德国刑法典》第 229 条(过失的身体伤害):行为人过失造成他人的身体伤害,处三年以下的自由刑或者金钱刑。

[23] 《德国刑法典》第 216 条(基于要求的杀人):如果某人基于被杀者明确和真挚的要求而决定杀人的,处六个月以上五年以下的自由刑。

伤害。[24]

尽管如此，Roxin仍然不赞同本案的结论。在他看来，在刑事政策上，有更好的理由来反对因过失侵害牧师而处罚该"天花医生"。因为这位牧师本来可以采取其他不那么危险的方式（比如打电话）来与隔离区的病人们进行沟通。如果他仍然基于良心决定有意地自愿暴露在这种危及生命的感染风险之中，那么由此产生的后果，在刑法上就不能归于该医生了。因为该医生不得为了预防自己受到刑罚而暴力阻止牧师亲赴隔离区。因而，基于不允许他阻止的行为而发生的结果，对他科以处罚，就不公平了，尽管他当时能够或者想阻止结果的发生。当感染上天花时，因处罚医生而受到"保护"的牧师，也不会对此感到"高兴"。因为他肯定想，他这么危险地去拜访病人，至多是自冒风险，没想到如果发生什么的话，还会使第三者（医生）遭受刑罚。这样，理智上讲，在这种情况下做的决定应该是自由的，而他的决定却变得不自由了。[25]

Roxin进一步指出，如果人们认为医生的举止乃是非故意地参与了牧师自愿、有意和负责的自我危害，进而在这种情况下否定将之归责于客观构成要件，则医生可免于处罚。当然，德国联邦最高法院本案中尚未应用这种方案，因为那时人们还不知道什么客观归责学说，以及由此得出的故意参与他人自我危害不可罚的结论。如果根据德国联邦最高法院当下的立场，被告人应当被认定为无罪。[26]

德国刑法理论普遍认为，只要符合特定的条件，被害人同意具有排除行为人不法的效力。虽然对于被害人同意的理论内涵、体系性地位等存在诸多分歧，但对于被害人的同意可以排除行为人不法，德国刑法学说上几乎没有任何反对意见。但是，作为一种独立的正当化事由，排除不法的被害人同意具有独特的目的与适用要件。因此，被害人自陷风险排除行为人的不法是否可以直接以被害人同意理论来加以说明，关键在于被害人自陷风险是否符合有效同意的要件。[27] 在德国学说上，大多数学者并不认为被害人同意理论可以直接作为被害人自陷风险排除行为人不法的根据，这是因为，被害人自陷风险难以符合有效同意的要件。大多数学者对于被害人自陷风险适用被害人同意理论的疑问在于：首先，被害人自陷风险的情形包括自我危害与被动地意识到他人所创造的危险（同意他人危害），在这两种情形之下都存在一个"同意"吗？学说上一般认为，同意必须针对行为和结果，而不能仅仅针对风险，换言之，被害人不能仅仅对"风险"表示同意，而不对其结果表示同意。事实上，在被害人自陷风

---

[24] Roxin, Fn.19, S.173.
[25] Roxin, a.a.O., S.173—174.
[26] Roxin, a.a.O., S.174.
[27] 同前注[9]，第53页。

险的情况下,被害人不仅不可能对结果表示同意;相反,被害人通常对结果是持反对态度的。通常被害人同意必须在法益侵害行为之前加以表示,但是,在被害人自陷风险的情况下,很多时候是被害人事后有意地介入侵害的因果流程,例如医生甲在病房照看患有严重传染病的病人之后,没有依照标准程序消毒,结果导致自己感染,然后在出病房之后传染给前来医院帮助照顾病人的义工乙。由于乙来医院当义工之前早就知道会有一定感染的风险,因此乙实施的一种自陷风险行为。[28] 在这种情况下,被害人同意理论是无法适用的。最后,在被害人自陷风险的情况下,经常会出现被害人死亡的结果,但问题是,对死亡的同意通常并不被认为是一个有效的被害人同意。

三、被害人自陷风险排除构成要件

从德意志帝国法院的摩托车案开始,德国判例逐渐脱离了梅梅尔河案对被害人自陷风险问题的体系性定位,尝试着从被害人同意的视角处理相关案件。但是,如前所述,由于被害人同意本身具有非常严格的适用条件,特别是德国刑法对于危及生命的被害人同意原则上认为无效,因此在被害人自陷风险的问题上适用被害人同意的空间可以说是极为有限的。为了摆脱这种体系性定位的困境,德国判例开始进行新的探索。

(一)共犯论证:过失参与他人自杀不可罚

1972年德国联邦最高法院的警察手枪案(Polizeipistolen-Fall)判决[29]代表了这种新探索的开始。警察手枪案的基本案情如下:被告人(一名警察)与一位同其关系密切的女性一起驱车旅行,在此过程中他将自己上膛了的职务用枪放在汽车的仪表板上。这位女性"在一次停车时,乘被告人不注意突然把枪从仪表板上拿起来,朝自己开枪"。让被告人承受非难的是,他曾经和这位女性一起去旅馆开过房间,而且"尽管他知道S女士经常——特别是在饮酒之后——突然变得抑郁和忧伤起来,尽管他知道自己有每次坐进汽车都把手枪放在仪表板上的习惯",却仍然不将子弹从手枪里取出来。德国联邦最高法院判决被告警察无罪。

在本案的裁判理由中,德国联邦最高法院指出:

> 以帮助的故意共同引起自杀者死亡的人,不能被处以刑罚,因为自杀不是犯罪行为。此时帮助故意的内容包括,帮助者知道或者至少预见到自杀者的死亡,并许可性地容忍其发生。那么,基于正义的理由,就不能对只是过失地引起自杀者死亡的人处以刑罚。在有认识的过失中,行为人只是

---

[28] 同上注,第55页。
[29] BGHSt 24, 342ff.

如同可能的死亡结果的故意帮助者一样,认识到结果,却并没有许可性地容忍其发生;在无认识的过失中,更是缺少对可能的死亡结果的认识。对基于如此内心态度而实施的不法,即引起自杀者的死亡,如果在刑法上评价得比基于故意而引起的同样不法更严重,这是不合适的。……[30]

从这一判决理由可以看出,德国联邦最高法院认定被告警察无罪的根据在于以"举重以明轻"的论证方法(argumentum a majore ad minus)为基础的"共犯从属性原理"(Grundsatz der Akzessorietät der Teilnahme)。根据德国刑法典,只有正犯实施了故意的符合构成要件的违法行为,共犯才具有可罚性。由于自杀行为并非符合构成要件的违法行为,因此故意帮助他人自杀的行为原则上是不可罚的。既然故意帮助他人自杀的行为不可罚,那么过失地帮助他人自杀的行为更不应当受到处罚。本案中的被告警察(共犯)至多是过失地参与了他人的自杀行为,因此不具有可罚性。

从表面上看,似乎德国联邦最高法院的"共犯论证"(Teilnahmeargument)是无懈可击的,但这种路径却招致了许多德国学者的批判。[31] 毫无疑问的是,由于共犯的可罚性以一个故意的正犯行为为前提,而自杀并非一个故意的正犯行为,因此故意参与他人自杀的行为当然就不具有可罚性。但是,这并不意味着过失地参与他人自杀的行为就当然不可罚,因为过失犯的成立与是否存在一个故意的正犯行为之间没有必然关联——对于过失的犯罪参与,德国通说认为刑法采取的是单一正犯体系,因此根本不适用"共犯从属性原理"。此外,"举重以明轻"的论证是以过失比故意轻为前提的,即认为过失是故意的减轻形态,但德国通说认为,过失并非是故意的减轻形态,过失犯具有独立于故意犯的构成要件。

虽然警察手枪案的判决理由并不能令人信服,但它表明,对于被害人自陷风险的问题,在被害人同意理论主导德国判例将近半个世纪之后,德国联邦最高法院开始从违法性层面的被害人同意转向构成要件符合性层面的归责排除。这一对于被害人自陷风险问题的新的体系性定位在随后的判例中得到了强化和确立。

(二)优势认知与参与自我负责的自我危害不可罚

如果说1972年警察手枪案只是德国判例对被害人自陷风险问题进行重新定位的一个契机,那么1984年德国联邦最高法院的海洛因注射器案(Heroin-

---

[30] a.a.O, 342—344.
[31] Vgl., Frisch, Tatbestandsmäßiges Verhalten und Zurechnung des Erfolgs, 1988, S. 159, 2ff; Zaczyk, Rainer, Strafrechtliches Unrecht und die Selbstverantwortung des Verletzten, 1993, S. 6ff; Walther(Fn. 11), S. 75ff.

spritzen-Fall)判决[32]、1988年德国联邦最高法院的艾滋案(AIDS-Fall)判决[33]和1989年德国巴伐利亚州高等法院的艾滋案(AIDS-Fall)判决[34]则确立了被害人自陷风险排除构成要件这一新的体系性定位。

1. 海洛因注射器案(Heroinspritzen-Fall)

1984年的海洛因注射器案通常被认为是被害人自陷风险问题上最重要的判例。该案的基本案情是:当那时只是偶尔吸食毒品的被告人,在1983年4月8日碰到他的熟人H时,H告诉被告人他有海洛因,"可以一起享用"。一向以吸食烈性毒品而著称的H继续解释说,他"没有地方"弄到注射器。被告人因此去买了三支一次性的注射器。在一家旅馆的卫生间里,H将他搞到手的三份"百热"(Hunderter-Hit)海洛因放在一个勺里"煮开",将"煮开了的毒品"吸入两个注射器里,然后把其中的一个递给被告人。在注射了毒品之后两人很快就失去了知觉。后来他们被发现的时候,H已经死了;注射毒品导致其窒息和心脏循环出现障碍。青少年法庭(Jugendkammer)判决被告人以及其他人成立过失致人死亡罪,因为他"通过参与共同吸食海洛因和提供注射器而设定了导致H死亡的因果流程"。被告人对此提出上诉,并被德国联邦最高法院判决无罪。

在本案判决理由中,德国联邦最高法院指出:

1. 自我负责地希望(积极追求、明确被预见到或者容忍)和实现的自杀或者自我伤害(Selbstverletzung)不在杀人罪或者身体伤害罪的构成要件范围之内(因为法律只对杀害或者伤害他人的行为才以刑罚相威胁)。谁参加到一个这样的事件中,谁的行为就不是《刑法典》第25、26和27条第1款意义上的犯罪行为,只要涉及的是杀人或者故意伤害的刑罚可罚性。故意的参加者(由于缺少主行为)因而不能作为教唆犯或者帮助犯而被处罚。……

若谁故意地使一个导致了自杀或者自我伤害的自我损害者(Selbstschädiger)自我负责的行为发生,或者使其发生成为可能,或者促进其发生,即属不可罚,那么谁过失地使其发生,或者使其发生成为可能,或者促进其发生,也就不可罚……如果他因为违反义务地为可预见的(或者已经预见的)结果确立了一个条件,而按照过失致人死亡或者身体伤害处以刑罚,那么就与《刑法典》第15条和第18条中所表达出来的罪责形式的层级关系(Stufenverhältnis der Schuldformen)相冲突。……这存在着价值上的矛盾。……

---

[32] BGHSt 32, 262ff.
[33] BGHSt 36, 1ff.
[34] Urteil des BayObLG vom 15. 9. 1989, NStZ 1990, 81.

2. 自我负责地希望(积极追求地、明确被预见到地或者容忍地)和实施的自我危险(Selbstgefährdung)行为也不在杀人罪或者身体伤害罪的构成要件范围之内,无论有意识地接受危险时同意了的风险是否实现(行为人伤害或者杀害了自己),也无论"结果"是否没有发生。在涉及杀人或者身体伤害的刑罚可罚性问题时,如果一个人只是(故意或者过失地)使一个自我负责地希望或者实现的自我危险行为发生,或者使其发生成为可能,或者促进了其发生,其只是参加到了一个不具有构成要件符合性,因此也不可罚的事件当中……只有当参加者对事实具有优势认知(überlegenen Sachwissen),以至于他比自我危险者更好地理解了风险时,刑罚可罚性才开始。……有意识的、自我负责的自我危险者希望或者相信"结果"不会发生,这在法律上没有意义。他所实施的危险行为及其射程所及表明他已经认可了危险现实化的风险。……[35]

从这一判决理由可以很明显地看出,德国联邦最高法院沿袭了警察手枪案中的以"举重以明轻"为基础的共犯论证,但同时从两个层面这一共犯论证进行了更为细致的阐释:首先,通过确认《德国刑法典》第15条[36]和第18条[37]中所表达出来的罪责形式的层级关系(Stufenverhältnis der Schuldformen),本判决设定了故意的参与与过失的参与之间的评价落差(Wertungsgefälle);其次,本判决设定了"自我负责地希望自杀"与"自我负责地希望自我危害"之间的评价落差(Wertungsgefälle)。既然故意参与他人自我希望地自杀或自我伤害不符合杀人罪或者伤害罪的构成要件,那么过失参与他人自我希望地自我危害就不符合过失致人死亡罪或者过失致人伤罪的构成要件。换言之,通过这两个评价落差的设定,本判例确立了一个"参与他人自我危害不可罚的原理"(Grundsatz der straflosen Beteiligung an eigen verantwortlicher Selbstgefährdung)。根据这一原理,本案被告人之所以被判无罪,乃是因为其只不过是参与了H"自我希望的自我危害",因此是不可罚的。

关键是如何划定不可罚的参与他人"自我负责的自我危害"与可罚的过失致人死亡罪之间的界限呢? 对此,德国联邦最高法院是以参与者是否存在"优势认知"(überlegenenSachwissen)为标准的,所谓的"优势认知",是指某个参与者比其他参与者对风险具有更好的认识和理解。在本案中,由于被告人并不比

---

[35] Fn.32,262—264.

[36] 《德国刑法典》第15条(故意的和过失的行为):只有故意的行为是可罚的,如果本法律没有明确地用刑罚对过失行为加以威吓。

[37] 《德国刑法典》第18条(存在特别的行为结果时较重的刑罚):如果法律把较重的刑罚与行为的特别的结果相联系,那么,只有在对该结果至少负有过失时,该刑罚才适用于行为人或者参与人。

被害人对风险有更好的认识和理解,因此被告人仅仅构成不可罚的参与他人"自我负责的自我危害"。

海洛因注射器案判决理由的问题首先在于共犯论证本身的不合理性;其次,本判决对于参与他人"自我负责的自我危害"的界定极其宽泛——"如果一个人只是(故意或者过失地)使一个自我负责地希望或者实现的自我危险行为发生,或者使其发生成为可能,或者促进了其发生,其只是参加到了一个不具有构成要件符合性,因此也不是可罚的事件当中",尤其是这一界定中的"使其发生成为可能"(Ermöglichung),其含义可谓无所不包,甚至包含许多可罚的他人危害的情形;最后,仅仅以是否存在"优势认知"这一主观标准来区分参与他人"自我负责的自我危害"与可罚的过失致人死亡罪,显然是非常模糊和粗糙的。

2. 1988 德国联邦最高法院艾滋案(AIDS-Fall)和 1989 年德国巴伐利亚州高等法院艾滋案(AIDS-Fall)

对于被害人自陷风险的问题,以"优势认知"来区分不可罚的参与他人"自我负责的自我危害"与可罚的过失致人死亡罪之间的界限,在 1988 德国联邦最高法院艾滋案[38]和 1989 年德国巴伐利亚州高等法院艾滋案[39]的判决理由中再次得到确认。1988 德国联邦最高法院艾滋案是以被告人存在"优势认知"为由肯定其可罚性的判例,该案的基本案情是:被告人明知自己已感染艾滋病,他的医生详细告诉过他,任何一次没采取保护措施的性关系都有危险,还特别告知他,不管性行为有没有达到射精,都没有区别。尽管如此,他还是和他的同性恋伙伴们发生了性关系,而没有提示他们他已受感染。和一个男伙伴性交时,"他先是……没使用避孕套进行肛交,但不时中断,于是他戴上避孕套继续直至射精"。和另一个男伙伴性交时,"他先是在未使用避孕套的情况下,让对方给自己口交,在马上要射精之前,才……使用避孕套并进行肛交直至射精"。不过无法确证他的男伙伴是否已感染。州法院判定被告人构成危险的身体伤害未遂[40],德国联邦最高法院维持了该判决。本案的判决理由认为,首先,被告人存在伤害的故意;其次,从允许的风险角度上看,被告人的行为也是可罚的;最后,从自我负责的自我危害的观点来看,虽然被害人对于与同性群体性交存在危险是有认识的,但其并没有认识到感染艾滋病毒的危险,因此相对于被害人而言,被告人存在"优势认知",即他比被害人更为清楚地认识到不采取防

---

[38] Fn. 33.

[39] Fn. 34.

[40] 《德国刑法典》第 224 条(危险的身体伤害):(1) 行为人:A. 通过下毒药或者其他损害健康的物质;B. 使用凶器或者其他危险的工具;C. 借助奸诈的袭击;D. 与其他参与人共同地或者;E. 借助给生命造成危险的处理;实施身体伤害的,处六个月以上十年以下的自由刑,在较轻的严重情形中处三个月以上五年以下的自由刑。(2) 未遂可罚。

护措施的同性性交,因此无论如何都是可罚的。[41]

1989年德国巴伐利亚州高等法院艾滋案则正好是以缺乏"优势认知"为由认定被告人无罪的判例,该案的基本案情是:被告人从其家庭医生那里知道自己感染了艾滋病,他的家庭医生将艾滋病病发的可能性、病发的结果、不存在可能的治疗成功的机会等,以及特别是在性交时感染的可能性对其进行了充分说明。被害人作为被告人的女朋友完全知道其感染艾滋病的事实,而且在两人性交之前,被告人向被害人详细地说明了与其进行无防护措施的性交可能具有的危险、有可能导致死亡的结果以及没有治疗方法等。此外,被告人一开始拒绝了被害人实施不带避孕套进行性交的强烈恳求,但最终还是妥协了,并与被害人进行了几次无防护的性交,事后被害人并不承认感染了艾滋病。原审判决认为被告人构成危险的身体伤害未遂,但德国巴伐利亚高等法院撤销了该判决,宣告被告人无罪。在巴伐利亚高等法院的判决理由中指出,首先,本案被害人对于被告人感染艾滋病的事实,以及与之实施无防护的性交有可能感染该病毒的危险是完全知晓的,虽然被告人多次拒绝采取无防护的性交,但被害人仍坚持为之。其次,被害人可以随时中断与被告人的性接触,或者通过利用避孕套来减少感染的危险性。最后,被害人已经年满16周岁,其对于与感染艾滋病的人进行无防护的性交可能具有的危险具有自我负责能力。综上所述,应当肯定本案被害人的自我负责而否定被告人的行为符合危险的身体伤害未遂的构成要件。[42]

四、区分自我负责的自我危害与同意他人危害

1984年德国联邦最高法院的海洛因注射器案确立了以是否存在"优势认知"这一标准区分不可罚的参与他人自我负责的自我危害与可罚的过失致人死亡罪。但是,如前所述,德国联邦最高法院对于"参与他人自我负责的自我危害"的界定非常宽泛,是否符合这一界定的所有情形均不可罚?德国联邦最高法院2008年的加速试验案(Beschleunigungstest-Fall)[43]的判决理由对这一问题进行了探讨。该案的基本案情如下:B、H、S、J属于一个在高速公路和州公路上通过改装的汽车进行赛车和加速试验的年轻人团体。B是一辆大众高尔夫的所有人,为了进行赛车,他对该车进行了改造,改造后的车速最高可达240公里每小时。H驾驶的是属于其父亲的保时捷,其最高速度可达300公里每小时。B、H、S、J约定首先在双向四车道(每个方向两车道)的联邦公路上进行加速试验,然后进行一场赛车活动。在此过程中,J乘坐B驾驶的高尔夫,而S乘

---

[41] Fn.38., 1—20.
[42] BGH NStZ 1990, 81.
[43] BGHSt 53, 55ff.

坐H驾驶的保时捷，S和J负责通过摄像机和手机对赛事全程拍摄。所有的参与者对于赛车可能对自己或他人造成的危险均有清醒认识。在进行加速试验的过程中，两辆车首先并排行驶，而后S和J打手势，从3倒数至1后B和H开始加速。在随后的赛车活动中，B和H首先将车速从120公里每小时减至80公里每小时，由J通过打手势发出开始的指令。随后两辆车在双向四车道（最高限速120公里每小时）的公路上加速至200公里每小时。B在左边的车道行驶，H在右边的车道行驶。当B和H向前行驶的时候，他们发现在前方右边车道，G正驾驶着一辆欧宝车以120公里每小时的车速向前行驶。当G发现后面有两辆紧随其后的车时，他尽量将他的车向车道的右边靠，以便B和H的车能顺利通行（在当时的区域不存在一个紧急停车道）。为了同时超过G的车，B尽量使自己的车向左车道靠中间隔离带的一边行驶，而H则压着中线，在靠左侧的车道上行驶。在超车的过程中，三辆车在某个时点呈并驾齐驱之势，且B和H的车之间的间隔仅有30厘米。但是，在此过程中，B驾驶的车的左车轮卡在中间隔离带的绿化带之上。为了将车重新开回车道上，B向右猛打方向盘，结果车翻出了车道，撞到路边的交通指示牌上后弹回车道并起火。由于B和J均未系安全带，所以两人都被弹出车外，B受重伤，而J则不幸死亡。州法院认定B和H构成危害道路交通罪[44]，而S则构成本罪的帮助犯。检察官和附带民事诉讼原告上诉称B和H除构成危害道路交通罪以外，还构成过失致人死亡罪，德国联邦最高法院支持了检察官的上诉意见。

在本案判决理由中，德国联邦最高法院首先肯定B和H的行为与J的死亡之间具有条件意义上的因果关系，因为如果B没有超车、H没有参与超车，那么就不会出现J死亡的结果。其次，德国联邦最高法院肯定B和H的行为在客观上是过失的，因为他们的加速试验行为违反了《道路交通法》的规定，并且在客观上具有预见可能性。但是，德国联邦最高法院并没有据此马上认定B和H的行为构成犯罪，而是强调在肯定条件因果关系和存在过失的情况下，还必须探讨B和H的行为与J的死亡之间的归责关系。在德国联邦最高法院看来，这种归责关系可以通过自我负责的自我危害或与之相当的同意他人危害加

---

[44]《德国刑法典》第315c条（危害道路交通罪）：(1) 行为在道路交通中：A. 驾驶交通工具，尽管他 a) 由于饮用酒精饮料或者其他醉人的药物或者；b) 由于精神的或者身体的缺陷，而不能安全地驾驶交通工具，或者 B. 严重地违反交通地和无顾虑地 a) 不注意优先行驶；b) 错误地超车或者其他在超车过程中错误地驾驶；c) 在行人过道错误地驾驶；d) 在复杂地段、在街道十字路口、街道入口或者铁道过口快速地驾驶；e) 在复杂地段不保持在车道的右侧；f) 在高速公路或者机动车道掉头、后退或者反驾驶方向地驾驶或者试图如此行动，或者 g) 不使停止的或者不前进的交通工具保持可辨识的足够距离，尽管这是为交通安全所要求的；并因此给他人的身体或者生命或者具有重大价值的物品造成危险，处五年以下的自由刑或者金钱刑。(2) 在第1款第1项的情形中，未遂可罚；(3) 行为人在第1款的情形中：A. 过失地造成该危险的，或者 B. 过失地行为和过失地造成危险的，处两年以下的自由刑或者金钱刑。

以排除。[45]但是,在本案中,自我负责的自我危害或与之相当的同意他人危害并不存在,这是因为:

第一,本案属于他人危害而不是自我危害。这是因为,根据前述德国联邦最高法院的判例,行为人故意或过失地引起、帮助或者使一个自我负责的自杀或自伤成为可能,除非其比自杀者或者自伤者对自杀或自伤风险的认识具有更加优势的认知,原则上不具有可罚性。如果这种行为不是针对自杀或自伤,而是针对被害人有意识地承受之风险实现在结果之中的情形,行为人原则上也是不可罚的。在此有必要区分自伤或自我危害与他人危害,前者不符合构成要件,而后者原则上符合构成要件。而区分自伤或自我危害与他人伤害的标准与正犯与共犯的区分标准相同,即以行为支配作为区分标准。在本案中,无论是在超车之前还是超车之后,对整个事件起支配作用的都只是B和H。在只有两个车道的公路上,B和H依然决定并排驾驶以超越G驾驶的车。而且,决定车辆速度和猛打方向盘的也只是B和H。相反,在这个时间段,同乘的J和S不可能通过自身行为来避免B和H造成的危险,而只能暴露于被告人B和H的驾驶行为的结果之下。虽然J事前通过发布开始指令和对赛车活动进行摄像而对整个赛车活动有所贡献,但这一贡献仅具有次要的意义。因此,本案属于他人危害而非自我危害的情形。[46]

第二,如果"在其他所有方面均属相当",那么同意他人危害可以部分地相当于参与自我负责的自我危害。这里的"在其他所有方面均属相当"是指所产生的伤害是有意识的承受之风险的结果,而且对于该风险,被伤害者与参与者具有同等程度的掌控。关于这一点,当然不能仅仅根据谁会成为驾驶者、谁会成为同乘者这样具有极大偶然性的因素来决定,而是应当按照危害结果发生之时的实际情况加以判断。在本案中,由于B和H支配着整个事件,J虽然参与了加速试验,但其对于超车行为所具有的风险是一无所知的,因此并不能存在一个可以与自我危害相当的他人危害。[47]

第三,虽然不存在与自我危害相当的他人危害,但他人危害仍然有可能通过被害人同意加以正当化。问题的关键在于危及生命的行为的被害人同意在法律上是否被允许。这一问题是有争议的。尽管判例和学说一致认为,根据《德国刑法典》第216条(基于要求的杀人)的规定,即使被害人同意了他人的故意杀害行为,这种同意也是无效的,而故意(或过失)的身体伤害则可以在《德国刑法典》第228条规定的限制性条件(即不违反善良风俗)下得到正当化,然而,对于危及生命的同意的可允许性及意义,并不存在一个统一的判断。

---

[45] BGH, Urteil vom 20. November 2008-4 StR 328/08.
[46] a.a.O.
[47] a.a.O.

联邦最高法院以往的判例认为危及生命的被害人同意是无效的,因为《德国刑法典》第 222 条(过失致人死亡罪)以刑罚的威吓一般性地保护个体的生命,因此,与过失致人死亡相关联的行为不法(Handlungsunrecht)无法通过同意加以排除。在晚近的判例中,特别是在有关《德国刑法典》第 227 条(伤害致死罪)的判例中,联邦最高法院指出,如果通过对行为所有重要情状的事前客观考察发现,同意者是因伤害行为而陷入具体的死亡危险之中的,那么对于故意的身体伤害的同意就总是超越了善良风俗的界限。《德国刑法典》第 228 条(被害人同意的伤害)的规范目的以及从第 216 条(基于要求的杀人)的规定中推导出的立法评价均证实了这一限定,它限制了对杀人或身体伤害之同意的正当化效力,因为法律也可以在违背相关法益主体的实际意志的情况下,追求保持这种法益的社会性或者一般性利益。联邦最高法院也将这一原理转用于以下情形:被害人对危及其生命的风险表示同意,并且随后——在这一同意所包摄的事件流程范围内——实现了这一风险。即使在这种情形之下,被害人同意也会因为具体的死亡风险而失去正当化的效力。

对于道路交通中的危险行为同样是如此。尽管立法者试图通过特别的行为规则(特别是《道路交通法》)来抗制危害道路交通的行为;法律也一般性地禁止道路交通中的危险行为。然而,这并不意味着,在违反与交通相关的注意义务方面,有关人员对于他人的危险行为的同意丝毫没有任何的法律意义。一个具有正当化效力的、对于危险行为的同意原则上只有对于那些至少也有益于保护公共的道路交通安全的构成要件才会失去效力。相反,如果一个规定只是为了保护个人的法益,那么,同意只有在超过了善良风俗的界限,即在不依赖于事实上发生的法益侵害的具体死亡风险的情况下,才会失去其正当化效力。这一原理也适用于本案。在最高时速限制为 120 公里每小时的公共道路上进行"加速试验"的高速行驶,对参与赛车的同乘者造成的迫切的法益危险是否为具体的生命危险,德国联邦最高法院并未作出判断。无论如何,当 B 和 H 在一个时点同时超越没有参与赛车的 G 的车之时,就对所有参与者造成了无法控制的、最高程度的风险,从而使之陷入具体的生命风险之中。对于如此巨大的风险,J 不再能够给予具有正当化效力的同意。因此,B 和 H 的行为是违法的。[48]

此外,德国联邦最高法院认定 B 和 H 也具有过失的罪责,因为他们个人具有遵守交通法规的可能性;而且,作为加速试验团体的成员,他们对于此类赛车可能具有的后果是有预见可能性的。因此,B 和 H 构成过失致人死亡罪。[49]

---

[48]　a.a.O.

[49]　a.a.O.

在海洛因注射器案的基础上,"加速试验案"判决确立了区分参与自我负责的自我危害与同意他人危害的标准——行为支配,按照这一标准,如果被害人对整个事件具有行为支配,就是一种排除构成要件的、不可罚的自我负责的自我危害;相反,如果行为人对整个事件具有行为支配,就是一种同意他人危害,只有在这种同意具有正当化效力的情况下才能排除可罚性。由于德国判例通常将被害人同意视为违法性排除事由,因此同意他人危害仍然是符合构成要件的。由此可见,加速试验案实际上将被害人自陷风险区分为两种类型:自我负责的自我危害被定位于构成要件符合性层面,而同意他人危害则被定位于违法性层面。

在加速试验案的判决发布之后,许多德国重要学者发表了评论意见,对这一案件的判决理由表示支持。[50] 尽管如此,本案判决理由依然存在如下疑问:首先,判决理由确立了以行为支配作为区分参与自我负责的自我危害与同意他人危害的标准,但问题是,即使是对于故意犯的犯罪参与,德国联邦最高法院迄今为止也并未明确地采用行为支配作为区分正犯与共犯的标准。[51] 毋宁说,对于故意犯的正犯与共犯的区分,德国联邦最高法院仍然倾向于主观说,或者至多采取了具有行为支配色彩的规范的综合说(normative Kombinationstheorie)。更为重要的是,对于过失犯的犯罪参与,德国判例和学说均认为没有必要区分正犯与共犯,而是采取单一正犯体系(Einheitstäterbegriff)。[52] 因此,将行为支配这一标准适用于过失犯中的被害人自陷风险是不无疑问的。

其次,德国联邦最高法院虽然赞同Roxin的观点,认为如果"其他所有方面均属相当",就可以将同意他人危害与自我负责的自我危害等量齐观,但是,关于什么是"其他所有方面均属相当",判决理由只是说"关于这一点,当然不能仅仅根据谁会成为驾驶者、谁会成为同乘者这样具有极大偶然性的因素来决定,而是应当按照危害结果发生之时的实际情况加以判断",至于为什么要采用这一说不清道不明的标准以及这一标准的具体含义,德国联邦最高法院则语焉不详。更为重要的是,德国联邦最高法院没有回答,在同意他人危害的情况下,既然被害人对风险有完全的认知却仍然决定冒险,那么为什么他仍然可以

---

[50] Vgl. Roxin, Zur einverständlichen Fremdgefährdung, JZ, 2009, S. 399ff; Puppe, Mit Verantwortung des Fahrlässigkeitstäters bei Selbstgefährdung des Verletzen. Zugleich Besprechung von BGH, Urteil vom 20. 11. 2008, GA, 2009, S. 486ff; Kühl, Anmerkung, NJW, 2009, S. 1135ff; Renzikoski, Eigenverantwortliche Selbstgefährdung, einverständliche Fremdgefährdung und ihre Grenzen Besprechung zu BGH v. 20. 11. 2008- 4 StR 328/08, BGH HRRS 2009 Nr. 93; Jahn, Selbst-und Fremdgefährdung bei tödlichen Auntorennen, JuS, 2009, S. 370ff.

[51] Vgl. BGH NStZ 2008, 273 (275).

[52] 极少数德国学者认为,对于过失犯的犯罪参与,限制的正犯概念也是适当的,Vgl. Renzikowski, Restriktiver Täterbegriff und fahrlässige Beteiligung, 1997。

要求法秩序对其加以保护?[53]

最后,德国联邦最高法院在本案判决理由中试图运用被害人同意理论为同意他人危害寻找正当化根据,但这一努力是不成功的。第一,正如德国联邦最高法院所承认的那样,根据《德国刑法典》的相关规定以及德国学界的通说,对于危及生命的风险的同意原则上无效的,这是因为,被害人同意是一种通过有意识的法益放弃(Rechtsgutspreisgabe)来确证自由的方式,因此,被害人仅仅对行为人实施的有风险的行为表示认可,并不意味着其放弃了法益。第二,德国联邦最高法院指出,在同意他人危害的情况下,只要行为人没有制造所谓"具体的生命危险"(konkreteLebensgefahr),或者说没有超出善良风俗的界限,那么同意就具有正当化的效力。但问题是,所谓"具体的生命危险"的含义并不清晰;而所谓的"善良风俗"是《德国刑法典》对故意伤害罪中同意的界限的规定,其判断标准通常是行为人所追求的目的或者行为的动机,但这些判断标准在过失犯中根本就不可能存在。

五、评价与结论

以上对于德国刑法关于被害人自陷风险的判例进行了大体的梳理,从中可以看到:第一,德国判例上关于这一问题的探讨可谓源远流长,它肇始于德意志帝国法院的梅梅尔河案,而确立于德国联邦最高法院的海洛因注射器案,在此过程中,逐步发展成为德国刑法上一个独立的问题领域。第二,这些判例所涉及的领域非常广泛,不仅涉及过失犯罪,而且部分地涉及故意犯罪;不仅涉及诸多公共领域例如交通、毒品、医疗等,而且涉及其他私人领域例如性行为。第三,尤其值得关注的是,在德国判例关于被害人自陷风险问题的发展史上,判例在不断尝试对被害人自陷风险问题的定位:从昙花一现的罪责层面的注意义务排除,到违法性层面的被害人同意,再到构成要件层面(参与他人自我危害的自我负责不可罚),最后形成分别在构成要件层面(自我负责的自我危害)与违法性层面(同意他人危害)处理被害人自陷风险问题的格局,从而确立了被害人自陷风险问题的体系性地位:被害人自陷风险是一个不法层面的问题而不是一个罪责层面的问题。

事实上,在德国联邦最高法院在2008年的加速试验案之前,明确地区分被害人自陷风险的两种类型,即参与自我负责的自我危害与同意他人危害,早就

---

[53] Puppe, Die Selbstgefährdung des Verletzten beim Fahrlässigkeitsdelikt: Das Auftauchen des Selbstgefährdungsgedankens in der deutschen Rechtsprechung, ZIS, 2007, 247 (249).

已经是学界的通说。[54] 因此,德国联邦最高法院在该案中的判决理由实际上是确认了学界的这种共识。[55] 根据判例和学说对于被害人自陷风险的区分,所谓"自我负责的自我危害",是指被害人在特定的条件下,自我负责地实施了危及自身的行为。[56] 例如明知某座山峰十分险恶,但仍然决意与好友一起攀登;而所谓"同意他人危害",是指被害人在完全意识到他人行为之风险的情况下,依然将自己暴露于该具有风险的行为之中。[57] 例如明知他人已经醉酒,但依然决定乘坐其驾驶的汽车。德国通说认为,自我负责的自我危害切断归责关联(Zurechnungszusammenhang),从而排除构成要件符合性,因为在这种情况下,所实现的并非行为人制造的风险,而是被害人自己有意识地设定的风险。[58] 与此不同,如果具体的案件不是一个自我负责的自我危害,而是一个同意他人危害,通说认为无法排除归责关联,从而无法排除构成要件符合性,但可以通过违法性层面的被害人同意予以正当化。[59] 由此可见,之所以区分自我负责的自我危害与同意他人危害,其根本原因在于前者原则上是不可罚的,而后者则原则上可罚,只是在符合特定条件的情况下才能排除归责。但问题是,这种区分是否具有充分的根据? 更重要的是,从规范的角度上看,有必要对这两种类型进行区分吗?

(一) 以举重以明轻为基础的共犯论证?

1. 共犯论证的前提:故意参与他人自杀或自伤不可罚

如前所述,对于被害人自陷风险问题,德国判例确立了"过失参与他人自我危害不可罚"的原则,而这一原则的根据是"以举重以明轻为基础的共犯论

---

[54] Vgl. Roxin, Strafrecht AT I, 4. Aufl., 2006, §11, Rn. 106ff; Wessels/Beulke, Strafrecht AT, 39. Aufl., Rn. 190—191; Schönke/Schroeder-Sternberg-Lieben, StGB Kommentar, 28. Aufl., 2010, §15, Rn. 165—168; Fischer, StGB und Nebengestze, 57. Aufl., 2010, Vor. 13, Rn. 36—37;

[55] 这种判例和学说之间的良好互动,在德国可以说是司空见惯的。

[56] Roxin, Strafrecht AT I, 4. Aufl., 2006, §11, Rn. 106, 110.

[57] Roxin, Zum Schutzzweck der Norm bei fahrlässigen Delikten, FS-Gallas, 1973, S. 241, 249ff; Dölling, Fahrlässige Tötung ber Selbstgefährdung des Opfer, GA, 1984, S. 71, 80.

[58] Rönnau, in: Leipziger Kommentar, 12. Aufl., 2006, Vor § 32, Rn. 167; Kühl, Strafrecht AT, 6. Aufl., 2008, § 4, Rn. 86.

[59] 少数学说认为,在同意他人危害与自我负责的自我危害相当的情况下,应当直接排除归责关联即构成要件符合性(Roxin, Fn.56, Rn. 123;Rönnau,Fn.58, Rn. 169)。这种观点的分歧与被害人同意的体系性地位有关。关于被害人同意的体系性地位,德国刑法教义学上存在旧一元说、二元说、新一元说和三元说的对立。旧一元说是第二次世界大战前后的通说,主张被害人同意是排除违法性事由;二元说则是德国学者Geerds首创的学说,主张区分合意(Einverständnis)与同意(Einwilligung),前者排除构成要件符合性,后者排除违法性(Geerds, Einwilligung und Einverständnis des Verletzen im Strafrecht, GA, 1954, 262ff);新一元说以Roxin为代表,认为被害人同意排除构成要件符合性(Roxin,Fn.56, Rn. 14)。除此以外,德国学者Jakobs还提出一种三元说,即区分合意、排除构成要件符合性的合意以及正当化的同意(Jakobs, Strafrecht AT, 2. Aufl., 1991, § 7, Rd. 104ff)。目前德国刑法学界的通说是二元说,而一元说是一种有力的学说。

证":既然故意参与他人自我希望地自杀或自我伤害不符合杀人罪或者伤害罪的构成要件,那么过失参与他人自我希望地自我危害就不符合过失致人死亡罪或者过失致人伤害罪的构成要件。这种共犯论证的依据首先是《德国刑法典》第 216 条(基于要求的杀人)的规定,该条规定,如果某人基于被杀者明确和真挚的要求而决定杀人的,处六个月以上五年以下的自由刑。德国判例和学说一致认为,由于本条只是对基于他人要求的杀人的处罚规定,而并未明确规定处罚单纯的参与他人自杀行为,因此,根据罪刑法定原则,只要某个人具有负责能力,而且是在完全自主的情况下作出自杀或自伤的决定,那么单纯的故意参与(即教唆或者帮助)其自杀或自伤原则上不可罚。这种共犯论证的依据其次是《德国刑法典》第 26 条和第 27 条关于教唆犯和帮助犯的规定,根据该规定,教唆行为和帮助行为的成立都必须以一个符合构成要件且违法的主行为为前提,既然故意自杀或自伤并不是一个符合构成要件的行为,那么单纯的故意参与自杀或自伤的行为当然就不是一个可罚行为。由于过失地参与他人自我危害的行为比故意地参与他人自杀或自伤的行为要轻,因此,按照举重以明轻的推论方法,既然前者都不可罚,那么后者更不应当受到处罚。从表面上,这种共犯论证似乎既符合德国实定法的规定,又符合共犯的基本原理,但如果仔细推敲,就会发现共犯论证是完全不能成立的。

2. 举重以明轻的问题

(1)推论的前提

如前所述,在德国判例和学说上之所以广泛赞同举重以明轻的推论方法,其前提是单纯的故意参与他人自杀或自伤的行为不具有可罚性,而这一前提具有充分的实定法根据。换言之,在德国刑法上存在一个"故意参与他人自杀或自伤不可罚"的"重"的法律效果,因此才有可能进行"过失参与他人自我危害也不可罚"的"轻"的法律效果的推论。但问题是,故意参与他人自杀或自伤的不可罚规定并不是一种"物本逻辑",在原则上处罚故意参与他人自杀或自伤的国家和地区(例如日本和我国台湾地区),由于并不存在这样的前提,因此就无法进行这样的推论。我国刑法虽然并没有明文规定故意参与他人自杀的行为是否处罚,但从学说和司法实务上看,原则上一般认为这种行为是可罚的。[60] 因此,在我国就不存在所谓举重以明轻的推论前提。

姑且不论实定法的规定如何,从直觉上看,似乎"过失参与他人自我危害也不可罚"的确比"故意参与他人自杀或自伤不可罚"要轻,所以从直觉上看,似乎也应该得出前者不处罚的结论。但是,是否真的前者就比后者轻呢?

---

[60] 参见,例如,周光权:《刑法各论》(第二版),中国人民大学出版社 2011 年版,第 14—15 页。张明楷教授认为在我国处罚非间接正犯的教唆、帮助自杀的行为,有违反罪刑法定原则之嫌,参见张明楷:《刑法学》(第四版),法律出版社 2011 年版,第 761 页。

（2）自杀或自伤与自我危害的举重以明轻？

从表面上看，所谓被害人自我危害在程度上比自杀或自伤轻，似乎是毋庸置疑的。但是，如果深入研究，我们就会发现这种表面上的轻重关系是以客观和主观两个方面的判断标准为基础的：客观上是以对于被害人产生损害的接近程度为判断标准，而主观上则是以被害人自身行为对于自己利益侵害的倾向的角度为判断标准。进一步而言，是被害人通过他主观上对于现实的认知，进而支配与自身利益相关的现实状态的描述。自杀或自伤是被害人对于自己身体利益破坏比较高度的接近程度和主观倾向，自我危害则是比较低的接近程度和主观倾向。然而，这种侵害接近程度或者主观倾向的轻重比较，是否可以决定自杀或自伤与自我危害之间的轻重关系呢？显然不可以，因为首先，从客观方面上看，自我危害所产生的后果完全可能与自杀或者自杀相同；从主观方面上看，从法益主体的角度根本就无法评价到底是自杀或自伤对自己利益侵害的倾向更重，还是自我危害对自己利益侵害的倾向更轻。更为重要的是，被害人自杀、自伤或者自我危害无论在客观上还是在主观上都是其自我决定权范围内的事情，与行为人是否受处罚并没有直接的关联。

（3）故意与过失的举重以明轻？

正如德国联邦最高法院在海洛因注射器案的判决理由中所指出的那样，如果从《德国刑法典》关于故意和过失的规定即从罪责的量差关系来看，似乎故意和过失之间的轻重关系是不言自明的，因为故意和过失都是对于行为人的主观不法状态的描述，两个概念都可以统合在不法以及不法所对应的罪责之下，如果刑罚的量的决定是反映不法所对应的罪责的话[61]，那么从刑法分则中构成要件的法定刑就可以清楚地看到故意与过失的轻重关系，例如故意杀人罪和过失致人死亡罪都侵害了他人的生命法益，两罪的差别仅仅在于行为人的主观状态不同，这一主观状态反映在法定刑的高低之上，很明显地体现出从罪责角度所界定的故意和过失的轻重关系。

但是，这种比较并不能够充分说明过失导致他人自我危害的可罚性问题。这是因为，故意和过失这两个概念不仅存在量的差别，而且是属于质差（或者异类）的两个概念[62]：故意是行为人对于这个世界的负面规划，也就是有意的利用对于与这个世界具有同一性的自然物理规则的认知来支配世界，而过失则是在对于世界的非负面规划之中因为对于自己行为支配力的错误判断导致负面结果的发生。[63] 正是在这个意义上，德国刑法通说认为，过失并不是故意的减轻形态，而是一种独立的罪责形式。既然故意和过失在本质上属于不同的两

---

[61] Jescheck/Weigend, Strafrecht Allgemeiner Teil, 5. Aufl., 1996, S. 872.
[62] Jescheck/Weigend, a. a. O, S. 563.
[63] 同前注[9]，第50页。

个概念,因此两者之间的轻重关系就根本无法比较。此外,德国有学说指出,故意和过失在本质上的差异具有重要的意义,而不能以它们之间的量差区别掩盖其在本质上的差异,因为故意参与他人自杀或自伤行为,自杀或自伤者只是想伤害自己的特定人,而过失导致他人自我伤害的情形,可能会出现自我伤害的人根本不特定的情形,例如护士甲明明知道精神病院中有许多时常想自杀的忧郁症患者,却因为过失把大批药物放在患者可以自由活动的场所,导致患者乙发现之后服用大量药物自杀。在这种情况下,如果要从故意参与自杀或自伤行为不可罚推导出过失行为也不可罚,显然就是不当的。[64]

3. 共犯论证的问题

如前所述,德国判例和学说通常采用共犯论证来故意参与他人自杀或自伤的可罚性,然后再运用举重以明轻的推论方法否定过失参与他人自我危害的可罚性。从表面上看,由于自杀或自伤行为不是符合构成要件且违法的行为,因此参与这种行为的人当然不成立共犯,因而不可罚。[65] 但是,这一论证过程存在以下问题:

(1) 共犯从属性适用于参与他人自杀与自伤?

共犯从属性并不能当然适用于参与自杀或自伤的情形。例如 Puppe 就认为,教唆和帮助自杀或自伤行为不具有可罚性,并不是因为形式上欠缺可以从属的主行为的参与行为,而是因为类似于正犯的法益主体,通过一个有效的法益处分行为表示他其放弃了自己的法益,从这种实质观点来看,被害人自陷风险的行为就不一定是比自杀或自伤行为轻的行为了,因为它们可能在评价上根本不同,被害人自陷风险行为并不当然地表明法益主体对于自己法益的放弃。[66] 此外,Neumann 也认为,通说采用共犯从属性来否定参与自杀或自伤行为的可罚性,从根本是误用了共犯从属性这个概念,因为关于教唆犯和帮助犯的可罚性必须连接到另外一个主行为的说法,与实定法上所确定的共犯从属性问题没有关系,而是来自语言逻辑,即物本逻辑的问题。换言之,法律认为一个行为是教唆行为或帮助行为,是以被教唆或被帮助的行为在刑法分则中已经被构成要件所类型化作为前提,因此,问题的关键并不是教唆行为和帮助行为的

---

[64] Neumann, Die Strafbarkeit der Suizidbeteiligung als Problem der Eigenverantwortlichkeit des "Opfers", JA, 1987, S. 248.

[65] 德国个别学者对于参与他人自杀或自伤不处罚的理由有不同看法,例如,Schmidhäuser 就指出,参与他人自杀或自伤是可罚的,因为被参与行为所从属的自杀和自伤行为,是一个符合杀人罪和伤害罪构成要件的行为,而且是违法的行为,被害人破坏了对于社会共同生活所担负的继续生存的义务,之所以不被处罚是因为被害人自杀或自伤时,他主观上认为除了自我伤害之外没有其他出路,所处的是一种类似于紧急避难的情形,在此涉及的是罪责上的考虑,而不是不法的考虑。Schmidhäuser, Selbstmord und Beteiligung am Selbstmord in Strafrechtlicher Sicht, FS-Welzel, S. 816ff.

[66] NK-Puppe, 1996, vor § 13, Rn. 166.

可罚性取决于主行为是否符合不法构成要件,而是在刑法中要将一个行为描述为教唆行为和帮助行为,要求与之相对应的主行为的构成要件已经在刑法分则中被类型化了。按照这种理解,因为刑法中并不存在一个自杀或者自伤的犯罪类型,而故意杀人罪和过失致死伤罪处罚的对象也不包括自杀和自伤行为,因此,参与他人自杀或自伤行为从一开始就不属于教唆犯和帮助犯的规范领域,从而根本上无法采用共犯论证得出一个肯定或否定可罚性的结论。[67] 由此可见,采用共犯论证来解释故意参与他人自杀或自伤不可罚的理由,只不过是一种形式判断,而没有说明这种情况下不可罚的实质理由。既然故意参与他人自杀或自伤从一开始就不属于共犯规定的范围,以致无法使用共犯论证来说明不具有可罚性,因此也就无法采用举重以明轻的推论方式得出被害人自我危害的情形不具有可罚性的结论。

另一方面,应当指出的是,共犯从属性仅仅适用于像德国这样采取区分制犯罪参与立法的国家,对于像我国这样采取单一正犯体系的国家,共犯从属性理论本身并不具有存在的正当性与合理性。[68] 但这并不意味着脱离了共犯从属性这种形式判断之后,就无法探讨被害人自陷风险时行为人的不法问题了,事实上,正如本文在后面的章节所论述的那样,被害人自陷风险的问题完全可以从许多其他的角度(例如被害人自我负责原则)来加以探讨,而与共犯从属性之间没有必然关系。这也在一定程度上说明共犯从属性理论并不足以作为故意参与他人自杀或自伤不可罚的实质根据。

(2)过失犯与单一正犯体系

对于过失犯的犯罪参与而言,根本无法适用共犯从属性理论,这是因为,按照德国判例和学说的通说,对于过失犯的犯罪参与采取的是单一正犯体系。[69] 这就意味着,即使上述举重以明轻的共犯论证可以成立,即过失参与他人自我危害不成立共犯,也并不代表行为人当然不具有可罚性,因此行为人完全可能成立正犯![70]

(二)区分可能性及其限度

如前所述,德国刑法判例和学说普遍认为过失参与他人自我危害的行为是不可罚的,这里就存在一个区分参与他人自我危害(自我负责的自我危害)和同意他人危害的问题,因为后者原则上被认为是可罚的,只是在符合特定条件的情况下才不受处罚。此外,这一区分对于被害人自陷风险的体系性定位也具

---

[67] Neumann, Fn.64, S. 247.
[68] 关于我国犯罪参与体系的归属,参见江溯:《犯罪参与体系研究:以单一正犯体系为视角》,中国人民公安大学出版社2009年版。在我国主张共犯从属性的代表性学者是张明楷教授,其主要观点参见张明楷:《刑法学》(第四版),法律出版社2011年版,第376—379页。
[69] Puppe, Fn.53, 247 (249).
[70] Murmann, Grundkurs Strafrecht, 2011, §23, Rn. 72—74.

有重要意义。[71] 既然如此,区分这两者的标准是什么? 这种区分在多大程度上是可能的呢?

1. 行为支配作为区分标准?

对于被害人自我负责的自我危害与同意他人危害之间的区分,德国联邦最高法院在加速试验案中确立了以行为支配(Tatherrschaft)的区分标准。德国大多数学者也赞成判例的这一区分标准。[72] 行为支配理论是德国刑法区分正犯与共犯的一种学说,主张这一学说最重要的学者是 Roxin。Roxin 将正犯界定为"对整个犯罪事件起支配地位的核心角色",以此区别于作为犯罪事件边缘角色的共犯。在此基础上,Roxin 根据《德国刑法典》对于正犯的规定,将正犯的行为支配区分为行为支配(单独正犯)、意志支配(间接正犯)和功能支配(共同正犯)。[73] 换言之,对于被害人自我负责的自我危害与同意他人危害之间的区分,德国判例采取的是与区分正犯和共犯相同的标准。这种做法存在以下问题:

首先,如前所述,德国判例对于过失犯采取的是单一正犯体系,并不存在正犯与共犯的区分。换言之,在过失犯的犯罪参与的情况下,只要是违反了共同作为义务的行为人,均作为正犯来处罚,而没有必要讨论正犯与共犯的区分问题。

其次,德国判例对于故意犯中正犯与共犯的区分标准并未采用行为支配理论。判例的主流观点对于正犯与共犯的区分仍然采取德意志帝国法院时代以来的主观说,只是在某些情况下采取了具有行为支配色彩的规范性综合理论。从目前来看,虽然行为支配理论已经成为学界的通说,但德国联邦最高法院的判例中至今还没有从正面肯定行为支配理论。因此,对于故意犯的正犯与共犯没有采取行为支配理论,反而对于采取单一正犯体系的过失犯的犯罪参与承认行为支配理论,这简直是让人觉得匪夷所思的事情。

再次,从行为支配理论的发展史来看,其所试图解决的是故意犯中正犯与共犯的区分,这是因为,只有在故意犯的情况下,才能想象一种"支配"的存在。在过失犯的情况下,行为人并不存在故意犯中那种主宰犯罪事件的目的和意图,因此,在过失犯中,所谓的"行为支配"根本无从谈起。

又次,被害人自陷风险的情形从根本上不同于故意犯的参与结构:在故意犯的参与中,行为人所指向的全都是被害人,被害人对于法益侵害结果的发生通常不产生任何影响;而在被害人自陷风险的情况下,被害人在某种程度上就

---

[71] Murmann, a. a. O., Rn. 93.

[72] Vgl., Wessels/Beulke, Strafrecht Allgemeiner Teil, 39. Aufl., 2009, Rn. 190; Roxin, Fn. 56., Rn. 105.

[73] Roxin, Fn. 56, Rn. 10ff, 27ff.

是一个行为人,因为对于法益侵害结果的发生,其不仅施加了影响,而且很多时候是决定性的影响,甚至可以说法益侵害结果就是被害人自己的"作品"。

最后,行为支配理论本身不仅存在正当性的疑问[74],而且其所确立的标准非常模糊,并不足以作为区分标准。从某种程度上说,"行为支配"是一个事实的、描述性的概念,而不是一个规范性的标准。这就意味着,即使是同样采取行为支配理论的学者,对于被害人自我负责的自我危害与同意他人危害之间的区分完全可能给出相反的回答。[75] 此外,在某些被害人自陷风险的判例中,例如德国巴伐利亚州高等法院的艾滋案,实际上根本无法说明行为支配应当归属于行为人还是被害人。因此,对于被害人自我负责的自我危害与同意他人危害之间的区分这种关系到行为人原则上是否可罚的重大问题,如果采用行为支配这样不精确的标准,就会造成行为人的可罚性取决于偶然因素的后果,势必会损害法治国家的法安定性。[76]

2. 其他的区分标准?

如前所述,德国判例和通说试图采用行为支配理论来区分被害人自我负责的自我危害与同意他人危害学说的做法存在诸多问题。有鉴于此,有的学者尝试提出新的标准,其中比较有代表性的是 Otto 和 Murmann 提出的学说。

Otto 认为,被害人自我负责的自我危害和同意他人危害之间的区分标准应当与自我负责的自损和同意他人损害的区分标准相同。区分自我负责的自损与同意他人损害的标准在于谁直接实施了杀人或伤害的行为,这一标准与法益的性质有关,如果是自己处分法益,那么就是一种自我损害;如果是他人处分法益,就是一种他人损害。因此,被害人自我负责的自我危害和同意他人危害之间的区分标准在于谁先进入风险,如果先进入风险的是被害人,就是一种自我危害;如果先进入风险的是行为人,就是一种他人危害。[77] 但是,Otto 的观点存在问题:首先,自我损害(自杀或自伤)和他人损害与自我危害和他人危害在存在论意义上并不完全相同,因为在自我危害和他人危害的情况下,法益侵害结果处于一种或然状态;其次,以谁先进入风险作为判断标准,显然只是描述了一个事实现象,而刑法所关注的当然不只是事实现象,而是对于事实现象的规范性评价,即在被害人自陷风险的情况下,被害人是否应当自我负责,而行为人的不法是否应当被排除。

Murmann 的观点与 Otto 有一些相似,但他进行了一些规范性的改造。Mur-

---

[74] Haas, Die Theorie der Tatherrschaft und ihre Grundlage, 2008, S. 9ff.

[75] Melia, Opferverhalten und objektive Zurechnung, ZStW 111 (1999), S. 357ff.

[76] Beulke, Opferautonomie im Strafrecht—Zum Einfluss der Einwilligung auf die Beurteilung der einverständlichen Fremdgefährdung, FS-Otto, 2007, S. 207ff.

[77] Otto, Eigenverantwortliche Selbstschädigung und-gefährdung sowie einverständliche Fremdschädigung und-gefährdung, FS-Tröndle, 1989, S. 175.

mann 指出,区分被害人自我负责的自我危害与同意他人危害,应当以谁制造了法所不容许的风险为标准:如果行为人制造了风险,那么就是一种他人危害;如果是被害人制造了风险,那么就是一种自我危害。由此可见,Murmann 是从客观归责的下位标准来区分被害人自陷风险的两种类型的。[78] 但问题是,在客观归责的框架之下,制造风险或者创设风险并不是决定性的,只有所创设的风险在构成要件之中实现了,才能将相应的法益侵害结果归责于行为人。因此,以谁制造了风险来区分被害人自我负责的自我危害与同意他人危害,显然是缺乏说服力的。

从以上论述可以看出,德国判例和学说上试图区分被害人自我负责的自我危害和同意他人危害的做法,不仅不具有正当性,而且迄今为止根本无法提出一个精确的区分标准。毋宁说,目前德国判例和学说的区分都是一种直觉性的个案判断,而这种直觉性的个案判断往往缺乏规范性基础。

(三) 本文的立场

本文认为,从规范的角度上看,既没有必要也没有可能区分自我负责的自我危害与同意他人危害,这是因为,无论是自我负责的自我危害还是同意他人的危害,均具有以下三个共通的特征:第一,法益侵害结果的发生是在被害人与行为人不注意的相互作用下共同产生的,即对于风险的实现,被害人与行为人都有相应的贡献;第二,无论是被害人还是行为人,均不希望出现该法益侵害的结果,或者说被害人和行为人均相信甚至期待该法益侵害结果不发生;第三,被害人过失地参与了该法益侵害结果的发生过程。因此,将被害人自陷风险区分为自我负责的自我危害与同意他人危害,仅仅具有将案件类型化的作用,而不具有规范上的意义。因此,对于这两种类型的被害人自陷风险,应当给予相同的规范评价,即应当承认两者均具有排除行为人之不法的效力,并且在这一前提下探讨这种排除不法的正当化根据。

(初审编辑:徐凌波)

---

[78] Murmann, Fn. 70, Rn. 93.

春秋质子研究
——一项基于法律社会学的分析

吕 翔[*]

The Hostages in the Spring and Autumn Period:
An Analysis Based on the Legal Sociology

Lü Xiang

内容摘要：西周封建制是以宗法制为基础建立起来的一套政治制度，它的核心是血缘关系，这套以血缘关系为核心的政治制度维持了四百余年，最终在玁狁的手中宣告终结。周平王迁都于洛以后，历史遂进入东周的格局，质子制度即于此时发端。质子制度是国与国之间以交换身份矜贵的人员为质，表示信任的一种行为。而在长期的演变过程中，它与继嗣制度渐渐发生了关系，周代本身以嫡长子继承制为主，诸侯国大抵亦如此，交质行为则使一种以功劳为准的继嗣关系得以出现。王位继承人本来仅凭血缘关系就可以确定自己是否为适格的继嗣人，而质子制度则让交质关系进入到继嗣关系当中来：衡量一名王位继承人是否是适格的继嗣人，不仅要看他的血缘，还要看他是否曾经出质，是否有功于母国。这意味着继嗣的核心准则有从血缘向功劳转移的趋势。周代继嗣原则的这种变化，其背后是卿大夫作为武力阶层的兴起。为了干预上层政

---

[*] 北京大学 2007 级法学博士生。

治,卿大夫往往会支持非嫡长子的王子继承诸侯王位,而质子制度也就顺理成章地成为他们干预继嗣的工具。本文即试图勾勒出质子制度从一种表示信任的行为变为与继嗣密切相关的政治行为的过程。

关键词:封建制　宗法制　质子

Abstract: This paper is to describe the development of hostage system in Eastern Zhou Dynasty and to demonstrate the connection between the hostage system and the descent system during this period. The feudal system of Western Zhou Dynasty was based on the patriarchal clan system and the crucial element of this system was the Primogeniture. With the establishment of Eastern Zhou Dynasty, a hostage system had been developed, which initially was to express the trust between the states by exchanging persons of high nobility as hostages. However, with the development of this system, it had gradually been connected to the descent system. Generally, it was the blood relationship that had decided if a person was an eligible successor, but the hostage system and the experience of being a hostage had offered the hostages a kind of credit to their home states which in turn became an advantage in the contest for the succession right. As a result, the basis of descent system tended to change from the blood relationship to the credit of individual person. This tendency had gradually undermined the Primogeniture, prevailing in Zhou Dynasty as well as its states. As the analysis of this paper, this transition in the descent system was in accordance with the rise of warrior class Ministers. In order to get involved in the policy making, the Ministers often supported the princes who were not the first male child of the Duke as the successor. For this reason, they often took advantage of the hostage system as the method.

Key words: feudalism　patriarchal clan system　hostage

西周的封建制起源于西周对殷商的胜利。作为小邦的周战胜了作为大邦的商,面对辽阔的新征服的疆域,周人苦于兵力单薄,很难以自己族群的力量予以直接控制。于是,周人即采用封建的办法来羁縻殷商遗族,以及东部地区的淮夷、徐戎等其他种族,以便更好地管理东方的新疆域。西周封建制的要点在于,此种分封并不像西欧采邑封建制那样,建立在封君与封臣自由签订的忠诚契约之上,而是建立在以血缘关系为核心的宗法制度之上。据《史记·周本纪》载,武王灭纣之后,"褒封神农之后于焦,黄帝之后于祝,帝尧之后于蓟,帝舜之后于陈,大禹之后于杞。于是封功臣谋士,而师尚父为首封。封尚父于营丘,曰齐,封周公旦于曲阜,曰鲁,封召公奭于燕。封弟叔鲜于管,弟叔度于蔡,馀各以次受封。"[1]受封的诸侯,大部分是周人的血亲姬姓,或与周人有姻亲关系的姜姓,此外也有少部分殷商遗族及古帝王之后。根据李亚农的研究,姬姓封国大都分布在从镐京到成周一线上,占据着华北黄土层的中心地区,而异姓封国则被安排在黄土冲击层,甚至更贫瘠的周边地域。[2] 可见西周的封建是一种划分出地理中心及其边缘的战略举措,其地理位置直接体现出血缘关系的亲疏远近。

殷制与周制相比,最大的一点不同即在于殷人无嫡庶之分。由于无嫡庶之分,在王位告缺时,众子皆为可能继位的储君,处于平等地位,无法分别出亲疏远近,体现在地理上,也就不能安排出孰为王畿,孰为诸侯之地,自然也就建立不起封建制度。[3] 周则不然,周人有嫡庶之分,嫡长子继承父位为天子后,将其母弟与庶子封为诸侯,赐以封国,诸侯奉天子为大宗,自身则为小宗。诸侯在各自的封国内,也实行嫡长子继承制,嫡长子在继承父位为诸侯后,将其母弟与庶子封为卿大夫,赐以采邑,卿大夫奉诸侯为大宗,自身为小宗。同理,卿大夫亦以嫡长子的身份继承采邑,嫡长子在继承父位后,将其余众子封于各食地,众子奉卿大夫为大宗,自身为小宗。如此层层分封,遂构成一个严密的封建体系。《礼记》卷六《丧服小记》载,"王者禘其祖之所自出,以其祖配之,而立四庙。庶子王亦如之。别子为祖,继别为宗,继祢者为小宗。有五世而迁之宗,其继高祖者也。是故祖迁于上,宗易于下。尊祖故敬宗,敬宗所以尊祖祢也。"[4]说的正是这个意思。可见对周人而言,宗法制是与封建制密切相关的一种制度,失去宗法的维系,"封建亲戚,以藩屏周"就不可能。殷人的氏族社会趋于保守,故其血缘关系只及于一族一国,周人却将其氏族社会的原则推衍开来,将血缘关系缔造成一种超越一族一国,而维系王畿与封国之间等级的制度。

然而,以血缘关系为基础建立的封建制却有一个致命的缺点,即随着时间的推移,代系的更迭,王畿与东方封国之间的血缘关系不可避免地要衰弱下去,西周的灭亡即为这种血缘关系衰弱的明证。按照西周封建时的设想,东方封国

---

[1]《史记》卷四《周本纪第四》。
[2] 李亚农:"西周与东周",载《李亚农史论集》,上海人民出版社1962年版,第626页以下。
[3] "特如商之继统法,以弟及为主而以子继辅之,无弟然后传子,自成汤至于帝辛三十帝中,以弟继兄者凡十四帝;外丙、中壬、大庚、雍己、大戊、外壬、河亶甲、沃甲、南庚、盘庚、大辛、小乙、祖甲、庚丁。其以子继父者,亦非兄之子,而多为弟之子。小甲、中丁、祖辛、武丁、祖庚、廪辛、武乙。惟沃甲崩,祖辛之子祖丁立;祖丁崩,沃甲之子南庚立;南庚崩,祖丁之子阳甲立。此三事,独与商人继统法不合。此盖《史记·殷本纪》所谓中丁以后九世之乱,其间当有争立之事而不可考矣。故商人祀其先王,兄弟同礼,即先兄弟之未立者,其礼亦同,是未尝有嫡庶之别也。此不独王朝之制,诸侯以下亦然。"参见王国维:"殷周制度论",《观堂集林》卷第十《史林二》,河北教育出版社2003年版,第232—237页。
[4]《礼记》卷六《丧服小记》。

应该形成屏障,将周边戎狄阻挡在西周王畿之外,然而在幽王时期发生的獗狁战争之中,东方封国却没有一个参战保护摇摇欲坠的王畿之地。非但如此,在西周灭亡之后的平王迁都过程中,东方封国也没有一个予以护卫。由此可见封国与王畿之间的血缘关系已经淡漠无存。西周的灭亡将周朝看似稳固、实则脆弱的防御体系揭示了出来,并且证明建立在宗法关系上的封建制度,并不能保证西周的安全。周朝经受的这一场毁灭性打击使得平王对周朝立国的基础丧失了信心。我们很快就会发现,王室开始积极寻找新的社会关系,以代替,至少也是补充不甚可靠的血缘关系。

一、交质:对已有文献思路的探讨

平王迁都(公元 771 年)之后,《左传》隐公三年(公元 720 年)有这样一条记述:

> 郑武公、庄公为平王卿士。王贰于虢。郑伯怨王,王曰:"无之。"故周、郑交质。王子狐为质於郑,郑公子忽为质於周。王崩,周人将畀虢公政。四月,郑祭足帅师取温之麦。秋,又取成周之禾。周、郑交恶。[5]

郑的始封祖是周厉王的小儿子,名友,宣王时受封于郑(在今陕西省华县),是为桓公,幽王时入为王朝司徒。西周末年,周室衰微,戎狄强盛,桓公恐怕郑国与王室同归于尽,乃向史伯询问避难的地点,史伯向他指出济、洛、河、颍四水之间的虢、郐两地之间最为稳靠,桓公听从史伯的话,将郑国迁到了此处。西周灭亡时,桓公殉难,他的儿子武公掘突继位,因拥护平王有功,仍做王朝的卿士。武公去世,太子寤生即位,是为庄公。[6] 成周时,郑国是其在洛的拱卫。据《左传》的这条记述,平王大概是对独任郑国贵族为卿士感到不安,所以又私命西虢公为卿士,打算从郑公处分出一部分职能授予西虢公行使,使得郑国不能专任执政。郑公对平王的做法感到不满,平王却向郑公撒谎,说自己根本没有分政予西虢公。为了表示专任郑国为王朝卿士的诚意,平王与郑国交质,将王子狐送到郑国去做质子,而将郑公子忽纳为质子。然而在平王死后,周人却不遵守前约,仍然分政予西虢公,郑国的大夫祭足遂帅师夺取东周的麦与禾以示报复,周郑因此交恶。

依据这条记述,我们可以发现,在周王室与郑国之间存在着这样三种关系:第一,同为姬姓,由于郑的始封祖是周厉王的小儿子,因而周王室实为郑国的大宗;第二,职官上的联系,郑国贵族世为王室的职官,这对于诸侯国来说不啻为

---

[5] 《左传》隐公三年。
[6] 郑国世系见童书业:"春秋史",载《童书业著作集·第一卷》,中华书局 2008 年版,第 152 页。

一种荣耀,而对王室来说,令诸侯在朝担任职官,是控制诸侯国的一种方法,因为职官的设置权是掌握在王室手中的,它可以根据自己的需要增减职官,以分配执政诸侯手中掌握的权力;第三,交质关系,即互相抵押质子,以求得对方的信任。不难发现,此种交质强调交质双方的平等地位,与封建秩序强调的等级秩序相违背,这大概就是《左传》将此事记载下来的一个缘由,即周郑的此次交质行为是平王率先违背封建精神的一个表征。

虽然这三种关系都没能保住周郑之间的信任,但它们之间的递进关系却显而易见。无论是在周王室还是在郑国贵族看来,双方在职官上的关系都要强于双方在宗法上的关系,而双方以交质建立的关系又强于双方在职官上的关系。这样一种递进关系向我们揭示出,周朝已经不再将血缘关系当成封建制的唯一基础,而是积极寻找着其他可能的社会关系来维持封建状态。首先是职官上的关系,此即历史上所发生的官僚制度对血缘关系的替代。不过与后世食俸的官僚体系不同,这里的职官并不是食俸者,而是自有其封国与采邑的诸侯与卿,官职在此并非官员取得利得机会的手段,而纯粹是一种荣耀。由于能够带来荣耀的官职机会总是稀缺的,将诸侯纳为职官本身即是封建制瓦解的一个信号。因为按照封建的本义,无论是何种层次的诸侯,都能领得属于他的一块封地,而向诸侯授予王室官职却打破了这种平衡。在官职竞争中脱颖而出的诸侯,往往要以其军队来服务王室,以报答王室的恩典,但是这种服务并不像西欧采邑封建制那样,受严格的封建法典的约束,在王室未能满足诸侯期待的情况下,诸侯可以任意反目,对王室造成威胁,这也是我们在周郑交质的事件中能够观察到的现象。基于以上原因,塑造一种官僚体系,使它能够代替血缘关系来维系住封建状态,可能只是一种幻想,它更像是王室在无地可授封的情况下的一种权宜之计,很难与封建制度相结合,遑论成为它的新基础。其次是交质关系。此处的交质关系与血缘关系的区别是显而易见的,即它并不受宗法礼秩的差序格局的约束,而是扎根于一种新兴的平等关系。我们想要了解的是,这种脱胎于封建秩序,却又构成对封建秩序的挑战的关系,究竟会将周朝的命运带向何处?

在对春秋质子为数不多的几项历史研究当中,我们能够发现历史学者或隐或显地受到了这样两条思路的影响:第一是将交质当成外交事件,故而以一种现代国际法的视野来看待古代的质子,如孙瑞与晁福林[7];第二则是将质子的起源追溯至物的抵押行为,从而将质子置于一种私法的情境中加以考量,如杨爱民[8]。这两条思路在有关春秋质子的讨论中至今仍然占据着首要地位,而它们的局限性却未能得到适当的审视。由于迄今为止,法律学者尚未就质子问

---

〔7〕 孙瑞:"试论春秋时期的人质",载《史学集刊》1996年第1期;晁福林:《先秦社会形态研究》,北京师范大学出版社2003年版,第586以下。

〔8〕 杨爱民:"春秋战国质子制度考论",载《云南社会科学》2000年增刊。

题形成哪怕是最基础的讨论,导致我们很难与其他领域的学者发生对话,并对他们在研究中采用的法律术语和分析框架加以修正与补充。在对交质进行进一步研究之前,我们有必要对这两条思路加以考察。

将春秋时期的交质行为视为外交上的举措是一种极为自然的看法。为了达成信任,或谋取和平,或表示臣服,一国向另一国输送人质,这显然是一种外交行为。根据表面上的相似性,我们甚至可以将《日内瓦公约》中禁止扣押人质的条款纳入讨论,并认为从允许输送人质,到禁止扣押人质,代表着国际法的进步。不过,我们有理由对这种看法表示怀疑,因为首先,我们需要清楚地知道,什么是春秋时期诸封建国的内与外。春秋时候的国,并不能被简单地等同于 nation 或 state,在社会结构上,它是国野分立的城邦与乡遂结合体[9],并不是领土国家。在城邦以内,居住着国人,国人由周人,以及降服的殷人与当地土著构成;在城邦以外,则居住着野人,野人大都是尚未被周人同化的东方土著居民。由于春秋继承了西周的宗法体系,两国人之间往往维持着血亲或姻亲关系,故本国的国人与野人之间的关系,有时尚不如本国人与外国人之间来得紧密。同时,编户齐民作为法律意义上的阶层,也尚未出现。所以,春秋封建诸国的内与外,并不像现代民族国家那样在疆域与族群构成上都能找到清晰的边界。与此相关,春秋质子与现代人质相比,缺少一种普遍的代表性。即,春秋质子只是作为拥有尊贵身份的个人被输送,或扣押,而现代人质则是作为一国的国民被输送,或扣押。

> 卫侯欲叛晋,而患诸大夫。王孙贾使次于郊,大夫问故。公以晋诟语之,且曰:"寡人辱社稷,其改卜嗣,寡人从焉。"大夫曰:"是卫之祸,岂君之过也?"公曰:"又有恶焉,谓寡人'必以而子与大夫之子为质'。"大夫曰:"苟有益也,公子则往,群臣之子敢不皆负羁绁以从?"将行,王孙贾曰:"苟卫国有难,工商未尝不为患,使皆行而后可。"公以告大夫,乃皆将行之。行有日,公朝国人,使贾问焉,曰:"若卫叛晋,晋五伐我,病何如矣?"皆曰:"五伐我,犹可以能战。"贾曰:"然则如叛之,病而后质焉,何迟之有?"乃叛晋。晋人请改盟,弗许。[10]

卫侯遭受晋臣羞辱,欲叛晋之盟,却担心大夫不与其同心协力,大夫表示:"是卫之祸,岂君之过也?"表示愿意将自己的儿子与公子一道输送为质子,又说:"苟卫国有难,工商未尝不为患,使皆行而后可",杜预注此为,"欲激怒国民"。可见当时的国人与贵族之间,并没有自然而然的统一意志可言,而是需

---

[9] 有关春秋时期国野分立的城邦现象,参见杜正胜:《周代城邦》,台湾联经出版事业公司1978年版,及赵世超:《周代国野制度研究》,陕西人民出版社1991年版。

[10] 《左传》,定公八年。

要层层动员才能形成统一的力量。这意味着在多数情况下,两国之间交换质子只涉及两国贵族,若非刻意动员,则与国人无涉。

其次,交质行为并不只是发生在国与国之间,有时也发生在国内的各阶层之间,如昭公二十年,宋国公族与卿族华氏的交质。国内的交质显然不能以外交来看待,为了区分国内与国外,历史学者只得给两类交质冠以不同名称,如杨联陞即将两类交质分别称为"外部人质"与"内部人质",认为这是出于不得已的武断命名。[11] 我们发现,除了国内与国外的区分以外,这两类交质在根本上并无差异。这就要求我们反思,在研究春秋社会时,究竟该采取国别的视角,还是淡化各国贵族阶层属国的不同,将他们统视为一个阶层来看待。如果我们采用后一种视角,那么交质就不是国际上的外交事件,而是发生在东周贵族阶层内部的行为,是形将坍塌的贵族社会的自我疗救。

第二条思路,亦即将人质的起源视为物的抵押行为,在法学领域内,这可能得到契约史研究的支持。杨爱民认为人质的诞生与私有财产的兴起息息相关,即只有在私有财产出现的前提下,物的抵押,乃至人质的抵押才可能出现。这种设想并没有历史根据,因为在处于马尔克公社的日耳曼社会中,就已经有交换人质的现象了。不过,尽管在细节上不准确,这条思路对法律学者却仍然构成一个问题,即人质现象究竟能否置入契约史当中来加以考察?站在支持立场上的有现代最优秀的学者,霍姆斯与韦伯均认为,担保或人质的设定,是将债务化为契约的最古老手段[12],但我们发现这项意见很难适用于春秋质子。这倒不是因为前者属于私法领域,后者属于公法甚至政治领域,而是因为春秋质子缺乏担保合同所要求的那种即事性。也就是说,春秋质子的交换总是基于某类形势的要求,而不是基于某项具体事件。此外,质子的交换与第三者无涉,它并不是为了担保主合同切实履行的一项从合同,而就是"主合同"本身。从这个角度来说,春秋质子倒更像是西方古代国家之间也曾发生过的人质事件。比如,公元前168年,罗马人在皮德纳战胜马其顿之后,作为人质被遣送到罗马的阿卡亚联盟领袖莱克塔斯之子波里比阿,而与契约史甚少联系。分析框架与史料之间产生的龃龉要求我们反思分析框架本身,我们必须要问,契约起源于人质,究竟是一项明白无误的事实,还是只是一项法律史叙事?对罗马契约史演变的研究观察有助于我们澄清这个问题。Raoul Berger 认为,将人质视为契约起源的观点起于日耳曼传统,在现代法律学者努力归纳各个民族的法律史的影响下,从神圣典礼中寻找罗马契约起源的做法,已经让位给了罗马与日耳曼、希

---

[11] 杨联陞:《中国制度史研究》,彭刚、程刚译,江苏人民出版社2007年版,第39—40页。
[12] 霍姆斯:《普通法》,冉昊、姚中秋译,中国政法大学出版社2006年版,第219页;韦伯:《法律社会学》,康乐、简惠美译,广西师范大学出版社2005年版,第52页。

腊以及巴比伦的发展相近的观点。[13] 也就是说,西方学者曾认为罗马的契约起源于神圣典礼,而不是人质。起源于神圣典礼,或起源于人质,这是两套彼此冲突的法律史叙事,我们可以将后者认作西方学者在世俗化倾向下梳理自身内部传统的努力,而不宜将之理解成毋庸反思的公理,从而适用于中国的历史。

基于对以上两种思路的反思,本文将春秋质子的诞生视为东周自王畿至封国的贵族社会在血缘关系渐微弱的背景下的自我调适,它是一种自发的对东周政权的重新奠基,我们本来可以期待一种不同于宗法制度的可能性,然而这种可能性却很快被拥有武力的贵族们自己颠覆,本文即试图叙述这一过程的发生。

二、《左传》中有关质子的记载

周郑交质开了交质的先河,自此以后,有关交质的记载遂遍见于春秋时期。在《左传》中,对交质的明文记载有十八处[14](见表一),它们大都发生在诸侯国与诸侯国之间,如宣公十八年,

> 春,晋侯、大子臧伐齐,至于阳穀。齐侯会晋侯盟于缯,以公子强为质于晋。晋师还,蔡朝、南郭偃逃归。[15]

又如成公十七年,

> 夏,五月,郑大子髡顽、侯獳为质於楚,楚公子成、公子寅戍郑。[16]

根据表一的统计,我们能够发现,交质行为的交质方几乎遍及春秋时代的所有国家。在周、鲁、晋、齐、秦、楚、宋、卫、郑、陈、蔡、曹、许、杞、滕、薛、燕、莒、邾、小邾、吴、越等国中,只有陈、杞、滕、薛、燕、莒、邾、小邾这几个国家未有交质的记录,而这几个国家与存在交质记录的国家相比,都是些不重要的小国。所以,我们可以说,交质行为在春秋时代是普遍存在的。这意味着宗法关系已经不再能够承担周朝立国基础这样的重任,不再能够获得诸侯们的天然信任。王室的衰微使得诸侯国对外扩张的野心空前膨胀起来,他们在积极扩张自身领土的同时,积极地与外界发生着多种多样的联系,这些联系显然是已经捉襟见肘的宗法关系所不能囊括的。出于军事目的或其他权宜的考虑,他们用交质这种行为对日渐稀薄的血缘关系进行补充,而这种补充并非没有代价。很难说诸侯国是有意识地瓦解着周朝的立国基础,但交质行为本身隐含的危险性,在他们

---

[13] Raoul Berger, "From Hostage to Contract", *Illinois Law Review*, 35 (1940).

[14] 马非百说春秋时期的交质只有六起,其说不确,见马非百:《秦集史》,中华书局1982年版,第930页。

[15] 《左传》,宣公十八年。

[16] 《左传》,成公十七年。

手上显然是被放任对待了。由此,西周宗法制在春秋时代经受着缓慢但却无可挽回的侵蚀。我们很快就会了解到这一过程是怎样发生的。

表一 《左传》中有关交质的明文记载[17]

时间	交质方	质子身份
隐公三年	周王室与郑国	狐(周王子)、忽(郑公子)
僖公十七年	晋国向秦国	圉(晋大子)
文公十七年	晋国与郑国	赵穿(晋卿)、公婿池(晋侯女婿),夷(郑大子)、石楚(郑大夫)
宣公十二年	楚国与郑国	潘尪(楚大夫),子良(郑伯弟)
宣公十五年	宋国向楚国	围龟(宋文公之子)
宣公十八年	齐国向晋国	彊(齐公子)
成公二年	鲁国向楚国	公衡(鲁成公之子)
成公五年	宋国向楚国	围龟(宋文公之子)
成公十七年	郑国与楚国	髡顽(郑大子)、侯獳(郑大夫)、成(楚公子)、寅(楚公子)
襄公元年	齐国向晋国	光(齐灵公太子)
襄公十五年	郑国向宋国	公孙黑(郑大夫)
襄公二十五年	卫国向齐国	卫侯妻子
昭公十三年	许国向楚国	围(许大夫)
昭公二十年	宋国内乱	栾(宋大子)、辰(宋元公母弟)、地(宋公子)、无感(开亥之子)、罗(向宁之子)、启(华定之子)
定公三年	蔡国向晋国	元(蔡侯子)、大夫之子
定公八年	卫国向晋国	卫侯子与大夫之子、卫国人 [此次交质未果]
哀公十四年	宋国内乱	曹邑大夫 [此次交质未果]

从表一不难看出,出质的质子,大都是诸侯国的公族与大夫,且往往是太子,僖公十七年晋国向秦国出质的大子圉,以及文公十七年郑国向晋国出质的大子夷就是如此。在宋国内乱的例子当中,宋国公族与卿族之间交换的质子,如宋大子栾,向宁之子罗,华定之子启,也都是有望继嗣的对象。由此可见,交质行为所使用的质子,绝非无足轻重的人物,他通常与国祚或公族、卿族的命运息息相关。在交换嗣子的情况下,质子并不是以个人身份来进行交换的,他代表诸侯国,或公族与卿族未来的命运。也就是说,此类交质相当于一国一族将自身未来的命运托付于他国他族。当然,质子的重要性也不宜被过分夸大,尽

---

[17] 必须强调,表一只是对《左传》中有关交质的明文记载的统计,而不是对春秋时期列国之间交质行为的统计,要想完成后面这项工作是不可能的。考虑到《春秋》与《左传》本身在著述上的简明,这十八次交质的数量并不像初看起来那样少,既然它并非是对交质行为的统计,而只是对交质记录的统计,对于这份统计的合适态度是将它视为一种说明性的,或象征性的数据,我们相信,真实发生过的交质,要比《左传》明文记录的多得多。

管他们是举足轻重的人物,通常却并非最紧要的人物,这从宋公杀围龟一事中能看得非常清楚。

> 夏,五月,楚师将去宋。申犀稽首於王之马前,曰:"毋畏知死,而不敢废王命,王弃言焉。"王不能答。申叔时仆,曰:"筑室,反耕者,宋必听命。"从之。宋人惧,使华元夜入楚师,登子反之床,起之,曰:"寡君使元以病告,曰:'敝邑易子而食,析骸以爨,虽然,城下之盟,有以国毙,不能从也。去我三十里,唯命是听。'"子反惧,与之盟,而告王。退三十里,宋及楚平。华元为质。盟曰:"我无尔诈,尔无我虞。"[18]

鲁宣公十五年,宋楚二国缔结城下之盟:华元为质,楚师去宋三十里。然而事实上出质的却不是华元,而是宋文公之子围龟。鲁成公五年,围龟从楚国返宋,华元为其设飨礼,围龟却因代华元出质一事,怨而欲攻华氏,为宋共公所杀。[19] 宋国自成公时起,政权即已渐落于卿族,华族即为实际上掌握政权的卿族之一。晋楚两国在鲁成公十二年的第一次宋之盟,就是在华元的主持下完成的。[20] 宋共公立后,华元作为宋国的使节,入聘多国,可谓宋国一日不可缺少的股肱之臣,以这样的身份出质他国是不可能的。围龟作为故君的子嗣,身份矜贵,同时又不掌握宋国的实权,较诸华元显然是更适于出质的人选。由宋共公杀围龟一事可见,质子通常是一国的贵人,而非要人,他们往往是无权的贵族。

那么,质子在他国的境遇如何呢?我们可以举晋国与秦国的交质为例。

> 八年,使太子圉质秦。初,惠公亡在梁,梁伯以其女妻之,生一男一女。梁伯卜之,男为人臣,女为人妾,故名男为圉,女为妾。[21]

> 晋大子圉为质於秦,将逃归,谓嬴氏曰:"与子归乎?"对曰:"子,晋大子,而辱於秦,子之欲归,不亦宜乎?寡君之使婢子侍执巾栉,以固子也。从子而归,弃君命也。不敢从,亦不敢言。"遂逃归。[22]

太子圉的命名,表示质子的生活相当于囚徒,谈不上什么尊荣,所以太子圉在秦国的妻子会不加掩饰地说:"子,晋大子,而辱于秦。"而太子圉一心想从秦国逃归晋国,也说明质子的生活令人不堪忍受。由于入质一般来说意味着受辱,故入质常会被认为是有功于母国的行为,王子甘愿放弃自身的尊荣而为质

---

[18] 《左传》,宣公十五年。
[19] 宋公子围龟为质于楚而归,华元享之。请鼓噪以出,鼓噪以复入。曰:"习攻华氏。"宋公杀之。事见《左传》,成公五年。
[20] 童书业:《春秋左传研究》,上海人民出版社 1980 年版,第 70 页。
[21] 《史记》卷三十九《晋世家第九》。
[22] 《左传》,僖公二十二年。

子,可以被视为母国的功臣。

三、交质与继嗣

交质行为作为一种非血缘社会关系,本身已经是对宗法关系的背离,这是我们已经充分说明的部分。在血缘关系淡漠的情势下,列国开始互订盟约,交换质子,以维系双方的信任,此种行为的普遍发生显然会对宗法原则形成进一步的损害。不过,若以为交质行为对宗法原则的损害仅止于此,那就大错而特错了。事实上,它很快就从一种盟约式的行为,发展成一种对继嗣原则产生影响的政治行为,由此构成对宗法原则的真正威胁。

我们已经知道,在国与国交换质子时,担任质子的通常是有望继位的嗣子。晋惠公之子圉为质于秦,逃回晋国后即位为晋怀公,就是这样的例子。这次继嗣是嫡长子继位为君,表面上看来完全是宗法原则的落实,但在事实上却没有那么简单。晋怀公虽为晋惠公的嫡长子,但其在君位继承方面却不是高枕无忧的,他不得不对晋惠公之弟,他的叔父重耳进行防范。怀公继位之后,命令跟随流亡者入居他国的大臣返国。而为了达成这个目的,他不惜扣押乃至杀害自己的大臣狐突,以令狐突之子毛及偃脱离重耳,可见其对重耳忌惮之深。[23] 如果嫡长子继承制真的能够发挥人们想象中的那种巨大作用,将所有不适格的人选阻挡在继嗣的门外,怀公又为什么会对重耳,一个流亡秦国的质子那么忌惮呢?或者我们可以这样来提问,重耳究竟是凭借什么力量构成对怀公的威胁呢?

对这一问题的回答可能需要回溯晋国的历史。首先,晋国在传统上就不是恪守周朝宗法原则的国家。在晋国的早期历史上,充斥着父死子继与兄终弟及这两项继嗣原则的斗争。穆侯二十七年卒,弟殇叔自立,太子仇流亡他国。而后,太子仇又率领徒众袭击殇叔,自立为文侯。文侯三十五年卒,子昭侯伯立。昭侯元年,封文侯弟成师于曲沃,而后曲沃又发展成一个大于晋君都邑的大邑,末大于本,成为晋国内乱的祸源。最后,晋侯二十八年,曲沃武公伐灭晋侯缗而为诸侯,遂使长期处于分裂状态的晋国趋于统一。[24] 既然晋国在传统上就不是恪守周朝宗法原则的国家,那么怀公对叔父的担忧就不是没有理由的,因为嫡长子继承制在晋国没有什么约束效力,它时常会受到兄终弟及的实际做法的威胁。

其次,既然原则不能作为依傍,有望嗣位的人选便会积极为自己网络党羽,以便在随时可能爆发的王位继承战中获取优势。这就是重耳真正使怀公担忧

---

[23] 《左传》僖公二十三年。
[24] 《史记》卷三十九《晋世家第九》。

的地方,因为即便在其流亡生涯当中,重耳的身边也仍然环绕着一群誓死相随的贤人,而怀公却没有什么得力的助手。狐突情愿死也不愿召回跟随重耳的儿子,正好说明怀公缺少重耳那样的卡理斯玛,很难为自己吸引到随从。

最后,继嗣原则的微弱为别国干涉本国的王位继承打开了方便之门。不难发现,从晋惠公、晋怀公一直到晋文公的这段历史当中,秦国扮演了一个相当重要的角色。通过纳质,秦国积极地寻找自己在晋国统治阶层的利益代理人。"子圉之亡,秦怨之,乃求公子重耳,欲内之",在代理人不符合要求的情况下,秦国便通过扶持其他人来代替前者,所以会有"秦缪公乃发兵送内重耳,使人告栾、郤之党为内应,杀怀公于高梁,入重耳。重耳立,是为文公"。[25]

通过以上的分析,我们能够捕捉到一条变化的轨迹,即交质正从缔结盟约的行为,蜕变为一种对继嗣原则产生深刻影响的政治行为。它将嗣位者从对单纯且安全的继嗣原则的考量中抽离出来,将他们置入危机四伏的境地。借助晋国的历史,我们隐隐感觉到,嫡长子的身份正从原则本身,下降为原则的一部分,而质子的经历则渐渐构成新的继嗣原则不可缺少的一环。随着西周政权的衰亡,诸侯国日益感觉自身从宗法原则的藩篱中解放出来,他们不再将宗法精神当作周朝的立国之基加以思索,取代血缘的是地缘,是自身的政治与经济利益,这就要求他们将交质本身也视为一项与王位继承息息相关的政治事务予以经营,而不是像春秋初年的周平王那样,仅仅作为交质双方的信任担保而已。从一种信任担保,蜕变为一种与继嗣密切相关的政治行为,这样的交质可能是周平王当初未能料想到的,在他的时代,交质隐含的功利倾向尚未充分发挥出来,要到战国时,我们才能发现这一点。

孝成王元年,秦伐赵,赵氏求救于齐,齐要长安君为质才愿意出兵,太后不肯,左师触龙谏太后:

> "今三世以前,至于赵主之子孙为侯者,其继有在者乎?"曰:"无有。"曰:"微独赵,诸侯有在者乎?"曰:"老妇不闻也。"曰:"此其近者祸及其身,远者及其子孙。岂人主之子侯则不善哉?位尊而无功,奉厚而无劳,而挟重器多也。今媪尊长安君之位,而封之以膏腴之地,多与之重器,而不及今令有功于国,一旦山陵崩,长安君何以自托于赵?"太后曰:"诺,恣君之所使之。"于是为长安君约车百乘,质于齐,齐兵乃出。[26]

位尊而无功,奉厚而无劳,本是宗法关系以血缘的亲疏远近为依据来论定人物尊卑的当然之义,然而战国时的人已经不再这样思考问题,他们以功劳来论定人,这也就等于抹平了宗法关系所苦心经营的尊卑等级。对质子来说,他

---

[25] 《史记》卷三十九《晋世家第九》。
[26] 《史记》卷四十三《赵世家第十三》。

不再是因为身份尊贵而享有入质的资格，而反倒是因为入质的经历才使自己尊贵的身份有所依托。这其间发生的变化，显然是巨大的。

四、交质作为一种历史现象

交质从一种信任担保行为转变为影响继嗣的政治行为，并成为春秋战国时期的普遍历史现象，这是我们已经描述的过程。不过，我们尚未了解的是，这一历史现象是由什么力量推动的？若说周平王是隐公三年周郑交质的主要原因，那么，春秋战国时期蔚为大观的诸种交质，其起因何在？在此，我们并不是想逐个了解每次交质发生的过程，而是希望知道，交质作为一种历史现象的总体原因，这就要求我们深入理解当时的历史背景。

回到表一，从隐公元年，亦即春秋之始算起，我们发现交质的活动并不是均匀分布在春秋各个阶段的。在春秋早期，亦即隐公到僖公这一历史阶段，《左传》中没有任何关于诸侯国之间交质的记录；在僖公与文公在位期间，交质记录分别有一次；而交质记录的显著增加发生在春秋中期，在宣公、成公、襄公在位期间，交质记录各占三次，在此之后，记录保持着略微下降的态势，一直延续到春秋末年。交质记录这种不均匀分布的特征，使得我们怀疑交质现象与春秋时期的历史大势存在联系，而在春秋中期，最为引人注目的局势无非是晋楚争霸。那么，交质记录与晋楚争霸之间是否存在着某种关联呢？

不妨对各国交质的次数进行统计。我们很快能发现，在列国之间，交质记录也不是均匀分布的。某些重要国家只存在一次记录，如鲁国；而发生最多次交质记录的国家，正如我们之前所料想的，正是晋国与楚国，前者有六次，后者有五次。数据上这种有趣的对应使得我们对当时的历史大势产生浓厚的好奇心，为什么晋楚争霸与交质现象之间会存在这样一种显而易见的相关性呢？我们可以通过寻找晋国与楚国之间的共同特征来解答这一问题。

晋国与楚国的第一个共同特征即是，与鲁国这样恪守西周宗法原则的国家不同，这两个国家几乎不受宗法原则的约束。我们已经谈论过在晋国长期存在着父死子继与兄终弟及这两项继嗣原则的竞争。除此之外，为了维护国内统治的安定，避免公族之间相互竞争夺权，晋国很早就驱逐了群公子，这就使晋国的政权落到了卿大夫的手中。对于卿大夫来说，交质显然要好过嫡长子继承制，因为对于规则明确的嫡长子继承制，外人很难进行什么干预，交质则不然，卿大夫可以根据自己的利益拥戴不同的嗣子，从而加入王位继承的战争。至于楚国，在传统上并不属于华夏民族，据说周昭王南征即死于楚人之手，管仲曾就此事责问过楚国，并且认为他们不向西周进贡包茅，是不尊周的表现。后人之所以称赞晋文公的霸业，很大一部分原因即在于自晋献公始，晋国一直将楚国阻挡在汉水流域，使得楚国不得进犯中原。由此可见，至少在春秋中期，楚国仍属于夷狄之国。而作为夷狄，不尊中国的礼法是理所当然的事情，那么在王位继承方面不守西周宗法原则，也就顺理成章了。这样，我们从晋国与楚国身上就印证了这样一条规律，即，越是不守西周宗法原则的国家，经历的交质事件就越为频繁与广泛，这一点在后世秦国的身上也能得到印证。

晋楚争霸使得晋国与楚国成为军事力量十分强大的国家。受强大的武力支持，晋楚两国可以单方面接受他国的质子，而不向该国对等地输送本国质子，这是我们能够发现的第二个共同特征。在《左传》记录的六次交质事件中，晋国有四次属于单方面接受他国质子，在楚国的五次交质记录当中，也有四次属于单方面接受他国质子。军事力量的强大意味着卿大夫阶层的兴起，他们往往不满足于诸侯的赐封，而想凭借自身的武力僭夺本国政权。在晋国，很快就发生了赵氏与有狐氏争权的事件。鲁文公六年，晋襄公去世；襄公的太子夷皋年纪太小，不能慑服众人，晋人打算另立长君来维持国政。赵盾主张向秦国迎立公子雍（襄公的庶弟），狐射姑则主张向陈国迎立公子乐（也是襄公的庶弟）。双方相持不下，赵盾遂派人将公子乐刺杀在归国途中。狐射姑认为自己在王位继承战中失败的原因是阳处父更换了自己元帅的位子，于是又派人刺杀了阳处父。晋人问罪下来，狐射姑逃奔狄国。这样，狐氏的势力就被赵氏完全铲除，晋国的政权也就落到了赵氏手中。此后不久就发生了赵氏以卿族身份弑灵公的事件，埋下了三家分晋的根苗。由此可见，卿大夫的兴起犹如双面刃，既有利于本国以武力凌越他国，同时又不免为本国带来内乱，晋国是如此，楚国也是如此。如令尹斗越椒作乱，杀死司马蒍贾，进攻楚庄王的事件，即是明证。[27]

争霸的战争要求列国扩充自身的军备。在西周时期，军事编制中最大的建制单位是"师"，到春秋时就发展成了"军"。[28] 军事编制上的扩大使得军人在战争之余还积极谋取爵位上的优待，同时，又使得卿大夫阶层获得了通过战争来扩充自身政治资本的渠道。我们在城濮之战、邲之战以及鄢陵之战中可以发现，统军人物往往是该国的卿族与大夫。战争的扩大使得军备进一步扩大，而进一步扩大的军备又不得不在国内吸收更多的卿大夫加入其中，这样就形成了一个循环，使得诸侯国的政权渐渐落入军队之手，实质上也就是落入卿大夫阶层的手中。

作为武力阶层的卿大夫显然并不满足于军事地位上的优胜，他们在战争之余积极干涉国内政治。其中最为显著的一条，即是通过操纵嗣子来干涉王位继承，而交质行为的出现则大大地方便了这种干涉。

可见，交质从一种信任担保的行为，蜕变为足以影响继嗣的政治行为，其背

---

[27] 童书业："春秋史"，同前注[6]，第213页以下。
[28] 陈恩林：《中国春秋战国军事史》，人民出版社1994年版，第3页。

后的原因是卿大夫作为武力阶层的兴起。这种兴起构成了对西周宗法原则的直接破坏,这种破坏并不限于晋国与楚国,在春秋之际乃是具有普遍性的现象。

> 十八年二月,文公卒。文公有二妃:长妃齐女为哀姜,生子恶及视;次妃敬嬴,嬖爱,生子俀。俀私事襄仲,襄仲欲立之,叔仲曰不可。襄仲请齐惠公,惠公新立,欲亲鲁,许之。冬十月,襄仲杀子恶及视而立俀,是为宣公。哀姜归齐,哭而过市,曰:"天乎!襄仲为不道,杀适立庶!"
> 市人皆哭,鲁人谓之"哀姜"。鲁由此公室卑,三桓强。[29]

鲁文公有二妃,长妃哀姜娶自齐,生子恶及视,次妃敬嬴生子俀,俀私下里侍奉鲁卿襄仲。文公死后,襄仲杀害了本应以长子身份继位的恶及视,在齐惠公的帮助下立俀为君。鲁国的这一事件与晋国赵盾弑灵公,以及楚国令尹进攻庄王的事件,说明了拥有武力的卿大夫可以无视宗法原则到弑君与杀长立庶的程度。"齐一变,至于鲁;鲁一变,至于道",连谨守周礼的鲁国也成为乱臣贼子的策源地,西周的宗法精神至此可谓荡然无存。

五、小结

西周的衰亡意味着作为西周立国之基的宗法制也一并衰亡了下去。周的统治者与东方列国不得不寻找宗法制的代替制度。很难说交质是他们能够寻找到的最为理想的代替品,但历史上王与诸侯之间发生的第一次交质事件,似乎预示着东周采取了一种类似契约制的立场。不过,我们很快就发现,交质并不像它在历史上初次显现时那样单纯与可靠,作为一种类似契约的制度,它并不能阻止各种破坏契约行为的出现。西周的立国之基是一整套礼乐制度,包含着丧祭制度这样与伦常日用息息相关的习俗要求,宗法精神不只是体现在治国的原则之上,也体现在普通人的生活之中。而交质与这种曾经发挥重要作用的政治制度相比,似乎显得有些薄弱。它似乎只是将一国的重要人物抵押给对方,以求得对方的配合与信任,而这种抵押往往会因质子逃亡等偶然性事件而失去效力,演变为国与国之间新的矛盾。

交质并没有一直保持着类似契约的面貌,我们发现,它很快就蜕变为一种影响继嗣的政治行为。这种意外的发展虽非交质起初的动机,却成为交质演变为一种历史现象的最根本动因,其背后是掌握武力的卿大夫阶层的兴起,他们不遗余力地破坏着宗法原则对他们形成的各种约束,几乎是以纯粹的功利态度追逐着他们想要实现的一切政治要求。交质,作为一种非血缘性社会关系,即发达于春秋战国之际的这样一种历史局势当中。它不太可能成为东周列国的

---

[29] 《史记》卷三十三《鲁周公世家第三》。

立国之基，却很可能是每个新兴的军事强国都不能不采用的灵活多变的政治手腕。

以交质式的盟约为逐渐衰亡的封建制重新奠基，并未能取得成功，它很难摆脱沦为军事附庸的命运。而其中的关键即在于，交质背后的卿大夫阶层在主观上并没有将交质锻造成一种合适的契约制度的愿望。一言以蔽之，他们并不是适格的担纲者。就此而言，周朝的革新，既需要一种有别于交质的新制度为其提供列国之间的信任基础，也需要一个新的阶层来帮助这个新制度成形。春秋之际的儒家与墨家即是在此种历史情势下产生的两种制度可能性，他们的成功与失败都应该在这个意义上进行探讨与总结。

（初审编辑：岳林）

从"反公地悲剧"到《困局经济学》
——赫勒"反公地悲剧"理论研究的脉络

张 烁[*]

From "The Tragedy of the Anticommons" to *The Gridlock Economy*:
Theoretical Research of Michael Heller

Zhang Shuo

内容摘要：1968 年哈丁教授提出了"公地悲剧"这一概念，认为在公有产权制度下，多个权利持有者会依据自身利益最大化原则进行决策，导致公有资源被过度使用。1998 年赫勒教授在其基础上提出"反公地悲剧"概念，认为当公共资源上产权过多，权利人相互制衡时，就会有资源虚置、效率低下的情况产生。"反公地悲剧"概念一经提出，便引发了学界的广泛关注。其内涵对产权理论、法经济学体系的完善、分析现实社会现象等具有重要的指导意义。"反公地悲剧"和《困局经济学》是赫勒的代表作。本文拟以此为基础分析"反公地悲剧"理论研究的脉络及其发展，并简要分析该理论的缺陷及其在相关研究领域的贡献。

---

[*] 北京大学法学院 2011 级硕士研究生，经济法专业金融法方向。

关键词：公地悲剧 反公地悲剧 研究脉络 理论缺陷 研究意义

Abstract: Professor Hardin firstly brought out the concept of commons in 1968, saying that the owners would tend to maximize their benefits in the condition of common properties when they were making decisions, leading to the abuse of these resources. Thirty years later, Professor Heller gave his perspectives in anti-common theories based on common theories, arguing that there could be under-utilization under the same condition because of the owners' authority control mechanism. The concept of anticommonsbrought about hot discussions in the academic fields. It plays important role in perfecting the Property Right Theory and Law and Economics system, analyzing current problems and giving guide to the solutions. "The Tragedy of the Anticommons" and *The Gridlock Economy*represented his research results. In this article, the author wants to analyze the research scheme of anticommons theory and discuss its theory defects and research significance in the related fields.

Key words: commons anticommons research scheme theoretical defects research significance

"反公地"是指多个拥有者有权排斥其他人使用稀缺资源，但却无人能够独有使用的情况。[1] "反公地悲剧"与"公地悲剧"都是产权理论中的重要组成部分。与"公地悲剧"着眼于公共资源的滥用不同的是："反公地悲剧"更多关注公共资源上的权力制约而导致的资源使用不足。关于"反公地悲剧"的研究起始于1998年，"反公地悲剧"和《困局经济学》均为此理论的代表性著作。

一、从"公地悲剧"到"反公地悲剧"

早在古希腊时期，亚里士多德便注意到公共所有权会造成过度使用的问题："由最大多数人所共用的资源，却得到最少的照顾……人人只想到自己，很少考虑到公共利益；除非事情与他个人有关。"[2] 最难以处理的悲剧就是当人们面对一种稀缺的资源时，会出于理性选择使用它，尽管人们知道其决定会对该资源造成破坏。[3]

1968年，英国哈丁教授在《公地悲剧》一文中首先提出"公地悲剧"理论模

---

[1] Michael A. Heller, "The Tragedy of the Anticommons: Property in the Transition from Marx to Markets", 111 *Harvard Law Review* 671 (1998).

[2] Aristotle: *The Politics and The Constitution of Athens*, edited by Stephen Everson, translated by Benjamin Jowett, Cambridge: Cambridge University Press, 1996, p. 1.

[3] Michael A. Heller, *The Gridlock Economy: How Too Much Ownership Wrecks Markets, Stops Innovation, and Costs Lives*, New York: Basic Books, 2008, p. 15.

型。[4] 他设置了这样一个场景:一群牧民一同在公共草场放牧,每个牧羊者都希望自己的收益最大化。在公共草地上,每增加一只羊会获得额外收入的同时加重草地的负担,并有可能使草地过度放牧。经过思考,牧羊者决定不顾草地的承受能力而增加羊群数量并因此收益增多。其他牧羊人也纷纷效仿。由于羊群的进入不受限制,牧场被过度使用,草地状况迅速恶化,悲剧发生。之所以叫"悲剧",是因为每个当事人都知道资源将由于过度使用而枯竭,但每个人对阻止事态的继续恶化都感到无能为力,而且都抱着"及时捞一把"的心态加剧事态的恶化。从经济学的角度分析,当涉及公共资源使用时,由于产权的无排他性特征,个人在决策时只考虑个人的边际收益大于等于个人的边际成本,而不考虑其行动给别人造成的损失和带来的社会成本,最终造成给予他们无限制放牧权的经济系统的崩溃。因此,哈丁认为"公地"作为一项资源或财产有许多拥有者,他们中的每一个都有使用权,但没有权力阻止其他人使用,从而造成资源过度使用和枯竭。[5] 过度砍伐的森林、过度捕捞的渔业资源及污染严重的河流和空气都是公地悲剧的典型例子。公共物品因产权难以界定(界定的成本过高)而被竞争性地过度使用或侵占是一种必然的结果。为防止这种"公地悲剧",一个可选的办法是私有化,即不把草地作为公有财产,而是将其作为私有财产分给每一个牧羊人,过度放养导致草地荒芜的后果由自己承担。

人们往往认为现代资本主义制度的核心是所有权、竞争和市场。私有制解决了"公地悲剧",私有化打破了政府管制,市场竞争可以胜过国家的控制。但是这种简单的对比实质上从根本上误解了所有权的可见形式,并存在致命的漏洞。在赫勒看来,公有资源的私有化,或许可以解决过度滥用的悲剧,但也可能在不经意间招来另一种相反的问题。[6] 由此,赫勒创造了"反公地悲剧"以弥补英语里无合适词语形容资源利用不充分的情况这一遗憾。有学者认为"公地悲剧"和"反公地悲剧"之间的关系简单来说就是:"公地悲剧告诉我们为什么东西容易分得支离破碎,而反公地悲剧则有助于解释为什么拆开容易还原难。"[7]

二、"反公地悲剧"理论的研究脉络

相比"公地悲剧"大量的研究成果,"反公地悲剧"的研究寥寥无几。美国哈佛大学法学院教授弗兰克·米切尔曼于 1982 年提出了"监管制度"的说法:

---

[4] Garrett Hardin, "The Tragedy of the Commons", 162 *Science* 1243 (1968).
[5] 同上注。
[6] 迈克尔·赫勒:《困局经济学》,闫佳译,机械工业出版社 2009 年版,第 16 页。
[7] Lee Anne Fennell, "Common Interest Tragedies", 98 *Northwestern University Law Review* 907 (2004).

"反公地"是指每个人永远都拥有使用资产的权利,但若未获得其他人的特别授权,任何人都无权使用的资产。[8] 赫勒认为:这一观点是从法律的角度提出的:如果"公地产业"是任何人都可以使用而无人可以独享,那么逻辑上必然有一些产业是人人都可以排斥他人使用而无一人可以独享的。米切尔曼的缺点在于并未对"反公地"的后果进行论述,并且他的定义无法与现实中的权利相对应。

1993 年,罗伯特·埃里克森在文章的脚注中提到"土地管制中每个人都有排斥其他人权利的权力,因此,没有人能够拥有进入或使用的特权。"[9] 杰西·杜克米尼尔和詹姆斯·克里尔将"反公地"定义为一种"每个人都有排斥其他人的权利,但是没有人有单独的权利"的产权。[10] 总的来说,这些论述涉及了"反公地"的相互权利排斥的特征,但是由于没有现实生活中的例证,加之论述不充分,故而无法引起广泛注意。

在此前提下,迈克尔·赫勒于 1998 年发表了"反公地悲剧:从马克思到市场转型中的产业"正式拉开"反公地悲剧"的研究的序幕。他认为:生态学家哈丁创造的"公地悲剧"虽然很好说明了公共资源被过度利用的恶果,但却忽视了资源未被充分利用的可能性,而其所导致的资源浪费、效率低下、收益减少的情况更为严重。这便是"反公地悲剧"的内涵:每个当事人都知道资源或财产的使用安排能给每个人带来收益,但由于相互阻挠、影响却只能眼睁睁看着收益减少或资源浪费。在此文中,赫勒以莫斯科小亭为例。一方面,莫斯科的沿街店铺大量空置,另一方面街道旁却涌现出许多金属做成的小亭。为什么在莫斯科寒冬里沿街叫卖的商贩不搬到温暖的店铺里去?赫勒不同意产业理论家的解释:权利不清、贪污、没有法律基础。他认为真正的原因是支离破碎的产权结构,所有者之间相互制约、抗衡,造成资源运行成本过高,使用率低下。而这便是悲剧的来源。事实上,商铺的权利享有者数目越多,"悲剧"越容易产生。其解决方式——将反公地产业转变为私有产业是否可行可通过如下模式判断:当使用价值+取舍价值+交易成本<市场价值时,如多户公寓的反公地产业就会转变为私有产业;但当使用价值+其余价值+交易成本>市场价值时,以商铺为代表的反公地产业不会转变为私有产业,小亭就会出现。解决反公地的悲剧需要建立良好运行的私有产权市场,留意正规权利与非正规权利的协调,使政治领导可信,并建立有效的法律和行政制度执行合约,减少贪污。权利束是

---

[8] Frank I. Michelman "Ethics, Economics, and the Law of Property", in James Roland Pennock, John William Chapman(eds.), *Ethics, Economics, and the Law*, New York: New York University Press, 1982, p.9.

[9] Robert C. Ellichson, "Property in land", 102 *Yale Law Review* 1315 (1993).

[10] Jesse Dukeminier, James E. Krier, *Property*, New York: Aspen Law & Business,1993, p.135.

一把双刃剑,其模式的选择既可能带领转型过渡国家走入繁荣的第一世界,也可能会使国家直接步入第三世界的衰败贫穷。原因有两个:若依赖市场,市场可能因为交易成本、策略行为和估价的原因止步难行;若依赖政府,政府会因为恐惧承担赔偿成本、解决步骤复杂,损害政府的良好形象而止步。[11] 赫勒认为"反公地"是:在一个产业制度中,稀缺资源有多个拥有者,把持着正式或非正式的排斥权。[12] 相比旧有研究(主要对比米切尔曼的研究),赫勒的不同之处在于:(1)排斥权利应当是全面的。旧有定义包括的是"人人"都有排斥权的情形,但是忽视了"多个拥有者"有排斥权的情形。旧有定义要求只需取得"近似全部人"同意就可以行使权利,但是事实上,在"反公地悲剧"中只要有权利人行使了排斥权就无法使用该产业。(2)有的情形,如在废核能弃置场、野外动植物保护区等,不使用产权权利的选择更具有科学性。有些反公地的存在具有效率。(3)旧有定义只集中于法律上容许或禁止的排斥权分析,但在莫斯科小亭的案例中黑社会对街头小亭也有排斥权。(4)反公地产业的规模对于"反公地悲剧"也有影响。需要留意可能只有一个产业的一部分产生了"反公地悲剧",而不可一概而论。[13] 因而,赫勒修正了作为"反公地悲剧"的核心"反公地产业"的内涵,"反公地悲剧"的研究更加深入。"反公地"的概念也成为产权理论的重要部分,有助于解释现实世界中的现象,提醒我们了解权利组合的意义。同时,赫勒使用了小亭、商铺、多人公寓、单人公寓在"反公地悲剧"中的表现和启示,并在最后一部分尝试用"反公地悲剧"这一理论模型解释过渡转型经济企业私有化、燕麦公司土地赠送、日本神户大地震灾后重建、美国土著零碎分地四个事件或现象背后的深层含义。总的来说,赫勒的研究开创并推动了"反公地悲剧"理论和实践结合的整体发展。

同年,赫勒教授和艾森伯格教授在科学杂志上发表了同题为"反公地悲剧"一文[14],着重探讨"反公地悲剧"在生物科学领域中的应用。在美国,生物领域的研究大部分是由联邦政府的研究机构、大学等非营利机构进行。过去,其研究成果是任何人都可以利用的。但在上游的基础性研究成果的私有化不断发展后,发生了知识产权的"蔓延"现象。上游基础研究部门的专利滥用,抑制了下游最终产品的开发,并带来了高额的交易成本。最终导致"反公地悲剧"的产生——资源的过少利用。

随后,"反公地悲剧"研究在理论和实证方面均有长足发展。

---

[11] Id.

[12] Michael A. Heller, "The Tragedy of the Anticommons: Property in the Transition from Marx to Markets", *supra* note [1].

[13] Id.

[14] Michael A. Heller, Rebecca Eisenberg, "The Tragedy of the Anticommons", 280 *Science* 698 (1998).

2000年,诺贝尔经济学奖获奖者詹姆斯·布坎南和杨均在"对称悲剧:公共地与反公共地"一文中证明了赫勒的"反公地悲剧"。[15] 在该文中,他们参照公共品模型,以价格作为拥有排他权机构的决策变量,并假设反公共品需求是价格的连续线性函数,首次构建了反公共品的经济学数理模型。通过分析,他们得出结论:"公地"和"反公共地"是同一个问题的两个方面,均涉及公共资源使用中多个所有者之间在私人激励和社会激励之间的冲突。"公地"模型中多个权利人在同时使用互补性投入品的过程中,各自独立追求自身利益最大化,因而都会产生外部负效应,降低其他权利人的经济产出。并且,权利人越多,公地的价值下降越多。在"反公地"情形中,互补性要素构成的资源由众多成员所拥有,仅在所有权利人一致同意的情形下资源才能充分使用。因此,当某个权利人行使排他权时就会导致其他权利人的经济产出下降。所以,行使排他权的权利人越多,反公地的价值越低。即自行其是使用资源的人越多,公地价值下降——导致"公地悲剧";阻止彼此使用公地的人越多,价值亦会出现下降——导致"反公地悲剧"。

2003年,舒尔茨等以数量为决策变量建立了更一般化的模型,指出反公地中产权分割程度越高,产权的互补性越强,则资源越得不到充分利用。[16] 2007年,本·迪普特等设计了几个可控试验对这个模型的结论做了实证检验,发现实证结果与上述理论模型结论相吻合。[17] 结论证明了"反公地悲剧"的损失随着产权的互补程度和分散程度增加。并且,迪普特等总结三点结论:(1)数据证明单独权利所有者会忽视权利束的预期价值,而将关注点放在由此可实现的最大利润。(2)实验证明不确定性会放大"反公地"物品的定价效果。(3)相比其他情形中虽可明确创造剩余价值,却很有可能会因权利束遭受损失的情况下,由于权利束所获的价值不明确,当事人会更多选择合作。

关于"反公地悲剧"在现实中的理论应用,较有代表性的是2007苏佩尔和列森分析飓风中的政府失灵问题。[18] 他们认为:与私人部门在卡特琳娜飓风事件中的迅速反应相比,政府部门的反应显得要迟缓得多。其中的重要缘由在于诸如联邦危机管理局这样的政府机构通常要接受许多相关机构的监督,机构行动通常要接受许多机构官员甚至是与此不相关的官员批准,滞后了政府机构

---

[15] James M. Buchanan, Yong J. Yoon, "Symmetric Tragedies: Commons and Anticommons", 43 *Journal of Law and Economics* 13 (2000).

[16] Schutz. N., Parisi. F, Depooter. B, *Fragmentation in Property: Towards a General Model*, Fairfax: George Mason University Law & Economics, 2003, p.15.

[17] Ben Depoorter, Sven Vanneste, "Putting Humpty Dumpty Back Togethe: Pricing in Anticommons Property Arrangements", 5 *Journal of Law, Economics and Public Policy* 1 (2007).

[18] Russell S. Sobel, Peter T. Leeson, "Government's Responseto Hurricane Katrina: A Public Choice Analysis", 127 *Public Choice* 55, 57 (2006).

在危机事件中的应变能力。因此,在他们看来,在政府管理领域的"反公地悲剧"现象更应该被看作"政治公地悲剧"现象。[19] 芒泽、切斯特城等人详细分析了生物技术领域"反公地悲剧"理论的应用,提出在此领域中的"反公地悲剧"问题应当得到重视。[20]

同样的,在研究中,也有学者明确指出了"反公地"未必悲剧(如赫勒),公地的存在在某些情况下是故意设置的困局,如卡罗尔·罗斯。在她看来,公路、水路等资源公有才是最有效率的。[21] 她指出:执行私有产权本身很昂贵,有时候,不管从经济还是社会的角度来说,成本都超过了收益。赫勒在《困局经济学》中指出,这种情况实质上是一种"反公地喜剧"。"反公地喜剧"着眼于"反公地"给经济和社会带来的好处,并暗示我们:虽然多数时候一定使用度对社会是最为宝贵的,"反公地悲剧"不能保证最佳使用度,但有时候,对于某些资源,我们应当提倡困局。[22]

中国对于"反公地悲剧"论述不多。具有代表性的包括:寇宗来侧重证明反公地造成的资源利用不足。他认为各个产权拥有者对使用者抽成引起的反公地悲剧,如果下游开发者的预期是不完美的,公地陷阱的存在可能会导致下游开发商不进入市场,从而导致反公地悲剧,即资源使用不足。[23] 陈广汉、张光南认为反公地会造成资源浪费,给社会带来直接损失,表现为社会需要承担:(1)非正式产权滋生的腐败和黑社会现象产生的巨大成本;(2)由于"反公地悲剧"闲置资源的维持成本;(3)使用者支付的交易成本。[24] 李晓峰分析了"公地悲剧"与"反公地悲剧"的相同之处在于均有明显的负外部性、因缺乏有效制度约束机制而产生各种产权问题;其不同之处在于产权性质、发生原因、解决方法。并提出中国当前的政治体制中的"反公地悲剧"现象及其解决之法。[25] 陈新岗探讨在中国国有企业的"公地悲剧"和"反公地悲剧"产生现象、原因及相应的解决措施。[26] 张晖明、王庆新分析了正常的私有权状态和"反公

---

[19] Id.
[20] Stephen R. Munzer, "Commons, Anticommons, and Community in Biotechnological Assets", 10 *Theoretical Inq. L.* 271 (2009), Chester J. Shiu, "Why an Anticommons Has Not Emerged in the Biotechnology Realm", 17 *Tex. Intell. Prop. L. J.* 413 (2009).
[21] Carol Rose, "The Comedy of the Commons: Custom, Commerce, and Inherently Public Property", 53 *University of Chicago Law Review* 711 (1986).
[22] 迈克尔·赫勒:《困局经济学》,同前注[6],第42页。
[23] 寇宗来:"反公地悲剧:一个捕鱼模型",载《世界经济文汇》2002年第6期。
[24] 陈广汉、张光南:"'反公地悲剧'与我国经济体制改革",载《东南学术》2004年第5期。
[25] 李晓峰:"从'公地悲剧'到'反公地悲剧'",载《经济经纬》2004年第3期。
[26] 陈新岗:"'公地悲剧'与'反公地悲剧'理论在中国的应用研究",载《山东社会科学》2005年第3期。

共物品理论"视角中的国有产权。[27] 蔡辉明研究"反公地悲剧"在药品专利保护中的作用。[28]

此外,也有学者在论述中将"反公地悲剧"理论运用于农村旅游业或上市公司产权关系、大部制改革中。可见,学者对于"反公地悲剧"研究主要集中于其与"公地悲剧"关系及这两种理论如何在国有资产、政体改革中。其他领域虽有涉及但总体而言还是对赫勒、布坎南等模型的重复展示和证明,而在产权关系、困局解决(除国有资产问题)方面鲜有论述,需要我们在以后的研究中加强和完善。

三、"反公地悲剧"理论的研究进展

《困局经济学》是赫勒在 1998 年发表"反公地悲剧"后关于"反公地悲剧"理论近十年研究成果的综合整理。在本书中赫勒要探讨的主题一以贯之,相比十年前的论文,赫勒的研究进步之处在于:

第一,理论逻辑更加周延。这一点可体现于赫勒关于私有制与反公地悲剧的关系分析之上。赫勒认为很多时候政府只需要创造明晰的产权,然后就可以闪到一边去。只要权利明确,所有者就能够在市场上交易,把资源转移到价值更高的用途上去创造财富。但仅有反公地资源的概念证明了明晰产权和普通市场不足以确保财富。当所有权和政府控制过分零散时,困局仍然会产生。[29]点破反公地悲剧有违我们对私有财产的直觉:私有制不再是所有权的终点站,私有财产也会破坏财富。太多所有者会造成市场瘫痪。良性的私有制就是要在过度使用和使用不充分的两极之间实现艰难的平衡。[30] 赫勒认为我们应当在过度使用和使用不足中寻找一个最佳值,并寻找相应的产权模式与其相对。最终赫勒"反公地悲剧"的理论基础是建立在:

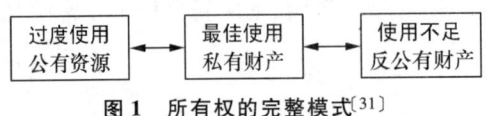

图 1　所有权的完整模式[31]

由此,赫勒阐释了私有财产关系:从产权理论出发,整合了从公共财产、私

---

[27] 张晖明、王庆新:"反公共品理论及其对国资管理体制改革的启示",载《东岳论丛》2007 年第 1 期。

[28] 蔡辉明:"'反公地悲剧'理论与实践——以药品专利保护分析为例",载《法制与社会》2008 年第 5 期。

[29] 迈克尔·赫勒:《困局经济学》,同前注[6],第 17 页。

[30] 同上。

[31] 根据上注第 32 页整理。

有财产、国有财产三分关系到产权私有、共有两分法[32]的不足和理论演变,形成了其产权与使用一一对应的理论基础,为"反公地悲剧"的形成创造了产权理论依据。[33] 相比其1998年论文而言,这不得不算理论上的进步。

第二,其关注点从"悲剧"的产生转移到"困局"的解决。在赫勒看来,困局是自由市场的一个悖论,倘若太多人拥有某种东西的一部分,合作便陷入停滞,财富消失,人人都会遭受损失。因此,"克服它将是当今时代面临的一项重大挑战。"[34]赫勒期望引导我们展开一次困局之旅(从强盗贵族到当今的无线频谱霸王,从密西西比法院拍卖黑人家庭农庄到烦人的纽约市土地征用,从切萨皮克湾的牡蛎海盗到当今的基因专利和音乐侵权者)的同时,也试图寻找一种解决反公地悲剧的方案。在每一章中,赫勒都会根据此种困局的特点说明相应解决方案,并在第8章中集中论述。赫勒在该章提出解决困局应该分为两步:步骤一是辨识并命名困局。步骤二是解开困局。步骤二共有十个工具,包括预防(监控;改革审批过程即接种疫苗;隔离困局,给立法者留出时间解决问题)、治疗(调整现行法律;创造整合工具;起个好听的名字;用"棍棒政策"应对棘手的困局,收回权利束资源;用流言、羞耻和名声配合法律发挥作用)和变通(通过自愿协议克服困局)。相比十年前论文中的一带而过,本书可谓是带我们充分游览了困局解决的美景。可以认为,在"反公地悲剧"确定了"反公地悲剧"现象存在后,赫勒将研究的关注点放在如何解决这些悲剧之上。理论研究往往是提出问题后解决问题的过程,从"反公地悲剧"到《困局经济学》印证了这一研究方式。

第三,本书更加符合时代发展需要。该书不仅在原有论文基础上保留了莫斯科空荡商店的分析,还增加了对药物、专利、无线、钉子户以及消失的牡蛎的探讨,为"反公地悲剧"赋予更强时代感,使该理论和现实结合更为紧密。并且,赫勒提出可以用"反公地悲剧"理论分析"次贷危机"问题,具有创新性。在他看来,"次贷危机"爆发的原因是支离破碎的抵押所有权破坏了借方和贷方之间的联系。当债主无法还钱,银行需要取消赎回权,拍卖房产的时候,由于房屋的所有者太多,赎回权太分散,而无法拍卖。汇集式抵押贷款的所有者很难达成一致意见处理出了问题的贷款。因此,所谓"次贷危机"是一个管制困局[35],为我们提供对"次贷危机"研究的另一个视角。

---

[32] 同上。
[33] 同上,第29页。
[34] 同上,第3页。
[35] 同上,第7页。

四、"反公地悲剧"以及《困局经济学》的一些缺憾

尽管"反公地悲剧"和《困局经济学》充分展示了赫勒"反公地悲剧"理论的研究成果,但仔细分析,仍可以发现其存在一些疏漏之处。

第一,赫勒认为:如果认为"公地悲剧"是因为产权虚置、不明晰,所以需要明晰产权,那么,"反公地悲剧"则是由于产权过多、支离破碎,需要整合产权。但他仅强调了整合的重要性,却忽视了整合与防止因多头管理或产权分散滋生"权力寻租"同样重要,甚至后者是前者成立的前提。由于寻租人追求的是大量的非生产性价值,因而在寻租过程中势必造成资源大量浪费或生产性资源利用不足,但主管者往往在其间的权钱交易中获取大量租金。寻租人亦可通过此方式回避"悲剧"的产生。如莫斯科商铺和小亭在转换中因非规范规制——黑手党的存在,而难以适用合法的"反公地"转换形式。这就意味着,在整合产权、避免资源使用不足的同时,也需要重视和加强产权制度的建设,遏制在产权整合过程中寻租和腐败的出现,即避免"反公地"财产所有者通过非正规的途径摆脱其困境。只有完全否决了市场非法解决问题的可能性,我们才能进一步讨论合法解决问题过程中遇到的困难。

第二,赫勒认为:反公共财产与私有财产、公共财产的区分可以从四个方面展开:(1)反公共财产是多个所有者对同一稀缺资源享有有效的排他权利的财产制度;(2)反公共财产的所有权包括任一所有者阻止其他所有者获得权利束核心部分的能力;(3)大多数有价值的物以反公共财产所有权的形式持有,这意味着这些物可能不易被转让、不易做生产性使用或者在所有者中不存在清晰的决策权等级;(4)非私有财产既可能因排他权决定了利用而被认定为反公共财产,也可能会因为使用权占优势而成为公共财产。但是赫勒的上述维度不能成为界分标准。如第三维度中,赫勒进一步认为私有财产存在权利的纵向分解,反公共财产对同一物体相互重叠的权利的竞争的所有者之间创造的是横向关系。并且"所有者权利之间没有等级,不存在明确的冲突解决纠纷。"[36]但是在现实中的情况,如国有资产使用的审批中,会出现"条条""块块"的层级划分,有的争议问题甚至需要先由低级别主管部门层级上报高级别部门,或由共同上级部门解决。因而,此处的横向关系,彼此没有等级区分并不适用于政府审批的"反公地悲剧"之中。

第三,布赖恩·索沃斯在《重新评估转型中的俄罗斯反公地的证据》中[37]

---

[36] Michael A. Heller, "The Tragedy of the Anticommons: Property in the Transition from Marx to markets", *supra* note [1].

[37] Brian Sawers, "Reevaluating the Evidence for Anticommons in Transition Russia", 16 *Columbia University Columbia Journal of European Law* 233, (2010).

同样指出:赫勒的研究成果在对比经济转型国家和经济发展中国家时会产生明显的缺陷。如果"反公地悲剧"是解释小亭悖论的主要因素,那么在理论分析中就需要排除其他因素的影响,如资本不足、贪污、有组织犯罪等。但似乎在赫勒的相关文章中均未对其他因素进行证伪。同时,赫勒在文章中认为:即使初始产权明晰、贪污可控、法律得到遵守,店面仍然会因为政府设立的产权而空闲。[38] 但是赫勒的观点的理论基础是不成立的,因为俄罗斯的产权并不明晰,腐败成风,而且法律并未存现。[39]

五、赫勒"反公地悲剧"研究的意义

赫勒的反公地悲剧是财产法和新制度经济学产权理论中的重要组成部分,弥补了研究的空白,具有开创性意义。

第一,反公地悲剧研究深化了产权理论中共有产权的分析。一些西方学者按照排他性程度将产权分为三种类型:(1) 权利所有者有权排除其他人行使权利的私有产权;(2) 将权利分配给共同体的所有成员,每一个成员都有权分享同样的权利,但排除了共同体之外的其他人员对共同体内的成员行使权利的共有产权;(3) 只要国家按照可接受的政治程序就可以决定谁可以使用或不能使用权利,排除其他人行使权利的国有产权。[40] "公地悲剧"和"反公地悲剧"是共有产权由于产权所有者不唯一,而在资源使用中产生资源滥用和资源使用不足的两种情况。公共资源的私有化或许可以解决过度滥用的悲剧,但也可能在不经意间造成另一种问题,即公有资源滥用的对立面是反公有资源的未充分利用。赫勒所提出的"反公地悲剧"打破了人们对于产权理论中公有资源问题解决的理解,因为"反公地"的存在,产权理论中公有资源问题的解决不再是简单的私有制,而是需要在过度使用和使用不充分的两极中寻找一个最优的平衡点。

第二,反公地悲剧研究丰富了法经济学中财产法经济分析的研究成果。财产法经济分析的核心目的是说明财产法律体系是如何以及应当如何促进将财产分配给最有效率的使用主体,从而使产权指向的财产能够发挥最大的作用,以提高社会福利水平。在法经济学的研究中产权的形态与最优利用之间存在紧密的联系。具体而言:

在无产权状态中,由于没有产权的控制和限制,通常会产生三种不良结果:

---

[38] Michael A. Heller, "the tragedy of the anticommons: property in the transition from Marx to markets", supra note [1].

[39] Brian Sawers, "Reevaluating the Evidence for Anticommons in Transition Russia", supra note [37].

[40] 分类依据详见:A.A.阿尔钦:"产权——一个经典注释",载 R.科斯等:《财产权利与制度变迁——产权学派与新制度学派文集》,上海三联书店 1991 年版,第 167 页。

财产的过度利用、财产价值的耗散和技术上非最优利用。体现在土地中就是农民会不计后果利用土地,而在种植、防盗的困境中每个人所获得的最优收益都将停留在种植的边际收益等于边际防盗成本的均衡点上,导致土地使用价值降低。由于土地上没有明确的产权人,所使用者可能还会包括牧民、猎人等,部分土地将作为非种植用途使用,此间冲突会导致技术上非最优利用。

在私有产权模式下,可以利用私有产权确认产权人对于未来投资及产权收益,消除了土地价值的耗散,因为土地成本由产权人承担,在一定程度上也消除了其土地的过度使用问题,其私人获益的方式也同样激励了产权人进行投资。

在国有产权模式下,由政府代表国家行使产权主体资格,产生两方面的结果:一方面,政府具有暴力垄断特征,不必获得所有社会成员的同意而进行强制治理;另一方面,政府产权需要借助多重委托—代理关系来治理,导致代理成本高昂和委托人缺位问题频频产生。

在共有产权的模式下,共有产权是多个主体基于一定的关系建立起对某一财产共同占有、使用和享受收益,其处分必须获得全部或者多数产权主体同意的产权,是处于私人产权的完全清晰和开放进入的完全模糊之间的一种产权状态。一方面,共有产权具有一定范围内的排他性,因为其主体数量基本上是确定的,在这个范围之外的主体都有义务尊重和不干涉共有产权的行使;另一方面有存在一定程度的开放进入问题,因为这些主体都可以随时主张权利,共有产权主体之间不存在排他性。[41]

从研究的范畴来看,"反公地悲剧"是公有资源经济分析中的一部分。共有产权会产生过度利用、价值耗散、技术上并非最优利用和缺少未来投资等问题,从而形成"公地悲剧"。问题的解决需要长期的监管治理,使共有产权主体能够就公共财产的最优使用达成一致契约。其中自愿达成、长期关系、借助于权威是形成契约的主要方式,也是"公地悲剧"的解决途径。但从另一个角度来讲,共有产权因为权利主体过多也会产生权利冲突,导致使用不足,价值耗散、技术上并非最优利用等"反公地悲剧"问题。其问题的解决同样是监管和妥协的结合,在解决方式上与"公地悲剧"有相同之处。由此,"反公地悲剧"为财产法经济分析提供了另一个视角,成为法经济学理论中的重要部分。

从研究的角度来看,现有的法经济学理论将研究的视角主要集中于交易成本和法律规制之上。财产法是通过促进财产资源交易的方式来实现财产最优利用的,其重要功能就是减少阻碍交易进行的障碍,促进交易的完成。霍布斯定理和科斯定理从一般意义上说明了法律制度的重要功能是克服交易障碍、降

---

[41] 关于产权的财产法分析可参见魏建、周林彬:《法经济学》,中国人民大学出版社2008年版,第95—100页。

低交易成本,也是法经济学中成本研究的代表。规范的霍布斯定理认为:立法以最小化私人合作导致的损失,即当阻碍交易的障碍足够大,以至于交易不能达成时,就应该制定法律以跨越这些障碍,强制进行交易,促进交易,建立合作,最大化降低社会损失。如在无产权状态下,理性主体的行为导致了不良后果,需要建立产权来消除这些不良后果,维护投资。[42] 规范的科斯定理是立法以消除阻碍私人合作的障碍[43],即当具有达成交易的可能性时,法律要最大化地消除阻碍合作的各种交易成本,促进交易的进行。"反公地悲剧"研究不仅在交易成本的研究基础上认为共有资源的产权分散会导致资源使用不足,交易成本增加,同时指明了用流言、羞耻和名声配合法律发挥作用和通过自愿协议克服困局在解决"反公地悲剧"问题的有效性。《困局经济学》中的黄金大米例子为我们提供了现实中解决困局的一种常用方法。1999 年彼得·鲍尔和英高·伯特里库教授带领的团队设计出了被称作能医治 25—50 万名失明儿童的"黄金大米"。但这种大米却因为发明人需要与多达 70 项美国专利协商授权问题,耗力而且费钱而面临搁置。最终经过磋商,黄金大米专利困局的解决方法是相关知识产权持有者达成协议,共同把这一救命大米推向市场。[44] 在这一专利丛林中,解决问题的钥匙是人们的羞耻心和同情心。赫勒提出的"反公地悲剧"解决途径证明法经济学的法律规制在现实中并不能有效解决其所带来的成本问题。当非法律的手段在问题解决中占据重要地位时,我们需要反思如何规制财产法以达到通过法律手段同样解决问题的目的。

第三,"反公地悲剧"研究为其他相关研究奠定了基础。其主要代表为芬内尔,她在赫勒等人研究基础上认为可以将"反公地悲剧"和"公地悲剧"共同研究,作为"共同利益悲剧"。[45] 在她看来,"公地悲剧"和"反公地悲剧"均出现在需要通过合作的方式分配既有资源,但我们无法将所有的支出和收益内在化的情形中。有所不同的是"公地悲剧"是所有的人均有一扇通向资源的门,彼此不受影响;而"反公地悲剧"是所有的权利主体均有一把门的钥匙,使用资源需要彼此相互制约和合作。在此,芬内尔驳斥了赫勒的观点:为解决"公地悲剧"而增加产权会增加"反公地悲剧"出现的概率。[46] 芬内尔认为这两者的关系并非如此简单,在一些情况下"公地悲剧"和"反公地悲剧"是共同产生的,而"反公地悲剧"也会引起"公地悲剧",悲剧的分类与权利的保护方式有关,但

---

[42] 同上书,第 98 页。
[43] 同上。
[44] 迈克尔·赫勒:《困局经济学》,同前注[6],第 19 页。
[45] Lee Anne Fennell, "Common Interest Tragedies", *supra* note [7].
[46] Michael A. Heller, "The Dynamic Analytics of Property Law", 2 *Theoretical Inq. L.* 79 (2001).

问题的关键还是在于应当如何去解决问题,用何种方式更为容易,成本更低。[47] 因此,她倡导在今后的研究中应当采用"公共利益悲剧"概念,对共有产权问题统一分析和理解。这一研究既是对"反公地悲剧"的推进,同时也是对产权理论、法经济学未来研究方向的一个展望,具有创新性。可见,赫勒的"反公地悲剧"为后续研究提供了基础,具有开拓意义。

六、简单的结论

从1998年赫勒提出"反公地悲剧",开辟了在资源利用不足领域中的产权理论研究先河,到2008年的《困局经济学》进一步的理论发展与完善;从理论适用单一到当前政治、金融、法律等多领域运用;从仅仅提出问题到如今着眼于解决问题,"反公地悲剧"理论研究取得重要的进步,为我们提供了一个不一样的视角去审视产权、去分析前沿经济困局、去面对亟须解决的悲剧现象,为我们提出研究的方向。正如赫勒在《困局经济学》中写道:"只要你希望整合资源,引入积极的改变,开展下一代的创新,甚至只是单纯想理解日常生活得无形运作方式,本书便是为你而写的。困局带来的一切,并非不可避免。"[48]赫勒希望通过让人们接受产权整合的提议,避免悲剧的再次发生。这是他对《困局经济学》的读者的期望,同时也是对此理论研究的要求。尽管以赫勒为代表的"反公地悲剧"研究存在一些不完善之处,但其对产权理论、法经济学及其他相关问题的研究具有重要意义。相信通过不断努力,"反公地悲剧"研究将更加完善,"悲剧"的解决之日会离我们越来越近。

(初审编辑:岳林)

---

[47] Lee Anne Fennell, "Common Interest Tragedies", supra note [7].
[48] 迈克尔·赫勒:《困局经济学》,同前注[6],序言。

家族企业治理中的控制股东、职业经理人与独立董事

缪因知[*]

Controlling Shareholders, Professional Managers and Independent Directors in the Family Enterprise Governance

Miao Yinzhi

内容摘要：家族在企业中的存在对提高公司治理绩效有积极意义，如有利于降低代理成本、增强信誉担保。但其也存在着诸多不足，如家族成员的商业素质会逐代趋于平均化、经营趋于保守又易把企业视为私产，而需要外部职业经理人的引入来改善治理。在此过程中，由于家族成员的前述问题而造成了名实不符的非正式治理结构及家族成员轻易不愿退出经营的心态，控制股东家族和外部职业经理人很容易会在经营中产生冲突。一个维护所有股东的基本权利的框架可以确保无论是控制股东家族还是职业经理人控制了董事会，都不会过多侵蚀股东权，这对控制股东家族也是有利的。独立董事的引入能平衡协调控制股东家族和职业经理人，使公司和全体股东的利益都得到维护和发展。

关键词：家族企业　控制股东　职业经理人　独立董事　公司治理

---

[*] 中央财经大学法学院讲师。感谢初审编辑和匿名审稿人提出的意见。

Abstract: The corporate governance of family firms is deeply affected by the existence and influence of the family of controlling shareholders which impacts the operation of the enterprise like a double edged sword. Dominant family ownership could help convey information less costly and function as an efficient reputation bearer to outsiders seeking a credible long time commitment. However, receding business talents of new generations of family members and the tendency of risk-averseness of family managers makes it necessary to bring in outsider professionals to better the operation. However, non-market mechanisms based on family causing mismatches between formal titles and de facto power allocation, along with a too strong emotion of the family members to keep a seat in the firm, become the source of constant domestic conflicts in family firms. Sometimes, measures taken by controlling family shareholders to undermine other shareholders and enhance the board power in the early stage make themselves more vulnerable when family members are compelled to leave the board by other external factors. Hence a reasonable deployment of rights between the board and the controlling family that respects the fundament right of shareholders to determine the board is beneficial for all. Independent directors could not only serve an intermediary function between the management and family shareholders, but moderate the impacts of interest divergence among shareholders.

Key words: Controlling Shareholder Professional Manager Independent Director Family Enterprise corporate governance

随着改革开放和民营经济复苏之年月的累积,家族企业在中国经济生活中变得越来越重要,人们也越来越意识到家族企业治理问题对经济的意义。作为一篇法学论文,本文将探究不同类别的主体在家族企业治理中的不同角色与作用,指出家族成员对企业的影响,他们又如何会和职业经理人产生几乎必然的、贯穿任何成熟家族企业治理的冲突,以及独立董事如何能平衡二者之间的关系,形成更好的公司治理。

一、作为一种公司治理机制的控制股东家族[1]

(一)家族企业并非落后之物

著名企业学家钱德勒对家族企业的定义是:企业创始者及其最亲密的合伙

---

[1] 本文所谓的控制股东家族包括了家族成员以直接持股、信托、基金会等各种方式作为公司的控股股东的情形,也包括其是公司实际控制人的情形。例如,黄光裕家族通过全资子公司 Shinning Crown 持有国美的控制性股份。为方便起见,下文将不作严格区分。

人和家族一直掌有大部分股权,并与经理人员维持紧密的私人关系,且保留高阶层管理的主要决策权(特别财务政策、资源分配和高层人员选拔)的现代工商企业。[2] 例如,国美电器控股有限公司(下称国美)曾经由创始人黄光裕的家族持股70%,其至今仍然是持股将近三分之一的第一大股东,并继续通过多种方式控制着公司,无疑可以算是一个家族企业。

家族企业究竟是一种对特殊的制度和市场环境的有效应对,还是一种主要出自文化观念上、对经济效率有害的安排,一直是学界所关心的。[3] 韦伯很早就提出家族观念会带来裙带关系(nepotism),对资本主义经济活动造成束缚,不利于个人企业精神的发挥。[4] 其他学者的研究也认为基于类似原因如过于重视小亲属网络(kinship networks)、家族利益而不是社会利益,家族企业往往规模较小、并迟缓了经济发展。[5] 换言之,企业应该追求经济价值最大化,而家族企业由于家族利益的介入,可能会追求非经济性的效用(utility)的最大化,而损害企业经济功能的实现。

在中国,家族企业似乎被看作是一个过渡性的、落后的企业组织形态,是向公众公司进化不足的阶段性产物。同时,人们也担心经营者会为了家族利益而损害公司和非家族成员股东的利益;家族成员的广泛参与会导致经营效率低下。

从实证角度看,第一种看法是一种误解,家族企业除了在亚非拉广泛存在外,在发达市场经济体中也大量存在着,而且表现不俗。1992—1999年间,美国标准普尔500强中有35%是家族企业,家族在其中平均持股18%[6],在考虑了行业差异等因素的前提下,这些家族企业的托宾q值(市值除以资产重置成本)、资产回报率等指数优于非家族企业。在一定的限度内,企业绩效还会随着家族持股数的上升而增加。特别是企业创始人担任首席执行官(CEO)

---

〔2〕 小艾尔弗雷德·D.钱德勒:《看得见的手——美国企业的管理革命》,重武译,王铁生校,商务印书馆1987年版,第12页。

〔3〕 Marianne Bertrand and Antoinette Schoar, "The Role of Family in Family Firms", 20 *The Journal of Economic Perspectives* 73, 74 (2006).

〔4〕 Max Weber, *The Protestant Ethic and the Spirit of Capitalism*, New York: Scribner's Press, 1904.

〔5〕 E. Banfield, *The Moral Basis of a Backward Society*, New York: Free Press, 1958. 该研究主要针对家族企业较多、企业规模较小、经济发展较慢的意大利南部,将之与北部作了比较,认为亲属网络内的高信任度会导致社会上的信任度的减损。福山对这一观点的后续研究则更为著名,F. Fukuyama, *Trust: the Social Virtues and the Creation of Prosperity*, New York: Free Press, 1995.

〔6〕 Ronald C. Anderson & David M. Reeb, "Founding-Family Ownership and Firm Performance: Evidence from the S&P 500", 58 *The Journal of Finance* 1301, 1302 (2003). 类似研究见 Belen Villalonga & Raphael Amit, "How Do Family Ownership, Control and Management Affect Firm Value?", 80 *J. Fin. Econ.* 385 (2006). Francis Fukuyama, Trust: the Social Virtues and the Creation of Prosperity, New York: Free Press, 1995.

时,会对公司盈利性(profitability)有积极影响。[7] 家族往往是家族企业中的"少数派控股股东"。香港最大的 20 个企业中有 14 个有至少 20% 的家族股份。[8] 在一个涉及 95% 的瑞士公众公司样本中,59% 的公司有一个投票权占至少 25% 的家族。[9] 澳大利亚上市公司一度有将近一半有一个持股 10% 以上的家族。[10] 加拿大销售额最大的 246 家上市公司一度有 18% 存在着一个家族控制股东[11],公众公司的 1/3 是家族控制的。[12] 法国 20 世纪末的上市公司中有 70% 以上存在着有 20% 以上投票权的家族,且创始人的继承人担任 CEO 时,公司盈利性甚至更好。原因之一是家族 CEO 能更好地促使劳动生产率提高(非家族 CEO 则长于有效使用资本)。[13]

第二种看法也需要全面看待。家族成员利益被看重、家族成员广泛参与经营并不必然是家族企业的劣势,事实上,家族企业的诸多优势也源于此。

(二) 家族成员参与企业经营的积极面

一个成功的家族企业的崛起往往是一个或几个创始人的企业家素质(entrepreneurship)这一珍贵的市场资源被开发利用的结果。这种素质也是企业的核心财富和竞争力之一。除此以外,家族企业的治理优点还可能包括如下几点:

1. 代理成本的降低

对每一个从小到大起步的非国营企业来说,个人总是企业发展的原动力,当企业发展到一定规模,需要进一步扩张,创业者往往面临着一个权衡:要么是保持原有建制继续稳健运行,要么是雇用经理人去开疆拓土。就后一种选项而言,成功了固然能使企业业绩翻倍,但如果遇人不淑,反会拖累原有基业。经理人/管理者和所有者之间存在着代理成本,后者无法确保前者忠心耿耿,不将私利置于企业和所有者利益之前。

---

[7] Anderson & Reeb, "Founding-Family Ownership and Firm Performance: Evidence from the S&P 500", Id., 1303, 1315 (2003).

[8] Florencio La Porta, Rafael, Lopez-De-Silanes, Andrei Shleifer, "Corporate Ownership around the World", 54 *Journal of Finance* 471 (1999).

[9] Henrik Cronqvist & Mattias Nilsson, "Agency Costs of Controlling Minority Shareholders", 38 *J. Fin. & Quant. Analysis* 695, 701—704 (2003).

[10] Asjeet S. Lamba & Geofrey P. Stapledon, *The Determinants of Corporate Ownership Structure: Australian Evidence*, The Univ. of Melbourne Faculty of Law, Pub. and Legal Theory, Working Paper No. 20, 2001, available at http://ssrn.com/abstract = 279015.

[11] Randall Morck et al., "Inherited Wealth, Corporate Control, and Economic Growth: The Canadian Disease?", in Randall K. Morck ed., *Concentrated Corporate Ownership*, Chicago, The University of Chicago Press, 2000, pp. 319, 327—329.

[12] Michael R. King & Eric Santor, *Family Values: Ownership Structure and Performance of Canadian Firms* (Mar. 1, 2007), p. 4, available at http://ssrn.com/abstract = 967812.

[13] David Sraer & David Thesmar, *Performance and Behavior of Family Firms: Evidence from the French Stock Market*, European Corporate Governance Inst., Fin. Working Paper No. 130/2006, 2006, p. 3, available at http://ssrn.com/abstract id = 925415.

在此情形之下，家族成员之间的固有纽带既提供了一种管理者和所有者之间的事前的保证纽带，也提供了一种"跑得了和尚跑不了庙"的事后责任追究机制，从而能够大幅度降低代理成本。既有的经济和非经济纽带意味着各类经济利益和约束机制，只要没有其他家族矛盾掺杂其内[14]，家族成员管理者对其上级和企业的忠诚度会更高、懈怠度会更低，对其他和下级家族成员管理者的信赖度也会更高，而愿意作出更多必要的授权，从而在两个方向上降低代理成本。[15] 欧洲著名的 Rothschild 家族在 18 世纪末开拓英国市场时，当家人让他儿子带走了一半的资产。[16] 显然，如果不是亲情纽带的维系，很难想象一个经理人会得到如此大的授权。在法律执行力较弱的环境中，外部经理所得非人导致的不可弥补的风险自然也更大。故而，发展中国家也要比发达国家有更多的家族控制企业。[17] 另外，家族成员之间的沟通成本也更低，更可能通过多种有效的调解机制来化解纠纷。

事实上，沃顿商学院的一项调查发现家族控制的企业的资产回报率、股本回报率、利润增长率均要高一些，借贷水平则明显低得多（这意味着能更好地抵抗外部融资环境变化的风险）。[18] 而对标准普尔 500 公司的研究发现，其中的家族企业较少披露公司治理措施，但财务报告质量却较好，该研究者认为这和较低的经理人代理成本和机会主义有关。[19]

2. 充任信誉担当机制

在企业任职的家族成员们由于自身甚至子孙的财富、职业和社交名望都维系于这家企业，他们更有激励去为企业的长远发展而努力，去注意维护这些企业的声誉。

在商业交往中，一方只有在确信不会被对方欺骗时，才会进行交易。这种确信可以来自于一方在事后的报复能力[20]，但只有在反复博弈中，一方才有在未来交易中的报复能力，而反复博弈所要求的长期双边关系适用范围有限。且

---

〔14〕 如果家族内部失去了互相忠诚，当然会对企业有致命影响，参见 Suzanna Andrews, "Shattered Dynasty", *Vanity Fair*, May 2003, p.182。吕斌："蔡达标：家族企业内斗牺牲品"，载《法人》2012 年第 2 期（真功夫快餐创始人和妻子家族共同创业，但后来和妻子离婚，导致企业内斗）。

〔15〕 套用费孝通的话说，这里存在着的信用是"发生于对一种行为的规矩到不假思索时的可靠性"，费孝通：《乡土中国·生育制度》，北京大学出版社 1998 年版，第 10 页。

〔16〕 See A. Bellow, *In Praise of Nepotism: a History from Family Enterprise from King David to George W. Bush*, New York: Anchor Books, 2003.

〔17〕 See Burkart et al, "Family Firms",58 *Journal of Finance* 2167 (2003).

〔18〕 储小平、李怀祖：《家族企业变革剖析》，载《经济理论与经济管理》2002 年第 10 期，第 50—55 页。

〔19〕 Ashiq Ali et al., "Corporate Disclosure by Family Firms", 44 *J. Acct. & Econ.* 238, 238, 241 (2007).

〔20〕 Avinash K. Dixit, *Lawlessness and Economics: Alternative Modes of Governance*, Princeton University Press, 2004, pp.16—17.

如果当下欺骗的收益够大,当事人也还是会有激励放弃和特定方进行未来交易的机会而进行欺骗。[21] 故而信誉(reputation)成为支持商业发展的更重要的因素,其可以使一个人的欺骗行为为诸多交易方所周知,从而产生事前约束。

但信誉机制的效用还是有边际的。一个当事人打算放弃和所有人交易的机会时,其还是会有进行欺骗、牟取眼前利益的可能。因此,企业作为一种永续存在的、专门从事交易的实体,就成了一种更好的信誉担当者。[22] 即由于企业的其他参与者并不打算放弃以后的交易机会,所以他们会在事前尽量防范欺骗行为的发生。

然而,这种防范机制是从不愿从事欺骗的企业之角度出发的,仍然不能排除那些(特别是那些经营者已经处于有限的职业生涯之最后的企业)为了私利而不惜损害企业利益而对外欺骗者的存在。此外,纵然企业内部为了防止此类事情的发生可以预作安排,但是由于信息成本的存在,这种安排很难为外界有效的知晓和信服。[23] 外部交易对象还是很难判断哪些企业会较少从事欺骗。

此时,家族企业作为企业中的更好的信誉担当者的意义就凸现了。简言之,家族企业往往被视为一种遗产(legacy),经营者对家族成员的特殊责任感成了一种有效的担保。他们更有可能不从事欺骗活动,以保护企业信誉的长久性。为维护家族成员与子孙后代的利益所产生的激励要比道德说教和法律义务更为持久与可靠,且这种担保容易为外界理解,信息传递成本较低。[24]

很多年轻的家族成员从小便会跟随父辈参与、见证企业的运营,这一方面有可能培养他们的商业意识,另一方面也能灌输其对企业天生的使命感、亲近感。其他社会成员也很容易对家族企业经营者更具信赖感。需要长期售后服务的客户能合理预见到企业将在中长期内保持现有的承诺与品质。员工能相信业主不会轻易离去,企业还会在现有路径上稳步运营,而不会随着新老板、新经理人的出现而改弦易辙、令自己流离失所。[25] 美国公司法最发达的特拉华

---

[21] Id., p.61.

[22] David M. Kreps, "Corporate Culture and Economic Theory, in Perspectives on Positive Political Economy", in James E. Alt & Kenneth A. Shepsle eds., *Perspectives on Positive Political Economy*, Cambridge: Cambridge University Press, 1990.

[23] Ronald J. "Gilson, Controlling Family Shareholders in Developing Countries: Anchoring Relational Exchange", 60 *Stan. L. Rev.* 633, 640—642 (2007).

[24] Id., p.643.

[25] 在欧洲,劳资关系紧张的行业里比较容易出现家族企业,可能是因为家族企业更容易遵守与工人达成的隐形契约。在美国,有家族持股5%以上的企业也要比股权分散企业更少解雇工人。Holger M. Mueller & Thomas Philippon, *Family Firms, Paternalism, and Labor Relations*, European Corporate Governance Inst., Finance Working Paper No. 186/2007, 2007, p.4. 另外有文献还论证了中国家族企业传统文化中要求行善、履行社会责任的"意识形态基础", Li-Wen Lin, "Corporate Social Responsibility in China: Window Dressing or Structural Change?", 28 *Berkeley J. Int'l L.* 64, 84—85 (2010).

（Delaware）州的大法官法院（Court of Chancery）指出：企业创始者及其后人往往相信他们的事业的意义要大于股票价格。创始者经常会在意家族的遗产，如善待工人和消费者的文化、对品质的承诺（commitment）等。[26] 法学家也发现控制股东家族经常把服务（stewardship）、责任这样的词汇挂在嘴边。[27] 例如，在新闻公司（News Corp.）试图收购道琼斯（Dow Jones）公司时，后者的控制股东家族中就有人提出家族作为道琼斯的服务者（steward）的责任要超出家族所能获取的货币利益，因此如果出售会损害公司下属报刊的独立性，就不应该得到支持。[28]

在中国，非国营企业是在最近三十年间重现的，第一代企业家尚在盛年的不在少数，所以企业信誉的担保品还包括了他们的后半生生涯，而更显得可信。这些建立了企业、维持了企业竞争力的能干企业家的离去，也更会影响到外界对公司的信心。

以国美为例，作为一家已然境外上市的现代化大公司，黄光裕被拘后，该企业的经营基本面暂未发生根本变化，管理团队整体上仍然在位，公司也不是那种深度依赖黄光裕的智慧财产的技术型企业（如盖茨之于早期的微软），但仍然瞬间陷入了风雨飘摇，供应商和其他债权人纷纷上门催讨。这似乎说明家族的隐性担保仍然是其最重要的信誉维持机制而一时难以被其他机制所替代。

尽管后来，陈晓带领的管理团队力挽狂澜，但"没有黄光裕，陈晓团队也能维持局面"本身被视为大功绩，恰恰反证了黄光裕个人当初对企业经营的重要性。这实然、确凿地表现了在市场参与者眼中，家族经营者对企业信誉的担当意义，即通过同一个自然人的继续控制来隐含担保经营品质、思路的延续，以及公司鏖战商海、维持原竞争力的能力。事实上，即使在国美局面稳定之后的黄陈斗法期间，有研究者仍通过观察香港市场上国美股价的变化，发现市场对有利于黄光裕的事件作出了更为积极的反应。[29]

二、家族企业易生的治理缺陷

家族企业的治理优点实际上是通过基于家族成员身份的非市场手段实现了低成本的资源配置。但成也萧何，败也萧何，家族成员过多介入公司经营也

---

[26] In *re Topps Co. S'holders Litig.*, 926 A.2d 58, 90 (Del. Ch. 2007).

[27] Deborah A. DeMott, "Guests at the Table?: Independent Directors in Family-Influenced Public Companies", 33 *Iowa J. Corp. L.* 819, 824 (2008).

[28] Sarah Ellison et al., "Relative Uncertainty: As Sale Decision Nears, Family Split Persists", *Wall St. J.*, July 25, 2007, at A1. Susan Warren et al., "Key Bancroft Aims for a Long Shot", *Wall St. J.*, July 16, 2007, at A6.

[29] 刘庄："市场机制与公司治理：理解国美控制权争夺"，载郭锋主编：《金融服务法评论》第五卷，法律出版社 2013 年版（未出版）。

会带来治理缺陷。[30] 总的来说,就内部治理的结构性问题看,家族企业尤其存在着如下特殊问题。

（一）家族成员的商业素质必然趋于社会平均水平

家族企业总体上有更高的自我雇佣率、更低的外部融资度[31],故当家族成员的素质不高时,仍然必须使用这些人力资源也成为家族企业前进的羁绊。而由于基本的生物学原理,家族企业创业者的后人的资质必然会趋于社会平均水平。[32] 虽然家族企业的年轻一代会由于前述的耳濡目染方面的因素而较早产生商业意识,但相对较好的生活条件也会令新人们多少缺乏"必须出人头地"的生活压力激励,缺乏长辈的拼搏意识和商战精神。

（二）家族企业可能长于守成,短于创新,而具有保守性

每一个成功的家族企业都是一种微观商业模式的成功,这种模式构筑了公司的辉煌,也成为家族的文化。前文曾述及家族会把企业视为一种带有精神价值的遗产,而非简单的投资工具。所以如果带上了家族印记的经营模式适合市场的趋势,家族控制能令企业更好地保持之,并产生翻倍的积极效应。但如果家族对市场和行业形势的变化判断错误的话,这种坚守就会引发商业灾难。

家族企业容易有保守性。这一是结构性的路径依赖原因。在市场、行业与竞争者方面变化导致该特定企业的经营模式已缺乏前途时,老一辈家族经营者如果精力老衰、新一辈才智不敷、又缺乏进取的才智和魄力时,会倾向于坚守"昔日的荣光"、"成功的法宝"而拒绝变革的尝试。这也是为何创业人年事渐高、思维不复符合市场新潮流,或者家族后人接班之际,往往是企业的风险高发期。

二是在家族成员兼有企业所有者和经营者的身份所产生的风险厌恶效应。在通常的公司治理结构中,雇员和经营者是风险厌恶的,他们更希望保住现有的企业和职位。而股东作为剩余索取权人是风险爱好的。他们之间的张力推动了企业经营的动态发展。但家族企业和雇员所有企业一样,所有者往往不能纯粹从股东经济利益最大化的角度考虑问题,而会倾向于保留家族经营者的饭碗这种非货币性利益。

所以,即使控制股东家族主观上还是希望企业得到发展,还是可能断送企

---

[30] 黄光裕被捕对企业经营造成的冲击,也可以被视为家族企业经营结构上的一种脆弱性,即经营者人身安全、健康与企业经营维系过紧。个人风险易导致企业风险。

[31] Marianne Bertrand and Antoinette Schoar, "The Role of Family in Family Firms", 20 *Journal of Economic Perspectives* 73 (2006). 该研究还认为在家族被认为是很重要的国家里,人均 GDP 也较低,公开交易公司也较少。

[32] See Ronald J. Gilson, "Controlling Shareholders and Corporate Governance: Complicating the Comparative Taxonomy", 119 *Harv. L. Rev.* 1641, 1668—1669 (2006). 中译文见"控制股东与公司治理:比较分类法的深化(下)",缪因知译,载北大金融法中心编:《金融法苑》第 82 辑,第 180—182 页,中国金融出版社 2011 年版。

业在新时代的前程。针对实际生活的观察,人们也提出了这样的疑问:是不是开发周期很长、贵在持之以恒的技术领域(如德国的机械工程或意大利的高档消费品)要比变化频率更大的领域(如生物、信息技术)更适合家族企业?[33]从国外成熟市场中多代传承的家族企业看,其在注重稳健经营、而不强调企业家锐意进取能力的行业更为成功。在金融特别是商业银行这样的经理人的忠诚度而非创新性更为关键的领域,新一代家族经理人在经商天分方面的自然衰减可以通过对企业更高的忠诚度得到弥补。而在需要敏锐的领悟力不断推出新产品以顺应市场变化、甚至大刀阔斧的改变经营重心的行业如技术领域,家族传承的经理人则不具此种优势。一个典型的悲剧是王安公司,其曾为美国第五大电脑公司,但在创始人之子接任总经理后,技术骨干陆续出走,企业大举败落。[34]

国美之争中黄陈各自提出的五年计划也生动地体现了这一差别,黄光裕似乎仍以传统路线为主,而陈晓则以"零售制造"新模式转型为主题词。笔者不拟在此评论两家方案在商业上的优劣。但基本的道理是相同的:每一个特定企业自身的行业特点、发展阶段决定了企业是否合适继续由家族成员及其原思维模式控制。

(三)控制股东家族易把企业看成是私产,而产生独断专行、固执己见的倾向

大股东、经营者甚至是创始人身份的混合,会令家族成员倾向于轻视其他股东和经营者的思路与见解,漠视他们的利益与意愿。如黄光裕出事前一向对其他的公司高管采用的是强势的威权式管理,甚至在狱中他还写信针对所有高管予以指责、威胁,成为管理层和他决裂的开始。[35] 这一缺陷结合上述第二个缺陷,还可能导致他们格外排斥提出新思路者,特别是提出新思路者的外部经理人。

(四)小结

家族企业的治理方式兼具利弊,其组织形式自有存在的理由。从企业内部权利配置的角度看,家族企业不见得会比其他类型的企业更加有害于外部股东和其他利益相关人。而从企业学的角度看,前述利弊互有短长,"家族企业并不一定是低效率的经济组织,在特殊的社会经济环境下,它有可能比科层式企业或市场更有效率"[36]。向公众企业的转型只不过是企业自身为了寻求更多

---

[33] 哈罗德·詹姆斯:《家族企业》,暴永宁译,生活·读书·新知三联书店2008年版,前言,第3页。该作者认为:"需要经历长期发展过程的工业和产术,容易造就家族控制的企业,而发展迅速而需要大量资金投入的产业和技术就不容易为家族所有",见前言,第11页,如此,则家电销售业甚至整个销售业的家族企业都可谓前景黯淡。

[34] 白光:"王安最终失败在家族观念上",载《经济论坛》1999年第20期。

[35] 冯禹丁:"国美案的五个追问",载《商务周刊》2010年10月15日。

[36] 储小平:"家族企业研究:一个具有现代意义的话题",载《中国社会科学》2000年第5期。

的融资、关注度等而选择的一种发展战略。尽管不少研究者把家族企业的持股社会化、管理外部化看作是大势所趋,但归根结底,这应当是由每一个公司控制者自作权衡的。

三、职业经理人的进入:家族企业公司治理中新生机与新冲突的源泉

企业规模扩大、进入中期发展后,家族出身的经营者会逐渐显得人手不敷,而且基于人际关系而形成的信息传递机制的作用会削弱,家族成员间的私利差别也会凸现,各方不精诚合作、互相欺瞒排挤的可能性增加,名誉担保功能减弱,从而降低了创业者用传统方式继续治理企业的效率。故几乎所有的家族企业在达到一定规模后都会引入外部职业经理人。外脑的进入可以有效地解决前述企业家族成员的第一个和第二个缺陷,即家族成员在一般性企业经营素质和意愿上的不足和对特定行业的经营所需要的商业眼光和专业知识的不足。很多老牌家族企业屹立不倒,在很大程度上得益于这些新鲜血液对企业的再生作用。

但是如果企业家族成员不愿意正视自己的这些缺陷,则他们就会成为职业经理人正常施展拳脚的束缚而不自悟,从而造成企业发展中新冲突的源泉(当然,本文绝不是说外部经理人的意见在每一个具体事项上必然更优,更不是说他们无须得到股东的监督)。

因为职业经理人对家族企业的弥补功效较为明显直白,而且其产生作用的方式是水乳交融、润物无声的,不易被外界观察到,所以本文将重点阐述后一个方面的问题。

(一)常态冲突根源:内部治理结构的名实不符

企业家族成员往往把企业视为家族的扩展,所以在家族企业内,正常的企业治理结构体系外,时常还存在着基于亲缘形成的另一套结构体系,而会出现"名实不符"的问题。名义上无权无职的创始人可能仍是公司决策者;一个名义职位低微的年轻人能够参与重大决策,因为他是董事长的儿子。即使在家族内部,也可能出现年轻董事长的权威被叔伯(特别是曾经共同创业的)轻视的问题。

这都会弱化科层制机构内的职位制度的基本意义即辨清各个职位的权限职责。故家族成员逾越正常职位而施加影响,会造成很多不确定性。[37] 一方面,交易对手会不清楚到底哪些主体可以作出有效的承诺,而造成交易达成的

---

[37] 与职位体系上的不清晰相伴的是家族企业整体的运营不透明。这也是为何一些研究发现除了高度透明的家族企业外,企业价值会和家族持股比例成反比。Ronald Anderson et al., *Family Ownership and Corporate Opacity in the U.S.* (Nov. 10, 2006), at http://astro.temple.edu/dreeb/Corporate%20Opacity%20and%20Family%20Ownership.pdf, p. 34.

延迟与不确定性。因为只要控制股东不愿意,他就能否认董事会已经达成的协议,而宁愿承担相应的民事责任。故而,这已经不是法制完善本身所能解决的了。[38] 另一方面,员工会由于这样的双层指令结构的存在而在执行上心怀观望,甚至以此为借口进行选择性服从。

外部经理人也会对自己的职位的实际作用产生同样的犹疑而不愿意加入(例如,是否名义上被聘为总经理,但权限受到了家族成员的制约)。而一旦加入,职业经理人要么顺从这样的双层治理结构而产生的高交易成本,从而在事实上限制了自己的经营能力发挥,要么会对这种非正式治理机制说不,而导致企业内部的冲突。在涉及企业的发展方向问题时,这些纷争还会带上价值观、对企业的忠诚度等具有浓墨重彩的字眼,而令各方更具情绪化。

(二)非常态冲突根源:家族成员身走心难走

中国还处于改革开放后的家族企业重新发展的早期,由于各种政治经济方面的原因,已不时出现企业家族成员虽还持有大份额股权、但却由于非自愿原因而被迫离开经营一线的事例。所谓国美之争的根源,就是以陈晓为代表的职业经理人(虽然陈晓是持股1.47%的小股东,但他这个身份的色彩明显不如他作为相对于控股股东的经理人身份来得重要)曾试图通过稀释股权的做法摆脱黄家对董事会的影响。可是,创始人家族恰恰是难以"安静地走开的"。因为家族企业创始人对企业的人力资本投入是他人不可比拟的。他们即使身陷囹圄,也很难自愿出局,改当财务投资者,而是仍然会试图通过股权和"旧臣"左右公司,因为这是他们一生心血、志向或者说高额的非货币性资产所在。何况很多出事企业家尚在中年,如黄光裕被判处14年徒刑时不过41岁,自然不愿就此退休或另图他业。

可是,即使创业者的人力资本一度是公司拥有的最有价值的一种人力资本,即使在他们出事后也不见得就无法继续发挥这种资本的作用(如黄光裕享有的狱中信息通道),这种人力资本的使用成本特别是信息沟通成本却大幅度提高了。现代企业特别是国美这样的著名上市公司的董事高管自身通常都是有相当的能力和自主意识的(这也是企业在创始人落马后可以继续维持的原因),要让他们继续听从"狱中书简",也不免强人所难了。这就导致了控制股东家族和经理人双方互不相让,而产生冲突。

在这样的冲突中,职业经理人必然在名义上能占据董事会和经理层(否则就不会有冲突了),可即使家族成员已经退出了企业经营,其控制股东身份仍

---

[38] 如 *IBP, Inc. v. Tyson Foods, Inc.*, 789 A.2d 14 (Del. Ch. 2001)。

然会对公司经营造成影响,成事不足败事有余。[39] 此外,控制股东家族和实际运营公司的职业经理人是两类不同的主体,利益取向(如在公司中的利益以薪水为主还是以股权为主)、价值观也存在差异,在他们发生冲突时,彼此的不信任与敌视度会激增。当战场从董事会延伸到股东大会、引发公共事件时,公司本身受到的冲击也会更大。故而妥善协调二者的关系对企业至关重要。[40]

四、董事会与股东会权利的分界:控制股东家族和职业经理人控制权伸张的界限

值得注意的是,控制股东家族和职业经理人的激战的背景同时往往是中小股东的权利被边缘化。本文作为一篇一般性论述家族企业治理的文章,之所以屡屡提及国美公司,除了因为其典型性地展现了一个控制股东家族"身走心不走"而引发与职业经理人冲突外,还在于其是一个职业经理人利用控制股东家族原先的框架,大举扩张权利、反而压缩控制股东权利的难得案例。控制股东家族在事前为了弱化外部股东的权利,而刻意赋予董事会大量权限,结果当自己由于外部因素不得不退出董事会,则即使要重新行使作为份额较大的普通股东的权利,也会变得格外困难。

陈晓团队的所为产生扩大董事会权、架空股东权之争议的有二。一是2009年后黄光裕时代的董事会和新入资的贝恩资本达成协议,规定国美要确保贝恩方面的非执行董事人选,并锁定包括陈晓在内的执行董事团队的治理,否则国美会承担巨大的违约责任。这种职业经理人的实质自我赋权的合法性值得深究。因为此协议的实质是陈晓等领导的董事会代表国美向贝恩承诺,如果国美免去包括自己在内的董事职务,则国美必须向贝恩承担违约责任。这种条款不仅有利益冲突嫌疑,而且通过实质区隔出了"更重要的董事"群体,变相限制了股东任免董事的基本权利。

可以参照的是,特拉华州的著名的 Carmody v. Toll Brothers, Inc. 案中[41],公司安排了一个所谓的死手(dead hand)毒丸计划,规定只有时任董事及其指定的继承者才能废除之。虽然这与本案情形有差异,但该州大法官法院陈述的

---

[39] 例如在惠普收购康柏时,创始人之子、董事 Walter Hewlett 虽然在董事会中孤掌难鸣,但通过征集投票权的方式,差点让该决议在股东大会上通不过。CEO 指责 Walter 的举措只是担心其父在新公司中被更快地遗忘。Carly Fiorina, *Tough Choices: A Memoir*, New York: Portfolio, 2006, p.247. 迪斯尼公司的一个家族成员 Roy E. Disney 被 CEO 赶出董事会后,利用网络鼓动股东反对 CEO 连任,结果后者宣布退休。James B. Stewart, *Disney War*, New York: Simon & Schuster, 2005.

[40] 一位美国学者在评述迪斯尼公司的内斗时指出:"在很多情况下,经理人让大股东满意是非常理智的做法",虽然他评述的争斗的家族色彩不浓重,但却颇值得参考。Kenneth M. Rosen, Mickey, "Can You Spare a Dime? Disney War, Executive Compensation, Corporate Governance, and Business Law Pedagogy", 105 *Mich. L. Rev.* 1151, 1165 (2007).

[41] 723 A.2d 1180 (Del. Ch. 1998).

理由却颇具启示意义:这种安排意味着特定董事比别的董事有了更大的权利,并由此强迫(coerce)股东去选举这些董事所支持的董事候选人(以保证新董事有完全的权利),从而在缺乏迫切(compelling)理由[42]的情况下剥夺(enfranchise)了股东的权利。

本案中,规定贝恩提名的董事和陈晓等三位董事必须在任,否则构成违约并产生对公司严重后果的条款实际上是未经股东大会同意,就将他们的地位和其他董事区隔开,成了"更重要的"、"更不可置换"的董事,故其类似于美国法上讨论的反收购措施(虽然其主要目的不在于此,但效果近似),合法性是存疑的。

陈晓带领的董事会做的第二件有法律争议的事是2010年5月黄光裕方面在国美股东周年大会上否决了继续委任来自贝恩的3名董事的议案,但当晚董事会决议声称这不代表大部分股东的意愿,因而一致批准继续委任这三人为董事。

这个举动从法律条文上说合规问题不大。根据国美注册地百慕大的《公司法》1981年修订版第93(2)条规定:于股东特别大会上由于撤换董事所造成的空缺,可通过于此会议上选举另一名董事的方式予以填补,或在不进行该选举的情况,由其他董事填补该空缺。根据《公司章程》第102(B)条,这些董事可保有其职位至下一届股东大会为止。[43] 故而这一举措的合法性问题可以说不大,曾投票反对这三人的黄光裕方面也没有因此诉诸法院。

不过本案的微妙之处在于:董事会"碰巧"重新任命了那些被股东大会拒绝继续任职的董事来填补他们本身由于被撤换而造成的空缺。从法理上讲,董事会任命董事的权利应该低于或至少不高于股东大会任免董事的权利。在股东大会刚刚否决了三名特定的董事,没有发生任何情势变更时,董事会显然不应该再任命这三人担任董事,否则股东大会撤换董事的权利本身会受到动摇。[44]

值得玩味的是,强势的董事会本身是黄光裕时代的产物,是控制股东家族掌控公司、凌驾于其他股东之上的利器,只不过机缘使得职业经理人登上了前台。当年,其他股东对公司的发言权甚少,而现在当控制股东家族迫于外力暂

---

[42] 对迫切性理由的界定可见 *Blasius Indus. v. Atlas Corp.*, 564 A.2d 651, 661 (Del. Ch. 1988)。

[43] 参见国美《于 SHINNING CROWN HOLDINGS INC. 要求召开的股东特别大会上建议罢免若干董事、建议委任新董事及建议注销配发、发行及买卖股份的一般授权及股东特别大会通告》(2010年8月23日),第23、25页。国美历年的重要公告可见公司网站 http://www.gome.com.hk/announcements.php? page = 1。

[44] 更多论述见缪因知:"家族企业的得与失:对国美黄陈之争的若干思考",载顾功耘主编:《公司法律评论》2011年卷,上海人民出版社2011年版,第78—80页。

时不便参与公司经营时,他们的股东权也同样对董事会影响甚微。这还突出地体现在 2005 年股东周年大会中,黄光裕推动授权了董事会增发、回购股份、供股(老股东同比例认购)、发行可转债,实施对管理层的股权激励。之后每次股东周年大会都重复了对董事会配发、发行及处置/买卖本公司股份之一般授权。但风水轮流转,当黄氏家族退出董事会后,该授权已经成了控制股东家族反受职业经理人压制、自身股权和投票权被董事会不断稀释的平台,直到 2010 年 9 月股东特别大会上,已经与管理层失和的黄光裕方面推动撤销之。

诚然,任何一个年富力强的家族企业创始人都会试图牢牢把握经营大权,并可能善意地认为减少股东大会和小股东的掣肘有利于公司的发展,把本文第一部分所述的家族经营的优势充分发挥。但不幸的是,一方面如第二部分所述,家族的强势主导未必总是有利于公司;另一方面,中国成功民营企业家因为各种原因落马的情事此起彼伏。所以对控制家族股东来说,一开始就建立股东大会和董事会权力更为制衡的公司治理框架,以免自己不得志时反受其噬,或许是更为稳健保护包括自身在内的所有股东权益的做法。毕竟,宏观商业环境波澜迭起,家族人员担任管理者的时限也总会比其当股东的时间短。另外,一个正式的股东大会制度也是多个家族股东内部不能协商达成统一意见时作出重大决策的最佳出路,即股东各自投票,按表决规则办。

而"黄规陈随"的强势董事会在董事任免问题上对股东权的两次可疑侵夺也促使我们反思无论是控制股东家族还是职业经理人掌握下的董事会与股东大会的权利边界应当在哪里。本文认为,董事会权力的界限至少应该是**始终令股东大会实质保持更换董事、否决董事会提议的法律可能性**。也就是说,持有任何观点的股东汇集了足够多的投票权之后,都应当能够自由的表达意愿和行使权利。董事会不能对此设置法律程序上的障碍,或者要令股东承担高额交易成本后才能如愿(如国美对贝恩的前述违约条款)。当董事会出于特定情形而希望保有超常规的权力时(如确保陈晓等董事在位的安排),应当通过股东大会来进行或追认。如根据特拉华州公司法,前述毒丸计划不是不可以,但必须由章程规定才可。无论是在家族企业还是非家族企业中,这一股东大会的基本权利也是我国公司法发展应当坚持的一条红线。

五、控制股东家族与职业经理人利益的协调:独立董事的导入

(一)国美式的干戈化解方式:一个范式

控制股东家族和职业经理人冲突的化解之道,包括双方的自我克制与理解、更多的沟通以及更合理的制度设计,如家族成员职务安排的透明化、正式化,而一个增量改革的方式则是引入独立董事并赋予其较大的权限。

2011 年 3 月,陈晓辞去国美董事局主席一职,张大中接任。这是个饶有意味的决定。张大中是家电界元老,2007年将其在自己创办的大中电器里的全部股份卖给国美电器后隐退。张此番出山是受黄光裕家族邀请。他显然不是黄光裕的亲信,甚至未必算朋友,而更多的是以一种独立姿态出现的,其非执行董事的略带超然的身份也说明这一点。这是对各方利益的一次协调:黄光裕不想看到陈晓的人马或盟友当董事长(这解释了一度呼声很高但曾表态与陈晓共进退的国美要人王俊洲的落选),但黄家近亲,且不说有无合适的,在硝烟未散之际登场也可能会引发陈晓方的反感,最终登基的中间派张大中则属于让黄家放心、让其他人安心的人选。在国美的未来格局中,张虽然贵为董事局主席,但不介入日常经营,功能将更多的是平衡控制股东家族和职业经理人之间的关系,在淡化国美家族企业色彩的同时尊重控制股东家族的利益。两年多来,张大中在国美的稳定任职表明这可以是一种长效机制,而非过渡之计。

当然,张大中并不是严格意义上的独立董事,这也和我国独立董事整体尚待成长历练的现状相契合,不过随着独立董事在市场中的成熟化,通过独立董事来调和二者之间的矛盾,将会成为家族企业可以选择的一种模式。作为董事会的一员,独立董事会比较容易理解并支持管理层,其存在也不会造成太强的"企业家族化"观感。但作为股东利益的代表,其能维护控制股东家族的利益不被职业经理人过度损害。

一般认为,独立董事有助于令管理层对股市反应更灵敏,更关注股东利益。[45] 而控制股东家族在挑选、提名独立董事中的发言权也保障了其自身的利益。诚然,理论上说"独立"董事应该不偏爱包括控制股东在内的任何一方。但既然中国的实然状态是集中股权结构的盛行,控制股东家族必然会对独立董事的人选有巨大的影响[46],我们也不必为了独立董事理论上的"纯洁性"、中立性而否认其对控制股东家族的特殊意义。

当然,理论上,家族企业中也存在着独立董事只是换了个标签的家族成员代表的问题。但这个问题并不会太严重。对非上市公司来说,一般法律并无设置独立董事的强制性规定,家族企业完全可以"赤裸裸"的安排忠实的家族人士进入董事会。如果公司要设立独立董事,则必定是由于控制股东产生已然产生了改善形象、改进实质治理特别是和职业经理人的关系的需求所致,故不会只是走形式。而对上市公司来说,虽然独立董事的设置一般被法律所强制性地

---

[45] Jeffrey N. Gordon, "The Rise of Independent Directors in the United States, 1950—2005: Of Shareholder Value and Stock Market Prices", 59 *Stan. L. Rev.* 1465, 1470—1472 (2007).

[46] 毕竟大股东在选董事上有更大的发言权,Donald C. Clarke, "Three Concepts of the Independent Director", 32 *Del. J. Corp. L.* 73, 80 (2007).

规定,而非纯由公司自愿,但由于独立董事人选的范围是有法律限制的[47],控制股东未必能找到与自身关联不大、而又过于俯首帖耳的人士来担任此种职务。总之,我们可以把家族企业对独立董事的设置看作是一个总体上较为积极而可能产生实效的现象,保持乐观。

(二)家族企业中的独立董事对维护公众股东利益的意义

控制股东、职业经理人是否会因为有独立董事的居中协调而沆瀣一气,共同损害少数股东的利益?这样的风险的确是存在的,在美国的上市家族企业中,独立董事消极不作为的案例也屡见不鲜。[48] 但通过独立董事化解控制家族股东和职业经理人的冲突是我们第一位要解决的问题,因为两强相争也会损及公司整体利益和少数股东的利益,是首先应该避免的。之后的公众股东利益保护是第二位的问题,也可以通过独立董事义务之设置来实现。

毕竟,不管其因为何种方式被提名,独立董事和其他董事应当在形式上把所有股东之利益放在特定股东和管理层之前。例如,特拉华州近年的一个判例中,由于经营不景气,家族企业的控制者准备通过协议方式令公司与其他公司合并,但这时出现了一个报价更高的收购人参与竞争。特拉华州大法官法院指出:虽然原控制人家族一向表现不错,其试图通过善意收购方式来保留家族的影响力、企业文化甚至对雇员、消费者的承诺等都情有可原,但董事会还是应该优先考虑所有股东的利益,而不应阻挠这个竞争者的更高报价。[49] 在另一个案件中,家族企业的董事会大量发行可转换债券,而被创始人控制股东起诉,但大法官法院和州最高法院都认为只要符合公司利益,这并无不可,创始人利益并无特殊地位。[50] 如果独立董事能真的把握好控制股东、职业经理人和公司之间的平衡,推动家族企业的透明化等,那么公司的业绩也将会得到提高。[51]

六、结语

家族企业在中国三十年来的经济复兴中起到了巨大的推动作用。其也必

---

[47] 例如,根据证监会 2001 年《关于在上市公司建立独立董事制度的指导意见》,在企业及其附属企业任职的人员及其直系亲属、主要社会关系,在主要股东的自然人股东及其直系亲属,在主要股东处任职的人员及其直系亲属,为公司或附属企业提供中介服务的人员等都不得担任独立董事。

[48] 如 In re Tyson Foods, Inc. Consol. S'holder Litig., 919 A. 2d 563 (Del. Ch. 2007). Cheff v. Mathes, 199 A. 2d 548 (Del. 1964). Hollinger Int'l, Inc. v. Black, 844 A. 2d 1022, 1031 (Del. Ch. 2004), aff'd, 872 A. 2d 559 (Del. 2005).

[49] In re Topps Co. S'holders Litig., 926 A. 2d 58 (Del. Ch. 2007).

[50] Benihana II, 906 A. 2d at 114, aff'g Benihana I, 891 A. 2d 150.

[51] 有研究表明,标准普尔 500 中家族控制的公众公司业绩和独立董事的比例成正比,Ronald C. Anderson & David M. Reeb, "Board Composition: Balancing Family Influence in S&P 500 Firms", 49 Admin. Sci. Q. 209 (2004).

然继续成为中国未来的经济的重要组成部分。故对家族企业治理结构与绩效的关联研究值得深入。家族在企业中的存在对提高公司治理绩效有积极意义,如有利于降低代理成本、增强信誉担保。但其也存在着诸多不足,如家族成员的商业素质会逐代趋于平均化、经营趋于保守又易把企业视为私产,而需要外部职业经理人的引入来改善治理。在此过程中,由于家族成员的前述问题而造成的名实不符的非正式治理结构以及家族成员轻易不愿意退出经营的心态,控制股东家族和外部职业经理人很容易会在经营中产生冲突。在此过程中一个维护所有股东的基本权利的框架可以确保无论是控制股东家族还是职业经理人控制了董事会,都不会过多侵蚀股东权,这对控制股东家族也是有利的。独立董事的引入也能平衡协调控制股东家族和职业经理人,使公司和全体股东的利益都得到维护和发展。

(初审编辑:夏戴乐)

《白鹿原》的礼法与革命[*]

高 波[**]

Etiquettes and Revolution in *White Deer Plain*

Gao Bo

内容摘要：陈忠实的《白鹿原》创作缘起于对新中国成立后三十年经验的反思，他由此试图以立足于循环与反复的"秘史"平衡1949年之前以历史目的论为基础的显白历史，核心是重新理解礼法与革命的关系。在《白鹿原》中，以白嘉轩为代表的礼法呈露与安顿人间善恶，但又同时隐含着对自身的否定；而以鹿兆鹏为代表的革命虽否定礼法，但在呈露与安顿善恶并进而转向对自身的否定这一点上，它与礼法有着同构关系。两者背后的共同基础则是立足于大地的"真正的中国人"及其无善无恶的"气性"。陈忠实通过展示礼法与革命这一相反相承的关系，表达了他对"真正的中国人"及其命运的理解；他在试图超越五四传统的同时，又深深地受限于这一传统。

关键词：白鹿原 陈忠实 白嘉轩 礼法 革命

---

[*] 本文承岳林兄一再催促而草成，写作过程中亦多有讨论，若无岳林兄雅意，本文当不会诞生。其间与兄长高宏数次谈天，话题亦涉及如何理解中国农民的气性问题，这让缺乏乡村直接生活经验的作者增加了把握这一作品的信心。稿成后有幸得冯象先生寓目并指点进一步的思考路径，让作者深受启发。以上谨表谢意。当然，文责自负。

[**] 中国人民大学历史学院讲师。本文是"中国人民大学新教师启动金项目"（项目编号：13F 20120126 690629726003）的部分成果。

Abstract: *White Deer Plain* originated from Chen Zhongshi's reflections on thirty years' socialist experiments after 1949. He sought to create a "secret history" based on circulation and repeat, which was in balance with the revealed history based on historical teleology before 1949. The point here is relations between etiquettes and revolution. Etiquettes represented by Bai Jiaxuan reveal as well as settle down secular goodness and evil, but at the same time, they imply potentials that will deny themselves; on the other hand, the revolution represented by Lu Zhaopeng is opposed to etiquettes, while it also reveals and settles down goodness and evil, as well as turning to its opposition, both of which are similar to etiquettes. In sum, etiquettes and revolution are both based on "real Chinese" on the land and their "breath nature" beyond goodness and evil. By revealing this complicated relation, Chen Zhongshi expressed his understands towards "real Chinese" as well as their fates, he sought to go beyond the tradition of the May Fourth Movement, while at the same time, he was deeply restrained by it.

Key words: *White Deer Plain*　Chen Zhongshi　Bai Jiaxuan　Etiquettes　Revolution

无善无恶心之体，有善有恶意之动。

——王守仁：《传习录》

一

"圣人能看一丈远的世事；咱们凡人只能看一步远，看一步走一步吧"，[1]陈忠实所塑造的最重要的人物白嘉轩在《白鹿原》中如是说。坦率地说，越深入了解陈忠实，我就越发分不清楚这句话到底是出自白嘉轩还是他自己之口。这句话透着些洞明世事的淡漠，它与《白鹿原》雄心勃勃的书首题记——小说被认为是"一个民族的秘史"——构成了令人困惑的对照。另一处对比则是，陈忠实自认写作本书是为了死后"垫棺作枕"[2]，但这部书并没有只派上这么个人化的用场。它出版后所获得的巨大赞誉令陈忠实始料不及，几乎将他推入了八十年代以来新文学的圣坛，用他的好友与文学批评家何启治的话说，那就

---

〔1〕　陈忠实：《白鹿原》，人民文学出版社2012年版，第139页。
〔2〕　陈忠实：《〈白鹿原〉创作手记》，上海文艺出版社2010年版，第22页。

是他"最终被公认为描摹巨大民族悲剧的圣手。"[3]

这个"巨大的民族悲剧"是什么,则是个问题。何启治给出的解释是"陈忠实,几乎亲身感受、体验过人民共和国的一切苦难。对人民的艰难和痛苦有真切、独特的感受"。[4] 作为与人民共和国同龄的一代,陈忠实出生、成长于农村,又作为公社干部在其中工作凡十年,用全称"人民"来把握他的思考方式与对象,自然是贴切的。不过,我觉得,理解他终究需要更加个人化的方式。如果小说可以被当作一个民族的秘史,那大概也可以被当作一个人的秘史(当然,不是文学是历史的反映这种肤浅的意义上的)。事实上,《白鹿原》与陈忠实结合得如此紧密,以至于只显示出一种共同的"命运",而本文所想做的,也就是对这种将作品与作家抟为一体的命运能有所理解。

在2009年出版的创作手记中,陈忠实很肯定地把《白鹿原》的创作缘起追溯到他1985年写成的中篇《蓝袍先生》这里,故事的情节,用他的话说是"写一个人的悲喜命运的。这个人脱下象征着封建桎梏的蓝袍,换上象征着获得精神解放和新生的'列宁装',再到被囚禁在极"左"的心理牢笼之中,他的心理结构形态的几次颠覆和平衡过程中的欢乐和痛苦,以此来探寻这一代人的人生追求生存想往和实际所经历的艰难历程"。[5] 稍微了解上世纪八十年代的整体精神氛围就不会对他接下来的思考感到意外,在1985年——这个接续新文化运动的短暂"文艺复兴"的顶点,陈忠实说:"我脱下穿了几十年的四个兜中山装再换上西装的那一刻,切实意识到我就是刚刚塑造完成的蓝袍先生。我在解析蓝袍先生的精神历程揭示心理历程的人生轨迹时,也在解析自己。"[6] 这里显示出的是一种当时知识分子身上大都存在的对西方的向往,不过在他这里终究有所不同:他"打开自己"(或用他更常用的词汇就是"剥离"自己)后走向的,是他自己长期生活的古老的南原(即白鹿原),尤其是那镂刻着"读耕传家"的青砖门楼,让他"心里瞬间发生了一阵惊悚的颤栗","长篇小说创作的欲念,竟然是在这种不经意的状态下发生了"。[7]

这是作为文学家的陈忠实获得其文学自觉的时刻。面对世界自居于"蓝袍先生",这透露出的不过是多少有些浅薄的进步主义历史意识,但真正关键的是某种不协调的东西——青砖门楼——突入了进来。问题不在于文学内部的发展脉络,而在于个人与作品的历史命运。或者说,作为在历史中展开其命运的陈忠实,促使他获得这一自觉的契机是什么?

---

[3] 何启治:"陈忠实和他的《白鹿原》",载雷达编:《陈忠实研究资料》,山东文艺出版社2006年版,第257页。
[4] 同上注,第257页。
[5] 陈忠实:《〈白鹿原〉创作手记》,同前注[2]第1页。
[6] 同上注,第33—34页。
[7] 同上注,第1页。

让我们回到他的精神父亲——柳青这里。柳青在《创业史》中所显示的文学高度与政治热情曾长久的影响着他,但在1982年春天的渭河平原,作为乡村干部,他亲眼目睹了柳青热情歌颂的人民公社制度彻底瓦解,这让他在一个"清冷的春天的乡村深夜",想起了四年前去世的后者,"甚至产生过也许是庸人自扰的担心":"柳青会不会在此情此景里伤心?"[8]这个问题是不是"庸人自扰"倒在其次,看到自己心目中的文学之神如此迅速地被历史所埋葬,这种令他悚然心寒的打击所带来的"思想的软弱和轻"[9]倒是更重要的。也正是最终克服掉了这种"软弱和轻",他才真正让自己与作品都与这残酷无情的命运合为一体。但问题是,这又是怎么做到的?

没有必要因此把他当作一个理想破灭的社会主义者,这终究是表层的东西,对我们把握他并不会提供什么实质意义上的帮助。更合适的说法是,在建国后三十年幻灭的无情挫伤中,他对历史与人的命运中无法逃避的循环与反复有了某种深刻的理解。借助他此一时期作品中一位主人公的话说就是:"天下之大,世事之纷,总归还是古人说的有远见,分久必合,合久必分……现在的人心是朝着分字转,分得越小越好,分得越彻底越满意。在这样大水决堤般的时势里,自己却逆时背向,把已经分了家的三兄弟联扯到一起,岂能有完美的结局?岂不愚蠢透顶!"[10]在他看来,三十年前人心朝着合字转的局面已经过去,那促使柳青奋力写下"家业使弟兄们分裂,劳动把一村人团结起来"的题记(见《创业史》书首)的力量也表面上已经消失。对这个真正的共和国之子,这是一个幻灭的结论,但也真是这种幻灭以及对它的克服诞生了《白鹿原》。

在这里,回溯向新中国成立前的历史意识自然地出现了。以下我们抄录一段:

> 一个民族的发展充满苦难和艰辛,对于它腐朽的东西要不断剥离,而剥离本身是一个剧痛过程。我们这个民族在本世纪上半叶的近五十年的社会革命很能说明这一点,从推翻帝制—军阀混战—国共合作这个过程看,剥离是缓慢而逐渐的,它不像美国的独立战争,只要一次彻底的剥离,就可建立一个新秩序,我们的每一次剥离都不彻底,对上层来讲是不断地权力更替,而对人民来说则是心理和精神的剥离过程。所以民族心理所承受的痛苦就更多。在《白鹿原》中,我力图将我们这个民族在五十年间的不断剥离过程中产生的种种矛盾冲突和民族心路历程充分反映出来。[11]

---

[8] 同上注,第95页。
[9] 同上注,第97页。
[10] 陈忠实:"四妹子",载《陈忠实文集》第3卷,广州出版社2004年版,第276页。
[11] 陈忠实:"《白鹿原》获茅盾文学奖后答问录",载《陈忠实研究资料》,同前注[3],第42页。

这大致就是他对《白鹿原》所表现的生活的态度，算不上极其深刻的思想，甚至表面上仍然是线性进化的思路——每一次剥离都比前一次更加彻底，而正当化这所有剥离之痛的则是一个光明的未来，且不是"秘史"，而是从辛亥革命到1949年建国的显白历史在允诺着这一点。这一显白历史保持着全书表面上的线性时间结构，使得它似乎具有一种外在的连续性与整体性。不过，它又毕竟不是全书真正的立足点——白嘉轩从头到尾毋宁说是什么也没有剥离。

让我们再引用一段他对关中乡土的评论：

"封建文化封建文明与皇族贵妃们的胭脂水洗脸水一起排泄到宫墙外的土地上，这块土地既接受文明也容纳污浊。缓慢的历史演进中，封建思想封建文化封建道德衍化成为乡约族规家法民俗，渗透到每一个乡社每一个村庄每一个家族，渗透进一代又一代平民的血液，形成一方地域上的人的特有文化心理结构。"[12]

礼法问题我们后面再谈，需要强调的是这里所出现的"土地"这一意象，它同时涵纳着"文明"与"污浊"。回到《白鹿原》的最开始，白鹿两家半个世纪的兴衰，肇始于一场白嘉轩导演的换地行动。在双方充满高度文化象征意味的礼仪性互动下，是白嘉轩、鹿泰恒与鹿子霖对土地无比严肃甚至是虔诚的态度——一分分地的增减与易手调动着他们最强大的精神执念与生存技巧。鹿氏父子最终夺得白家天字号水浇地，对他们来说如同打赢了一场战争，而刨开地垄的行动则具有不亚于一场革命般的严肃性与重要性。根本上，"天地革而四时成"的古语将大地之上的四时循环当作是"革"，枯荣生死的极端性在四时的循环交替中被缓和了；但反过来，这也就意味着，某种内在的革命性就在土地之中。

终归，理解陈忠实就需要从土地开始。大概可以说，在他看来，土地根本上是超善恶的所在，它承载着枯荣生死、洁净污秽，不择万物，却又以万物为刍狗，其超然的博大与无情就是一体两面。它构成了白嘉轩与白鹿原人的血肉心性，而不断往复又难言善恶的人生，也就在其中上演。进而言之，如前文所述，是《蓝袍先生》中那"读耕传家"的青砖门楼让陈忠实产生了创作《白鹿原》的明确欲望，礼法之民白嘉轩在大地上劳作，却安身于门楼之中，对比于大地的涵容万物却又善恶不择，门楼以其兼具生活与伦理的结构表达着上下、前后、尊卑与善恶，它就象征着耸立于大地之上的礼法。

二

现在，让我们深入到《白鹿原》的内部去，深入到那些绞缠在一起的人物的

---

[12] 陈忠实：《〈白鹿原〉创作手记》，同前注[2]，第16—17页。

命运中去，也深入到陈忠实自身的思想与矛盾中去。我并不准备全面论述这部巨著，只是要抽取其中的一段：那就是白嘉轩、鹿三、田小娥、黑娃等人的生死纠葛。

在某种程度上，这些人物的命运纠葛也就是陈忠实自己的纠葛。他在创造手记中，追忆了田小娥这个人物形象的灵感来源。说自己是在阅读关中地区县志里的"贞妇烈女"传时，面对那令他"头晕眼花"的密密麻麻的姓氏条文，感到"这些女人用她们活泼的生命，坚守着道德规章里专门给她们设置的'志'和'节'的条律，曾经经历过怎样漫长的残酷的煎熬，才换取了在县志上几厘米长的位置，可悲的是任谁恐怕都难得有读完那几本枯燥姓氏的耐心"。因此"产生了一种完全相背乃至恶毒的意念"，想要写"一个纯粹出于人性本能的抗争者叛逆者的人物"。[13]

这种情感真是久违了。它让我们想起巴金小时候因读《烈女传》而引发的对女性命运的困惑[14]，或毛泽东因为赵五贞的自杀而感到的愤怒[15]，再或鲁迅在其振聋发聩的名文《我之节烈观》对"于人生毫无意义的苦痛"的怜悯，对"制造并赏玩别人苦痛的昏迷和强暴"的愤慨，以及"要人类都受正当的幸福"的热望。[16] 但是，陈忠实终究并不是五四的受造物，他的立脚点要复杂得多。就在表达出这种经典的五四式愤怒的上一段，他讲的却是同样在这"绵薄发黄到几乎经不起翻揭的纸页"中，自己抄下了为关中老辈人所遵奉约八百年的"用来教化和规范民众做人修养"、"作为原上人心理文化结构柱梁框架"的《吕氏乡约》，并对其创始人——宋代理学代表人物之一的吕大临表示了最高度的敬意，称呼这位关中人为"尊贵的哲学家乡党"。[17]

作者的矛盾则或隐或显地表现为作品中人物的矛盾。不管白嘉轩对黑娃与田小娥的爱情有多少压制，不管这里有着多少类似于五四的主题——封建家长、包办婚姻与自由爱情，它表达的都不是一种五四意义上的对峙。这不仅是说其男女主角都并不是五四意义上的新人，而是说其所想要表达的东西有一种内在的不确定性，至少绝不像巴金在《家》中所表达的那样明确。

故事本身并不复杂：白家长工鹿三的儿子黑娃从原下带回来了一个逃婚的女人——田小娥，他人妾室的身份与"淫奔"之行挑战了白嘉轩与鹿三恪守不渝的伦常，因此，他们坚决地将她与黑娃赶出了白鹿村的正常社会秩序之外（整个原上也只有鹿兆鹏这个共产党人赞扬他们的"自由恋爱"精神）。而当黑

---

[13] 陈忠实：《〈白鹿原〉创作手记》，同前注〔2〕，第13—14页。
[14] 巴金：《巴金选集》第1卷（家），四川文艺出版社2010年版，第252—253页。
[15] 参见《毛泽东早期文稿》，湖南出版社1990年版，第413—434页。
[16] 鲁迅："我之节烈观"，载《鲁迅全集》第1卷，人民文学出版社1973年版，第115页。
[17] 陈忠实：《〈白鹿原〉创作手记》，同前注〔2〕，第12、15、108页。

娃因为发动农运、砸烂白鹿村的祠堂而被通缉逃跑后，田小娥受鹿子霖的挑唆，报复性地引诱白嘉轩的长子、未来的族长白孝文，让后者变成了个败家子。鹿三则在看到白孝文的败家惨状后，以一种要做成人生中又一件大事的义愤，在一个夜晚用梭镖捅死了田小娥，但却又在杀人后长久地被她死前那一声悲惨地"大呀"的叫喊纠缠，灵魂不得安宁，最终精神失常。此时，白鹿原上瘟疫横行，而白嘉轩即使面对人死枕藉的局面，也死磕到底，拒绝为田小娥造庙安魂，而是以一种鱼死网破般的倔强造塔镇压她的魂灵。黑娃与白孝文这两个原上的逆子，在田小娥死后一个接一个又回到了原上祭祖拜祠堂，但紧接着的，却是鹿三心灰意懒的死亡。

让我们还是只观察这幕戏剧的最顶点吧。田小娥的鬼魂附体鹿三，让轻贱自己的白嘉轩给自己盛饭，又戏谑性地躲避捉鬼者，白嘉轩的反应则是关了家门，谁也不找，要自己跟她这个鬼对耗到底。而他冒着不断死人的瘟疫，冒着乡党要求他为乡人的生命而屈服的压力，坚决不肯给小娥造庙，其一意孤行所要捍卫的，不过一个简单的信念，那就是绝不信"你这个婊子在阳世拉汉卖身做得对"。[18] 这种既不顾自己生死也不顾别人生死的争理义之气，对照着陈忠实让田小娥借鹿三之口作出的表白——我到白鹿村惹了谁了？我没偷掏旁人一朵棉花，没偷扯旁人一把麦苗柴禾，我没骂过一个长辈人，也没揉戳过一个娃娃，白鹿村为啥容不得我住下？[19] ——显得毫无转圜的余地。

但这终究是一个没有结果的对峙。在创作手记中对田小娥充满同情的陈忠实，却让他十分敬重的朱先生加入进来，支持白嘉轩筑塔镇鬼，接着瘟疫就逐渐停止，小娥也不再附体鹿三，更不用说白嘉轩完好无损，甚至更加相信自己命硬。在这里，陈忠实似乎是让白嘉轩以死磕到底的一股气最后获得了胜利。但同时他却又留下了一个牺牲者，那就是小娥的直接加害者鹿三，他"完全变成另一个人了……那双眼睛，所有凝聚着的忠诚刚烈和坚毅直率的灵光神韵全部消失殆尽"，用白嘉轩的话说就是"像春天的糠心萝卜一样再也无法恢复元气了"。[20] 而这，也让白嘉轩表面上的胜利变得如同一场两败俱伤的休战。[21]

和解的一幕但也又是悲剧的顶点则在随后到来。因为田小娥而背叛了白鹿原祠堂的黑娃与白孝文，在她死后，最终一个接一个都回到了原上祭祖，用白嘉轩的话说就是"凡是生在白鹿村炕脚地上的任何人，只要是人，迟早都要跪

---

[18] 陈忠实：《白鹿原》，第432页。
[19] 同上注，第431页。
[20] 同上注，第441—442页。
[21] 鹿三用梭镖捅死田小娥的一幕甚至对作者的个人生活都发生了重大的冲击，使得他在写作时便同时写下"生得痛苦，死得痛苦"八个字，并说"我的写作发生了前所未有的现象，每天停止写作之后，白嘉轩鹿子霖或其他人物，仍然盘踞在意识里继续做他们的事说他们的话"（陈忠实：《〈白鹿原〉创作手记》，第135页）。这显然是使得作者真正陷入作品的关键一点。

倒在祠堂里头的"。[22] 白孝文回村时"也有点公鸡面对蛋壳一样的感觉",这不过是表达着一种洞达世情后的生存与权力欲望,也因此,他对小娥的念想"已经沉寂"[23]尚不令人觉得特别悲凉;但对在明白了小娥死亡真相时曾发誓"至死再不进白鹿村"[24]的黑娃来说,不管我们如何看待这一和解,他都是跨过了小娥的爱情与死亡。陈忠实非常节制地没有表达黑娃想起田小娥的心情,只是借村人之口说他没有去那窑洞是让"他们终究得到一个不尽满足的结局"。[25] 但对在新妇感召之下洗心革面的黑娃来说,与小娥的爱情已不可挽回地与昨日的污浊混在了一起,只会让他面对眼前端庄贤淑的新妇时感到自惭形秽。但他的回村又只能激起一种深深的悲凉感——这终究无法被归为背叛。而这种结束与县志中那一行行熬干痛苦而成的文字,也实在很难说哪一个更为残酷。热烈的情爱无可回避地具有如命运般变幻莫测的面孔,因为根本上,不可能以爱为基础建立起恒久的秩序,哪怕是心灵的秩序。就此而言,礼法对它的抑制在造成着令五四人深感痛苦的悲剧的同时,也抑制着另一层面的悲剧。[26]

　　大概,这也就是陈忠实对包办婚姻的间接肯定的思想源头了,而这也让白嘉轩的妻子吴仙草不仅在整个作品中居于一个隐晦地平衡田小娥的位置上(小娥鬼魂出现正好在仙草因为瘟疫去世之后,两者有着此消彼长的关系),而且在《白鹿原》的思想结构中,也居于极为重要的维持平衡的位置。很难想象没有吴仙草的白嘉轩会是怎样一个蔑视人情的强硬家长的形象,她是使得贯通天理人情的乡约礼制精神能够被真正表达出来的关键一环。她与白嘉轩根本不是现代意义上自由平等的夫妻[27],她面对从出嫁到死亡时的镇定自若,更与任何五四精神主导下的反应都大相径庭;而其命运,也迥异于巴金式作品中因爱情不自由而痛苦死去的女性(如《家》中的梅表姐与鸣凤),其婚姻更达到了自由恋爱都很难达致的完满结果。这似乎是要显明,对自己命运的坚强承担要比不顾一切地达成意志所求需要更大的精神力量,也更近于幸福。

　　但是,鹿三在听到黑娃要回原上祭祖的消息时却仍只能说:"晚了,迟了,太迟了!"(他冷漠地咕哝着)。[28] 反对鹿三杀死小娥的白嘉轩,早就看出"杀

---

[22]　陈忠实:《白鹿原》,同前注[1],第 548 页。
[23]　同上注,第 469 页。
[24]　同上注,第 323 页。
[25]　同上注,第 547 页。
[26]　在陈忠实稍前的作品《康家小院》中,他也以杨教员对康家媳妇的始乱终弃表现了 1949 年所带来的新伦理冲击所可能具有的破坏性后果。
[27]　她临终的唯一愿望也不过是"跟你一场,带你一具枋走"(陈忠实:《白鹿原》,同前注[1],第 425 页)。
[28]　同上注,第 545 页。

人毕竟不是拔除一根和庄稼争水肥的野草"[29]，他的一番说辞让鹿三心里对他的举动第一次感到不确定，但其内涵却不是恐惧，也不是后悔，而是"泄气"。失去了这口争理义的"气"，对他实在是灾难性的，被小娥的鬼魂附体以及后来日益的萎靡，都根源于此。但更大的"泄气"还在后面。黑娃的回乡祭祖并未让父子真正和解，更未让鹿三如白嘉轩所料想的那样重新振作起来，反而使他更加地灰冷。用他的话说就是："那劣种跟我咬筋的时光，我的心劲倒足，这崽娃子回心转意了，我反倒觉得心劲跑丢了，气也撒光咧。"[30]礼法补缀好了一切，黑娃穿起了"蓝袍"，但对鹿三来说，它已是一件百衲衣。

那么，到底晚了什么？礼法终究是有限度的，它显示善恶，让其各得其分，但不允诺奇迹，也不洗净罪行，更不能变恶为善。对于已经跨越了人伦界限的极端罪行，礼法所能做的只是为这千疮百孔的人生搭起一个表面的秩序，而却不能安顿这破碎的灵魂。

问题尚不止于此。陈忠实让鹿三的心灰意冷成为白嘉轩所唯一"没有想到也没有想透的怪事"。[31] 黑娃与白孝文的回归让他的观念与价值世界重新完整（更为加强），他能看明白鹿三不该杀死小娥，只要将她赶出乡村社会之外，"由人家混人家的世事去……各人活各人的人"。[32] 但这其实不过是让后者自生自灭。对这个六丧六娶而又引为豪壮的人来说，他无法理解为什么鹿三不能把田小娥的事情如同一层"糊窗子的纸"一般撕掉，如同他撕掉六层这样的纸，而仍能与吴仙草达到农人所能设想的最大幸福一样——而这根本不是只有圣人才能看透的"一丈远的世事"。

由此，我们就回到了《白鹿原》那著名的开头："白嘉轩后来引以为豪壮的是一生里娶过七房女人。"[33]正是这样一个人成了体现宋明理学精神的乡约的最坚强维护者与践行者。这一有些吊诡的对照，表达的就是陈忠实对礼法的洞察。白嘉轩前六房女人的死亡令整个著作一开始就奠基于生死问题之上：推动他不断再娶的并非欲望，而是传宗接代的迫切渴求。对中国农民来说，若无后代，任何礼法都将变得毫无意义，换言之，生命之延续先于任何善恶伦理。正因如此，白嘉轩的母亲极为强硬地主张所有死去的女子都不过是"糊窗子的纸，破了烂了揭掉了再糊一层新的"[34]，同样，那支持白嘉轩为六丧六娶而感到豪壮的生命之气，也正是支持他岿然不动地践行礼法的气。它无善无恶，却又显善显恶。

---

[29] 陈忠实：《〈白鹿原〉创作手记》，同前注[2]，第47页。
[30] 陈忠实：《白鹿原》，同前注[1]，第548—549页。
[31] 同上注，第549页。
[32] 同上注，第334页。
[33] 同上注，第1页。
[34] 同上注，第13页。

根本上,乡村礼法表达着人间的善恶,使得苦难能够被以有秩序的方式安顿于天地之间;但是,它却又会加剧甚或造成新的苦难。礼法允许对早夭婴儿的薄待,但这在白鹿原乡俗中却变成甚至将他们的尸体作为粪肥[35];礼法规定对无子早亡的妻子丧礼转薄,但在白鹿原乡俗中这却意味着对亡妻用薄板抬出、草草埋葬已算是尽到了人事。[36] 礼法随顺人情,却也又将人心的无情正当化为某种道德上的心安理得;换言之,它表达善,却又因为要表达善,而必然同时要发露恶。

三

那么,作为乡村礼法的对立面与克服者的二十世纪中国革命呢?那以历史进化论的方式所允诺的有善无恶的光明未来呢?对此,陈忠实的态度同样是颇为隐晦的。他尽力塑造了两个革命者的形象——鹿子霖的儿子鹿兆鹏与白嘉轩的女儿白灵,并将二者的结合视为是完满爱情的表现。但是,一种伦理的高度终究要视其承担者的高度而定。两人在挣脱传统人情时表现得轻飘而毫无痛苦,如白灵在向亲人们喊完革命口号后,就又近乎儿戏地恢复到撒娇女儿的角色,向母亲诉说饿了要吃东西。这个在西安围城期间让一家人担碎了心(甚至让其母亲差点忧思丧命)的人在回家后所表现出的满不在乎的淡然,让白嘉轩这么心硬的人都认为她就是一头"海兽",只属于与乡土远隔的大海。在这里,革命者的家庭羁绊不是作为她费尽心力才得以挣脱的痛苦纠缠,而是像一件冷时加上热时脱掉的外衣——她成了一个彻底摆脱了这片土地的沉重感的人,而这种不同寻常的轻松感使得她虽似乎处处符合五四青年的形象,但却缺乏他们所特有的激烈的内在精神冲突。而也正由此,相对于这片土地,她的革命目标也失去了重量,变得太过单薄而轻飘。

陈忠实对革命的潜在犹疑尚不止于此。他自称对革命者感到"切近感和亲近感"[37]甚至"钦佩以至敬畏"[38],但对革命却未必是如此。在白鹿原的大革命风暴中,鹿兆鹏以经典的发动乡村革命的方式,不断吸纳那些在传统乡村秩序中居于被排斥地位的"有麻达"的人,使白嘉轩就此告诫儿子们要提防他们;而鹿兆鹏将其父鹿子霖作为反动乡约批斗,这种公开场合儿子斗父亲的方式,终于让鹿子霖这个最能顺应时势的精明农民也感到无法忍受,从而"在心里迸出一句话来:我现在才明白啥叫共产党了"。[39] 事实上,虽然白孝文的败

---

[35] 同上注,第 17 页。
[36] 同上注,第 12 页。
[37] 陈忠实:《〈白鹿原〉创作手记》,同前注[2],第 122 页。
[38] 同上注,第 117 页。
[39] 陈忠实:《白鹿原》,同前注[1],第 221 页。

家对白嘉轩有着致命得多的打击,但反过来,这种冲突里毕竟仍留存着父子之间的强硬人情。白孝文骇人听闻的败家行为多少就是在与父亲赌气,而白嘉轩对其彻底的不理不睬则同样是认定对方"只要是人"就会悔过,否则理睬也无用。在这里,双方所赌的都是对方对人伦父子之情的认同——虽然它已不再是和睦家庭的动力,反而变成了亲人间互相以其"气性"一较高下的伤人利器。而也正因此,作为鹿兆鹏爷爷的鹿泰恒,以下跪的反常方式要挟他回家与媳妇过夜,赌的就是他仍对这种长幼间的伦常保有最低限度的尊重;但当鹿兆鹏真正走到公开批斗父亲的一步,鹿泰恒也就毫无办法,只能一遍遍地感叹"羞了先人了"[40],而这倒也恰是鹿兆鹏等共产党人所带来的革命对乡村礼法秩序的真正破坏性所在。

事实上,如不少研究者所认为的,五四所带来的最大冲击就在于家庭领域。乡民对共产党宏大的世界历史叙事毫无感受,对他们发动穷人斗富人也仍可以在传统的劫富济贫下加以理解,但这种公然挑动家内伦常冲突以重塑新人的方式,对以宗法为最基本秩序的白鹿原人来说,则是真正触动到了他们生活与精神的核心。问题在于,以礼法为对象的革命是否就因此可以得到正当性说明,并取得替代前者的地位?

还是先来看看陈忠实笔下这一革命的后果吧。对白鹿原人来说倏忽而来又倏忽而去的鹿兆鹏,对他们所留下的最醒目影响,恐怕倒不是农会与革命,而是一个典型的五四式自由恋爱的牺牲品——被他在事实上抛弃的冷姓妻子。即使不提她后来令人惊悚的疯狂与死亡,鹿兆鹏对她的遗弃,对照于冷先生对他不计前嫌的营救,已将他置于某种以抽象观念吞没人情的境地。更具讽刺性的是,他最初拒绝成婚,但在妥协之后,又与妻子在新婚之夜发生了关系,这使得他革命者残忍的纯洁也变得不能成立。而又恰是对这一夜的想象在以后漫长的等待中一步步摧毁了他极度压抑的妻子。简言之,倏忽而来又倏忽而去的鹿兆鹏与其妻子的深重痛苦的残酷对比,使得其所献身的革命的正当性十分成疑。《家》中高觉慧可以在面对旧世界时感到"似乎就只有他一个人站在通向光明的路口",并令巴金认为是"夸张地""感觉到自己的道德力量超过了这个快要崩溃的大家庭"[41],但陈忠实笔下的鹿兆鹏却不可能做到这一点。

根本上,《白鹿原》敏感地触及到了中国革命的正当性问题。作者借朱先生之口说大革命期间革命者与反革命者的两下相杀不过是把白鹿原变成了一个两面烙饼的"鏊子",不管这引起巨大争议的形象比喻是否就是陈忠实的真意,但比起他所塑造的白嘉轩与朱先生这样的人物来,他笔下的革命者形象多

---

[40] 同上注,第221页。
[41] 巴金:《巴金选集》第1卷(《家》),同前注[3],第202页。

少都是单薄的——如同很容易被撕掉的糊窗纸。[42]

确实,在《白鹿原》中,比起对原上的社会文化生态与生死纠葛的生动展示,那个鹿兆鹏、白灵与白孝文所在的外部世界一直被当作是一种模糊而遥远的背景,而白鹿原与它的冲突更多也只有些形式性的展示。在这种情形下,革命者对白鹿原人来说,就如同那些新制服的官员或"乌鸦兵"一样,只是些倏来倏去的偶然。问题在于,中国的乡村革命只有在一个宏大的世界历史与民族国家的图景下才能得到正当性说明,而不管陈忠实宣称他对革命者有多少尊敬,这都是一种被新中国成立后三十年残酷的共产主义试验带给他的惊悚隔开来的尊敬。在小说最后,一心要"学为好人"的黑娃,却被作为反革命处决,不惜杀害同僚的白孝文却作为共产党的代表掌握大权,而鹿兆鹏却如同其所象征的革命理想一样隐伏不见——革命在其胜利的一刻就表现出对自身的否定。结果,没有了对革命本身的肯定,对革命者的肯定变得如同无源之水。

但是,该将这归咎于陈忠实吗?在这里,必须回到他那种表现于《蓝袍先生》与稍前其他作品中的幻灭感。他确曾清晰地赞扬过1949年所带来的大转折,用他笔下穷苦的打土坯工康田生父子的感受就是"世道变了"[43],新政府的官员们"和蔼得教见惯了旧社会官人们凶相的老土坯客反倒不知如何是好了"。[44] 在"世事成咱们的啦"[45]的背景下,解放表达为对命运的克服,历史中反复出现的苦难将被彻底打断。但也正是在这样一个新时代,"蓝袍先生"却在"从封建桎梏下脱胎成一个活泼泼的新人"[46]后,又在随后的运动中因言获罪,陷入了站不起也蹲不下的痛苦处境[47],而他获得的教训却是那早被革命本身所扬弃的理学观念——"慎独",而"体味到它的颠扑不破的正确性"[48]则令他那位恪守礼教的父亲能够"证明了他的正确和我的失败"。[49] 这是新社会所造就的新人的自我摧毁,但何尝不是陈忠实本人对自身生活与思想的"剥离"。

---

[42] 而这也让一位评论者用十分中肯的语调说:"在白鹿村以至整个白鹿原……虽然党已经成为一种不可扑灭的力量,但在一个很长的时间里,大多数人民相信传统观念超过了相信共产党。尽管鹿兆鹏这个共产党人,无论在政治上、在道义上、在个人的人格力量上,都不是朱先生这种儒者可比的,但人们还是相信朱先生超过相信鹿兆鹏。不论这个事实多么残酷,给我们带来多么痛苦的感情,我们都不能不承认这是事实,在中国过去相当长的一个历史时期是典型的事实。"(毛崇杰:"'关中大儒'非'儒'也——《白鹿原》及其美学品质刍议",载《陈忠实研究资料》,同前注第260—261页)

[43] 陈忠实:"康家小院",载《陈忠实文集》第1卷,广州出版社2004年版,第412页。

[44] 同上注,第446页。

[45] 柳青:《创业史》第1部,中国青年出版社1960年版,第26页。

[46] 陈忠实:"蓝袍先生",载《陈忠实文集》第3卷,第144页。

[47] 用"蓝袍先生"自己的话说就是:"站不直也蹲不下的这种屈腿弯腰的姿势,比站着或蹲着都更难忍受,大约是人的姿势中最难耐久的一种姿势了。"(同上注,第160页)

[48] 同上注,第160页。

[49] 同上注,第144页。

但是,这又终究不是陈忠实对革命本身的否定。他笔下的白嘉轩认定鹿家出现共产党的根本原因就在于"家风不正,教子不严",而这"是白鹿家族里鹿氏这一股儿的根深蒂固的弱点"[50],但问题是,他这个家风最正的白鹿原人在教出自己眼中"有麻达"的共产党人方面却是有过之而无不及。在此,一种新的礼教与革命间的平衡出现了:最被正面塑造的共产党人鹿兆鹏出自"家风不正"的鹿家,而家风最正的白家却出了一个某种意义上最恶劣的所谓共产党人——白孝文。而这种善恶混杂的平衡,则让白嘉轩所认定的"他所崇奉的处世治家的信条,被自家经历的和别家发生的诸多事件一次又一次验证和锤炼,愈加显得颠扑不破"[51]显出了几分虚妄。

回到本旨,什么才是圣人才能看透的"一丈远的世事"?陈忠实在著名的黑娃与白孝文回乡拜祭祠堂的段落中,让白嘉轩说出"凡是生在白鹿村炕脚地上的任何人,只要是人,迟早都要跪倒到祠堂里头的",但又同样让白孝文说出:"谁走不出这原谁一辈子都没出息"[52],并把这一对比当作值得自己"得意一回"的人物对话,因为它反映了白嘉轩的个人悲剧以及"本文的意旨'原的剥离'"[53]的所在。在这里,礼法意义上的"是人"与革命意义上的"出息"变得对立,而真正两者得兼的竟然是一个革命事业中的"马基雅维利"。对善恶同样容纳的乡村礼法终究被革命所摧毁,革命对象的伟大以一种自我牺牲的方式证成着革命的艰难与崇高,但试图创造有善无恶之未来的革命却又不过是一种僭妄的乐观,其所能加于本来无善无恶的人生的,仍不过是一种新的善恶相形。事实上,陈忠实在八十年代发觉辛亥革命后降临到白鹿原人身上的剥离命运在他身上重演时,他对善恶如命运般的如影随形多少已洞若观火。而也正是对这一历史与人生无法摆脱的内在反复性的深沉洞察,让素来节制的陈忠实都要不禁"得意一回"。

那么,在这一切反复之后真正恒久又是什么?二十世纪中国文学始终试图描摹出"真正的中国人"的形象与灵魂,用沈从文的话说就是:"想明白这个民族真正的爱憎与哀乐","极关心全国民族在空间与时间下所有的好处与坏处",以"认识这个民族的过去伟大处与目前堕落处"[54]。这是五四之后"人民"现身为新思想与政治主体在文学领域中所激发出的热情,但是,在梁启超所开启的新小说传统所具有的浓厚启蒙色彩下,"真正的中国人"又只被当作

---

[50] 陈忠实:《白鹿原》,同前注[1],第 533 页。
[51] 同上注,第 533 页。
[52] 同上注,第 470 页。他还被鹿子霖讥笑为"过来过去就是在祠堂里弄事",被田福贤讥笑为是"一族之长嘛,除了祠堂还能弄啥呢?他知道祠堂外头的世事吗?这人。"(同上注,第 445 页)
[53] 陈忠实:《〈白鹿原〉创作手记》,同前注[2],第 113 页。
[54] 沈从文:《边城》,人民文学出版社 2001 年版,第 1—3 页。

是"新民"的对立物,从"割麦便割麦,舂米便舂米,撑船便撑船"[55]的阿Q,到认为"黑夜尽开会,清早不起来"就不算是"庄稼人"[56]的梁三老汉,这些被作者们归入哀其不幸、怒其不争行列的人物,在被认为承载着"真正的中国人"的灵魂的同时,却又因此被当作是终要被否定甚至是被遗忘的人物。

陈忠实则既受限于又试图超越这一传统。他同样"想通过自己的笔画出这个民族的灵魂"[57],但他对那一最广大的"生民"群体的理解与感悟,却与他的五四前辈们不同。白嘉轩面对民国几十年的大动荡与混乱,以一种发自内心的岿然不动的骄傲"处乱不乱",因为认定自己"不抢不偷,不嫖不赌,是个实实在在的庄稼人,国民党也好,共产党也好,田福贤也好,鹿兆鹏和鹿黑娃也好,难道连他这样正经庄稼人的命也要革吗?"[58]鲁迅以来的中国新文学家对人民对政治的冷漠痛心疾首,但在陈忠实的笔下,这却恰恰表现着一种足以超越礼教与革命的健壮的"气性"。

也正是这种健壮又非善非恶的"气性",让白嘉轩式的中国"民人"们能够承担二十世纪以各种历史目的论的名义加给他们的巨大"无常"。在小说的末尾,白孝文借着革命的名义害死了"学为好人"黑娃,这超越了白嘉轩基本做人理念的恶行让他生生气瞎了一只眼睛。但在一个月的养病中,他经过"反反复复反思",却最终决定放弃"往昔里强盛凛然的气势",戴上眼镜遮住瞎眼,考虑则是:"作为白县长的父亲,应该表现出一种善居乡里的伟大谦虚来。"换言之,他选择了维护突破他做人底线的"逆子"。如同《蓝袍先生》中的父亲以"慎独"面对空前革命后的新秩序,白嘉轩这个强悍的关中老农民的最后形象与作为则是:"气色滋润柔和,脸上的皮肤和所有器官不再绷紧,全都现出世事洞达者的平和与超脱,骤然增多的白发和那副眼镜更添加了哲人的气度。他自己一手拄着拐杖,一手拉着黄牛到原坡上去放青,站在坡坎上久久凝视远处暮霭中南山的峰峦。"[59]

这大概就是陈忠实心目中承担着二十世纪中国从政治到文化一波又一波痛苦"剥离"的中国人的形象,而多少也就是他自己的形象。从自认是"看一步走一步"的白嘉轩到在知命之年写出《白鹿原》的陈忠实,有着遥不可及而又触手可及的距离,而也正是这一距离以及对它的超越,让陈忠实能够在望向白鹿

---

[55] 鲁迅:"阿Q正传",载《鲁迅全集》第1卷,第363页。
[56] 柳青:《创业史》第1部,同前注[45],第39页。
[57] 陈忠实:《〈白鹿原〉创作手记》,同前注[2],第192页。
[58] 陈忠实:《白鹿原》,同前注[1],第193页。
[59] 同上注,第629—630页。

原时感到它"弥漫着神秘的诗意"。[60]

(初审编辑:韩静茹)

---

[60] 陈忠实:《〈白鹿原〉创作手记》,同前注[2],第 6 页。冯象老师强调《创业史》与《白鹿原》的不同品格以及乡土与民族的区别,认为《白鹿原》仍是乡土的而非民族的;岳林兄也认为本书有去政治化的问题。这都促使作者进一步反思《白鹿原》与本文的立足点以及限度问题。我个人对这一问题有以下一点不成熟的看法,仅供讨论:乡土与民族的区分根本上仍是五四视野的产物,大致说来,是五四为中国带来了人民—民族的新政治,但五四本身又表达为对中国文明的整体否定,从而在某种程度上否定了让这种新政治进一步上升为文明政治的可能性。我个人以为,《白鹿原》本身是一部受限于但又试图超越五四视野的作品,陈忠实借助它表达出了通向这种文明政治的某种片断线索(如白嘉轩这一形象所具有的"人民"与"文明"的两重性);不过,他自己又并未能达到对这一政治的通贯与自觉理解(他一直想接续《白鹿原》,写出 1949 年后半个世纪的"秘史",却始终不能动笔,除了文学的困难,思想上的困难大概就在这里)。因此我以为,在超越五四视野的文明政治的意义上,《白鹿原》与民族或政治的品格并不矛盾。进而言之,民族国家的新架构奠定于晚清,并在五四后进一步进展到人民—民族国家。在急切地创造政治民族的压力下,中国传统上的文明民族品格一再遭到抑制。而如何真正解决五四所奠定的政治民族与文明民族的冲突格局,则是我们今天所面对的一个根本问题。

清代地方法律实践中的现代逻辑
——围绕"犯奸"展开[*]

李斯特[**]

The Modern Logic in Qing's Local Justice Surrounding Sex Crime

Li Site

内容摘要：长期以来，伦理司法被看做中华法系的一大特征。但在清代关于犯奸行为的地方法律实践中，表面上由妇女贞节观的礼教思想主宰着的伦理司法，内里却贯穿着与现代法律实践和理论相一致的逻辑。这一内在的逻辑是由清代法律实践在处理犯奸案件中面临的司法资源不足的条件决定的。而且，正是这一约束条件还决定了这种内在一致性要呈现为与现代法律话语迥异的外在形态，因为在司法资源不足的前提下，压抑法律的专业性程度，利用道德教化手段反而是更有效率的。

关键词：侵害的双边性　司法资源　俭省司法　法律专业化　话语形态

Abstract: The ethical justice has long been seen as one of the characters of Chinese legal system. When we look into Qing's local justice about sex crimes, how-

---

[*] 感谢匿名评审提出的中肯意见。
[**] 华南师范大学法学院讲师，法学博士。

ever, we also find the same logic of modern justice in the ethical justice seemingly dominated by the Chinese Li's conception of women chastity. This internal practical logic is determined by the restraint of scarce judicial resources that Qing's local justice had to face. Furthermore, the same restraint determined that this internal logic, which is as the same of modern justice, had to appear as the external different discourse, which we call Li, because given the scarcity of judicial resources moral civilization is more sufficient than legal professionalization.

Key words: mutuality of infringement judicial resource judicial restraint legal professionalization

"峻礼教之防,准五服以制罪"[1],对于儒家化后以此为纲的中华法系,不论褒贬,学界多据此把它称作礼法文化或伦理司法[2],也就据此把它塑造成西方法律传统和现代法治的一个对照物。但是,如果人性具有普遍性,那么人类社会在成功的社会制度建设上也应当具有共性,而且这种共性还应当凌驾于千姿百态的自然和社会环境导致的具体制度差异之上。倘若这一假设成立,我们在中国古代法律实践中也应当可以发现那代表着"科学"、"理性"的现代法律理论的逻辑,从而打破中华法系身上作为他者存在的桎梏。

带着这一疑问我选择从最具"峻礼教之防"色彩的犯奸律入手,并把时间选择在清代,因为清代的史料极为丰富。在浩如烟海的资料中,本文拟从清代官箴书着手。官箴书,自秦代至民国,其形式类似于今天的干部读本,其内容大致是为官之道德戒律和从政之实务经验。官箴书尤盛于清代,其作者群体大部分为中下层官员和幕僚,其读者群体则主要为众多致仕和入幕者。这些特点使得官箴书更注重现实中实际的权力运作规则,而不是学术理论体系的构建;更注重于政绩考核和升迁之道,而不是泛泛的道德教化;更注重于官场上残酷的身家性命之学,而不是袖手旁观的挖苦讽刺。一言以蔽之,它是政治斗争的产物,当中饱含着真实丰富的地方司法的第一手材料,弥足珍贵。[3]

清代犯奸律以及围绕该律所总结出来的若干司法经验,表面看来不近人情难以理解,但返回历史现场,我却发现贯穿其中的是一种与现代法律实践完全一致的逻辑。如果这样的话,那一直用理学思想强化、礼教兴盛来解释清代犯奸律中体现的贞节观念的理论就显得有所不足。理学思想之所以发挥作用,在

---

[1] 《晋书·刑法志》。
[2] 参见罗昶:《伦理司法——中国古代司法的观念与制度》,法律出版社2009年版。
[3] 关于官箴书和官箴文化的介绍,参见郭成伟主编:《官箴书点评与官箴文化研究》,中国法制出版社2005年版;关于清代官箴对地方司法的影响,参见郭成伟、关志国:《清代官箴理念对州县司法的影响》,中国人民大学出版社2009年版。

于它在一定程度上满足了当时的社会生活需求,因此有必要用一种实用主义的道德观来分析犯奸罪及其法律实践背后的道德动因,也即尝试用现代社会科学理论的普遍解释来代替礼法文化、伦理司法之类的特殊解释。

更进一步,我们还要追问:既然行动中的逻辑一致,为什么清代法律实践不能创造出现代法律理论?这个问题也许更为关键。我认为,这其中体现着一种一以贯之的逻辑即司法环境决定司法活动的形态,其中也包括法律话语的形态。阐明种种差异背后的共同逻辑,才能真正做到以史为鉴,为我们今天的司法实践所用。下面请看详细的分析。

一、侵害双边性:内在的现代逻辑

《大清律例·刑律·犯奸》规定:"和奸者,丈八十;有夫者,丈九十。刁奸者,有夫、无夫,丈一百。强奸者,绞,监候。未成者,丈一百,流三千里。凡问强奸,须有强暴之状,妇人不能挣脱之情,亦须有人知闻,及损伤肤体、毁裂衣服之属,方坐绞罪。若以强合以和成,犹非强也。"[4] 围绕本条律令,地方官员在司法实践中总结出若干经验,较为集中地总结、记载了这些经验的是清代王又槐所著的《办案要略》一书。[5] 该书广为流传,说明其中的经验是为当时多数官员所接受的。《大清律例》中对强奸罪的认定标准或能为我们理解,因为强奸罪行事涉男女阴私,外人不易知晓,非有明显证据不足以定罪。然而王又槐的司法经验要走得更远。他在《办案要略》中指出:"妇女孤行无伴,多非贞节。"[6] 这一论断在今天无论如何也难以接受。但我将尝试以现代社会科学理论为之辩护,而不是诉诸独特的文化观或道德观。

让我们从相关的现代侵权理论说起。[7] 自科斯的"社会成本问题"一文发表以来,现代侵权理论的基本思路大大转变,从传统的单方侵害(谁侵害谁)变成了侵害的交互性(一个巴掌拍不响),从而侵权问题首先是"权利优先配置给谁"的问题。[8] 布朗、库特等人对科斯的理论进行进一步的阐述和推演,将它应用到责任规则和防范模式上,受害人在侵害行为中不再是完全消极的一方,防范是一种边际上的双边责任,它的分配应当是有效率的,简单地说,应当由防

---

[4] 《大清律例》,田涛、郑秦点校,法律出版社1999年版,第521页。

[5] (清)王又槐:《办案要略·论犯奸及因奸致命案》,见官箴书集成编纂委员会编纂:《官箴书集成》(第四册),黄山书社1997年版,第761、762页。(以下引用《官箴书集成》丛书,仅注明《集成》。)需要指出,官箴书的著者们并不分享我们今天的作者—作品观念,他们之间的作品是相当随意地互相摘抄、引用的。

[6] 同上注。

[7] 本文所称的"侵权",是在广义上使用的,包括刑法上的侵害行为。

[8] See Ronald Coase, "The Problem of Social Cost", 3 *Journal of Law and Economics* 1 (1960).

范成本更低的一方采取措施。[9] 围绕着双边责任的学术争论还没有尘埃落定,实务界却早早地有人付诸行动了,著名的"汉德公式"就是这一行动的产物。汉德法官在驳船碰撞案中提出,是否存在侵害过失要由事故发生几率、防范成本和损失后果来决定。[10] 我国的民事法律实务和理论研究也早已提出,在"混合过错"、"被害人有过错"的情形下,加害人得以减轻或免除责任。这些实践和理论事实上体现了科斯所提出的思路,即应当考虑侵权行为中的双方情况再决定该由谁承担责任。

但上述例子都来自民事法律制度。一般来说,当加害方与被害方的区分不太明显时,我们相对容易接受这一思路。但当一方似乎明显是在施加侵害时,这一思路实践起来则较为困难。所以,侵害的交互性或双边性理论在刑事领域中受到了更大的阻力。然而这并不代表它没有市场,被害人过错、被害人责任、被害人不当行为等提法便是侵权交互性理论在刑事领域的展开。[11] 因受到挑衅而实施犯罪的情况下以及[12]被害人自冒风险情况下如何确定行为人的刑事责任[13],加害与被害之间是否存在互动关系[14]等问题,都在司法实践和理论研究中被反复提及。

这种现代侵权理论的思路,能否用来解释本文提及的清代法律实践呢?我以为,"妇女孤行无伴,多非贞节"的论断,实际上意味着司法把更多的对犯奸行为的防范义务配置给女性,因为"白日图奸,多在孤村旷野邂逅相遇,淫念顿起,其事多系一人","抑或有田舍妇女一人独处,偶尔失依,遇年少恶徒结伴同行,见而强合成奸者,若一老一少同行则无是事"。[15] 在"贞节"的旗号下,清律和司法贯彻的是一种对于女性的严格责任原则,即要求其承担更多的自我保护责任。"孤行无伴",女方已然构成过失,奸情将被认定为双方行为的和奸,而"和奸,刁奸者,男女同罪"[16],即对双方都进行惩罚。《办案要略》又云:"黑夜一人行强而成奸者,果系贞节烈妇,虽不能抵御强暴于当时,必不肯忍垢蒙耻于过后,本妇奸夫身上定受有伤,旁人得以闻知。若以刀枪禁吓、手足架压、畏

---

[9] 唐纳德·A.威特曼编:《法律经济学文献精选》,苏力等译,法律出版社2006年版,第3—17、51—80页。

[10] *United States v. Carroll Towing Co.*, 159 F.2d 169 (1947).

[11] 参见董文蕙:"被害人不当行为之界定与差序化类型研究",载《人民检察》2010年第5期;崔建华:"论犯罪被害人过错制度的构建",载《法律适用》2007年第9期;高维俭:"试论刑法中的被害者过错制度",载《现代法学》2005年第3期。

[12] 魏汉涛:"挑衅原则及其给我国的启示",载《法商研究》2011年第3期。

[13] 王海桥、马渊杰:"被害人自冒风险的刑事归责——论自我负责原则",载《中国刑事法杂志》2011年第1期。

[14] 刘丽萍:"犯罪与被害互动关系中被害人过错法定化研究",载《东南大学学报》(哲学社会科学版)2009年S2期。

[15] (清)王又槐:《办案要略·论犯奸及因奸致命案》,同前注[5]。

[16] 《大清律例》,同前注[4]。

而不言、忍而成奸、肤体毫无损伤、过后不寻自尽者,仍是以强合以和成,非强论也。"[17] 这种对于女性的极高的自我防范要求,意味着清代法律把犯奸看做一种由双方造成的、而非单方侵害的行为。妇道人家不留守闺中,还在僻处独行,不就是置己身于高风险之下,对自己(还有丈夫)不负责任,甚至挑衅潜在犯奸者"淫念顿起"激情犯罪的不轨行为?[18] 遇强不能舍命相抗,就是没有履行应尽的自我防卫义务,因此存在过失。这不正是现代侵权理论阐释的侵害交互性思路?而且,清代法律实践轻松超越了现代侵权理论在刑事领域中所遇到的障碍,把这种侵害交互性思路应用于严重犯罪当中。

以此推之,古代其他"男女授受不亲"、"女子足不出户"等道德语言也可以转译成现代理论话语。与《办案要略》反对女子孤行无伴类似,另一本官箴书《海陵从政录》也提到严禁妇女抛头露面宿庙烧香。[19] 这种道德姿态的背后,是对侵害行为双方的责任配置。但这并不意味着,因其包含了与现代法律理论一致的逻辑,清代法律经验就是可取的。这还必须结合清代的历史背景加以具体分析。

二、贞节观:社会控制的手段

将防范责任更多地配置给女性的最直接原因是清政府没有能力建立现代警察制度,国家和政府不能提供全面、有力的人身和财产安全保障,因而需要替代性的制度供给。像地主的护院、村人组织的巡逻队,都是国家制度供给不足下的替代性供给。另一方面,由于物质条件所限,古代人的活动范围是非常有限的,在四通八达、灯火通明的今天,被人们视为天然合法的人身自由权利,在古代只是缥缈的空中楼阁。在这样的前提下,荒郊野外孤行的妇女,无疑是把自己暴露在被侵犯的高风险之中,也就是王又槐说的"白日图奸,多在孤村旷野邂逅相遇,淫念顿起,其事多系一人"。[20] 而一旦被侵犯,如下文将分析的,就不仅仅造成自身的伤害,同时也给地方秩序带来很大的冲击。为了避免这样的后果,在国家、社会的安全保障水平无法大幅提高的情况下,要求女性自己承担更多的防范义务是更为有效的。法律基于个人、家庭和国家的考虑,牺牲女性一定程度上的人身自由,也就成了无可奈何的事情,它是社会得以维系的必要成本。

这一做法的第二个理由是清代的犯奸行为所侵犯的客体(或者说法益)与

---

[17] (清)王又槐:《办案要略·论犯奸及因奸致命案》,同前注[5]。
[18] 请对照现代法律理论,参见冯军:"刑法中的自我负责",载《中国法学》2006年第3期;王海桥、马渊杰:"被害人自冒风险的刑事归责——论自我负责原则",同前注[13]。
[19] (清)周际华:《海陵从政录·严禁妇女宿庙烧香》,见《集成》(第六册),第248页。
[20] (清)王又槐:《办案要略·论犯奸及因奸致命案》,同前注[5]。

今天是不一样的。有论者认为清代旌表节烈之风大盛与理学思想的加强有关。[21] 这一点毋庸置疑,但更深层次的原因在于旌表节烈为当时社会组织和秩序维系所必需,而绝不是几位圣贤想象出来的产物。包括清代在内的古代中国社会是一个安土重迁的农耕社会,其成员是基本稳定的,血缘在社会关系纽带中扮演重要角色,是一个典型的熟人社会。但是,熟人社会同时会带来一个麻烦:男女之间,尤其是年轻男女之间容易日久生情,而且通常就发生在熟人甚至亲属之间。[22] 这种不伦之恋将扰乱整个人际关系的坐标轴,导致俄狄浦斯式的悲剧。[23] "因之,若是允许性爱自由地在人间活动,尤其在有严格身份规定的社会结构中活动,它扰乱的力量一定很大。它可以把身份规定下的亲疏、嫌疑、同异、是非分别全部取消"。[24] 因此,犯奸在古代的社会危害性,不仅仅在于对女性身体上、精神上的伤害,更在于它对社会身份和秩序的极大威胁。

与此同时,古代中国社会的社会生产形态决定了男性的优势地位,这种优势催生了"夫为妻纲"的社会秩序。夫权与犯奸行为的社会危害性相结合由此产生了贞节的观念。这种贞节观反映在法律上便是在犯奸行为中对女子防范义务的严格要求。在此意义上,道德和法律是在社会经济中占主导地位的群体的意志体现。

夫权的存在也是和奸为律法所不容的原因之一。但与强奸相比,和奸者受到的惩罚要轻得多,其中的逻辑并不奇怪。强奸者,乃以暴力侵犯节妇烈女的贞节;和奸者,双方与有过错,一名德行有亏的"淫妇",并无贞节可言,法律是不予保护的。所以《大清律例》又云:"如见妇女与人通奸,见者因而用强奸之,已系犯奸之妇,难以强论,依刁奸律。"[25](这又是在加强妇女的自我约束和自我规范。)而和奸侵犯夫权者又从重,"和奸者,丈八十;有夫者,丈九十"[26],这是因为后者对基于身份关系建立的社会秩序的冲击更大。足见,同样的性侵害行为,在古代与现代,它所侵犯的法益不同,法律对它的处理也不同。在此意义上,犯罪,确如涂尔干所言,是对社会团结的危害和对集体意识的触犯。[27] 某

---

[21] 参见王传满:"明清节烈妇女问题研究综述",载《广播电视大学学报》(哲学社会科学版)2008年第3期。关于清代旌表节烈制度的研究,参见郭松义:《伦理与生活——清代的婚姻关系》,商务印书馆2000年版,第九章。

[22] 《大清律例》详细规定了亲属相奸的处理规则,《刑案汇览》中有大量的亲属相奸的成例,参见《刑案汇览》,北京古籍出版社2004年版,卷五十二。

[23] 关于生活坐标轴紊乱带来的问题,参见苏力:《法律与文学——以中国传统戏剧为材料》,三联书店2006年版,第323—370页。

[24] 费孝通:《乡土中国 生育制度》,北京大学出版社1998年版,第143页。

[25] 《大清律例》,同前注[4]。

[26] 《大清律例》,同前注[4]。

[27] 涂尔干:《社会分工论》,渠东译,生活·读书·新知三联书店2000年版,第一卷第二章,第33—72页。要注意,涂尔干对"犯罪"的定义是社会学意义上的,指在任何程度上会引起针对性惩罚的行为,这比法学的定义要宽泛得多。

种行为是否构成犯罪,以及严重程度如何,是由具体的社会环境所决定的。

既然贞节如此重要,对烈女、贞妇提供有效的激励就不可或缺。旌表制度和犯奸律正是这样一套提供社会激励的机制。法律的激励是通过奖、惩两面来诱导社会成员对自己的行为负责。[28] 而完成这一任务的前提是法律必须能有效甄别淫妇、普通妇人与真正的节妇烈女。因此,如何细致区分强奸、和奸、刁奸行为就变得异常重要。

三、俭省司法:回应司法资源不足

事实上清代官员对此看得非常清楚:"夫奸情最易诬捏,强与和罪名轻重悬殊,若不审辨察核,分晰清楚,则淫妇冒认贞节,烈女徒死沟壑矣。"[29] 寥寥数语,道出了必须如此才能发挥犯奸律的激励功能的理由。下面我们从信息成本和司法资源两方面来分析。

关于强与和罪名轻重悬殊的原因,前面已经分析过了。此种轻重悬殊正是诬捏奸情的巨大刺激,而"奸情最易诬捏",当奸情多发于熟人之间牵涉恩怨情仇时,诬捏的情形更为复杂。关于这一点,在不少有名的官箴书中都有提及,其中李渔所言极详:

> 又无奈强奸之真伪最难辨析。有其初原属和奸,迨事发变羞,因羞成怒,而以强奸告者;有因争宠二好,由爱生妒,由妒致争,而以强奸首者;有亲夫原属卖奸,因奸夫财尽力竭,不能饱其豁壑,又恋恋不舍拒绝无由,故告强奸以图割绝者;又有报警雪怨,而苦于理屈词穷,不能保其必胜,故用妻子为证赖计,令彼无从置辨者。此等诈妄之情实难枚举。即云呼救之时,声闻于外,有邻佑之耳目可凭;捉奸之际,情迫于中,有夺获之衣帽可据。然邻佑止闻声音,不能以耳代目;衣帽虽云合体,奚难以窃为攘。听讼者于此将以为真也,而坐奸夫以死,则公道日诎,而奸伪日滋;将以为伪也,而坐原告以诬,则善教愈阻,而淫风愈炽。[30]

即使在今天侦查技术有了长足的进步后,强奸案仍然十分棘手。而在还没有DNA、指纹等鉴定技术的清代,犯奸案的侦查难度更要大大增加。同时,不像今天只有强奸构成犯罪,当时的社会需要一套精细的区分犯奸类型的法律知识,而不同的犯奸类型又对应着轻重悬殊的法律后果,这大大增加了处理不当的风险。更为棘手的是,奸情事关妇女名节,一旦展开侦查,无论如何都将对涉

---

[28] 张维迎:《信息、信任与法律》,生活·读书·新知三联书店2003年版,第三章,第63—177页。

[29] (清)王又槐:《办案要略·论犯奸及因奸致命案》,同前注[5]。

[30] (清)李渔:"论奸情",载(清)徐栋辑:《牧令书·刑名下》,见《集成》(第七册),第451页。

案妇女造成非常负面的影响,并给社会关系造成难以修复的裂痕。地方官员对此非常慎重,"非万不得已,断断不宜轻传到簿","盖幽娴之女,全其颜面,即以保其贞操,而妒悍之妇,存其廉耻,亦可杜其泼辣"。[31] 这无疑又增加了调查犯奸事实的信息成本。

另一方面,清代地方司法还必须面对司法资源极为匮乏的局面。我们常说古代基层政府是"一人衙门",这当然是不对的。以清代为例,州县的官员才是真正的治民之官,所以官箴书云:"造福莫如州县,造孽莫如州县。"[32] 可是当时州县的治理职能,包括祭祀、教化、钱谷、刑名、保甲、民政等等,已远不是一名县太爷所能完成的。县衙之中,除县令外,还有书吏、差役、长随和幕僚(也就是俗称的师爷),他们一起组成了清代的州县政府,完成着财政、司法、教育等地方治理职能。[33] 所以郭嵩焘言:"本朝与胥吏共天下。"[34]

清代地方政府一方面要依靠胥吏进行地方治理,但另一方面其拮据的财政状况又无法保障胥吏的经济来源。雍正朝虽然进行了火耗归公的财政改革,但仍难以妥善解决紧张的地方财政问题。[35] 因此往往需要地方政府自行解决财政收入问题,官箴书中屡屡提到的地方政府中的"陋规"便是一项地方政府获取"预算外收入"的不成文的制度,所谓"吏无禄入,其有相循陋习,资以为生者,原不必过为搜剔"。[36] 且在县衙之中,与学而优则仕的"官"相比,吏是没有政治前途和社会地位的职业,役更被视为贱民。[37] 书吏和衙役收入既蹙,地位且低,于正式制度外便常常存在寻租的强大动力,腐败也就成为清代地方治理无法根治的弊病。如《办案要略》云:"每有差役将不同居亲属,及稍有瓜葛之人朦禀批准,即行混拿吓诈,以致愚民情极自尽,酿成大事,不可不及早醒悟也。"[38]《司牧宝鉴》亦云:"纵吏下乡,犹纵虎出柙。"[39] 官则不同,虽然贪官污吏本一家,但官拥有政治前途和社会地位,不致无所顾忌。官、吏之间利益既有

---

[31] (清)汪辉祖:《佐治药言·妇女不可轻唤》,徐朗、文青校点,辽宁教育出版社1998年版,第9、10页。

[32] (清)方大湜:《平平言·造福莫如州县 造孽莫如州县》,卷一,见《集成》(第七册),第596页。

[33] 关于清代地方政府的经典研究,仍首推瞿同祖:《清代地方政府》,范忠信、晏锋译,法律出版社2003年版。晚近的较出色的研究,参见周保明:《清代地方吏役制度研究》,上海世纪出版集团2009年版。

[34] (清)徐珂:《清稗类钞·胥役类》,中华书局2010年版。

[35] 参见李映发:"清代州县财政中的亏空现象",载《清史研究》1996年第1期。

[36] (清)汪辉祖:《佐治药言·检点书吏》,同前注[31],第4、5页。

[37] 关于吏役的收入与地位,参见周保明:《清代地方吏役制度研究》,同前注[33],第四章。

[38] (清)王又槐:《办案要略·论批呈词》,同前注[5],第770、771页。

[39] (清)李容辑:《司牧宝鉴》,见《集成》(第三册),第198页。

分化,如何驾驭胥吏就成为清代地方官的一门必修课。[40] 但中央政府希望能上令下达,便要打破地方势力的垄断,因之中央委派的知县为外地人,胥吏则为本地人,而且是"铁打的衙门流水的官",官转吏不转,知县要驾驭胥吏又平添许多困难,于此便有"清官难逃猾吏手"、"任你官清如水,难逃我吏滑如油"的说法。

那么有什么有效的措施可以防治胥吏们的腐败吗?清代官员们的经验是,在资源有限的情况下,一定要节制权力的行使,只有如此才能减少腐败和权力的不当使用。这便是清代地方司法奉行俭省主义的缘由。请继续看李渔在"论奸情"中的叙述:"每见慈祥当事,遇此等疑狱,皆以不断断之,置奸情于不问,但讯其以他事致争之由,或责被犯之招尤,或惩原告之多事,诚以强奸重狱实即当论死,不若援引他情朦胧结局,所谓不痴不聋难作家翁者是也。"[41]《幕学举要》亦云:"奸情暧昧,最不易知,务存一分宽厚之心,保全妇女名节。苟无确据,即为指奸勿论,不可轻易吹求。"[42]

从上述李渔的记载可见此等做法多见于当时司法实践,且可谓用心良苦。倘若在司法资源不足时过分追求查明事实实现个案正义,必定会造成权力滥用的恶果。精干的地方官员及其幕僚对此早有所认识和防范,如"'拘'字不必轻用"[43],拘人时要慎之又慎,可省则省,"盖此辈城狐社鼠,假威以逞,其视村农犹鱼肉也"[44];"幕中之存心,以省事为上"[45];结案宜速,否则"差役借此索诈,书吏从中舞弊"[46],更何况"讼师插入,枝节横生,转致难以收拾"[47],因此"州县不作风波,即有大事亦安妥简静"被奉为"居官第一须知"[48],其他如"官不可过用其明"、"勿喜事"[49]等等,都包含着俭省司法的思想。

俭省司法天然青睐简约的法律规则,因为简单明了的法律规则有利于清楚、迅速、无争议地处理纠纷。为什么清代法律实践坚持认定强奸必须有"损伤肤体、毁裂衣服之属",而哪怕受到歹人持凶威胁,"忍而成奸,肤体毫无损伤,过后不寻自尽者",仍是以"非强论也"?恐怕除了道德观念外,高昂的信息

---

[40] (清)黄六鸿:《福惠全书·驭衙役》,《集成》(第三册),第247—249页;(清)田文镜:《州县事宜·防胥吏》,见《集成》(第三册),第674、675页。
[41] (清)李渔:"论奸情",同前注[30]。
[42] (清)万维翰:《幕学举要·奸情》,见《集成》(第四册),第739页。
[43] (清)王又槐:《办案要略·论批呈词》,同前注[5]。
[44] (清)田文镜:《州县事宜·谨差下乡》,同前注[40],第677、678页。
[45] (清)汪辉祖:《佐治药言·省事》,同前注[31],第5页。
[46] (清)尹会一撰,张受长辑:《健余先生抚豫条教·饬速结案》,见《集成》(第四册)第702页。
[47] (清)刘衡:《庸吏庸言·理讼十条》,见《集成》(第六册),第195页。
[48] (清)陆陇其辑:《莅政摘要·居官第一须知》,见《集成》(第二册),第646页。
[49] (清)方大湜:《平平言·造福莫如州县 造孽莫如州县》,同前注[32],第614、615页。

成本和匮乏的司法资源也是重要的原因。看来清代的立法者们已经具备了先进的现代法律意识:证据法乃至法律制度的价值目标不仅仅是追求准确;而司法裁判的不准确性是一把双刃剑,它既可能降低威慑力,也可能增强威慑力。[50] 因为只有勇于反抗才能认定强奸,所以这一认定规则既是对女性进行反抗的激励,又使男性意识到一旦施加强奸行为将极可能遭受激烈反抗(当然也可能令被害的女性更加不敢声张,但这同样也算免去法律难堪的无奈之举)。而且,只有对处极刑的强奸设立简单明确的认定标准,才能避免因为各种错综复杂的案情而导致案件旷日持久地拖延,才能避免权力滥用带来更大恶果,同时避免因为错判而误杀无辜、错旌节烈。而对没有达到这一标准的案件,只好宁纵勿缠,或以和奸、刁奸问之,或"置奸情于不问,但讯其以他事致争之由",即所谓"以不断断之"者也。这样虽然可能错判,但较之前一种错判后果要轻微,因为婚姻的最重要目的是确立社会性的父亲,生理性的父亲的确立还在其次[51],所以"奸妇既还本夫,便可从权结也"[52],夫妻身份既已重新确立,社会秩序的创伤也就逐渐愈合。若一味纠缠,证据搜集实属渺茫,权力滥用更难避免,则是治理者的不智了。

因此,对于强奸罪采取简单明确的认定标准,是受到了办理犯奸案的高昂信息成本和匮乏的司法资源这两个因素影响的理性选择。

四、道德教化:法律专业化的替代性选择

有的读者也许会问,如果像你所言,当时已经出现了相当现代的法律意识和法律知识,那为什么清代法律实践不能生产出现代法律理论呢?常见的回答思路或曰法律专业化程度低下,或曰中国人重经验而轻理论,善于归纳而拙于演绎。但很可惜,两者都是错误的。首先,清代不是没有法律专业化活动,刑名师爷、刑名书吏和讼师的大量出现,以及官箴书中大谈法律问题,都是法律专业化活动的明证;其次,清代法律实践中不是没有产生理论,而是理论话语的形态不同;造成这种不同的依然是具体的司法环境,而非人种的思维特点;对法律专业化发展的控制恰恰是清代法律实践有意为之的策略选择。

毋庸置疑,法律专业化程度的提高将有助于法律知识(包括专业性的理论学说)的增长,后者也可视为前者的一个方面。但是法律专业化程度的提高本身却不一定是好事,它有可能给社会带来一系列不利后果。[53] 下面我试从法

---

[50] 理查德·A.波斯纳:《证据法的经济分析》,徐昕、徐昀译,中国法制出版社2001年版,第42、43页。
[51] 费孝通:《乡土中国 生育制度》,同前注[24],第127页。
[52] (清)樊增祥:《樊山政书》,中华书局2007年版,第233页。
[53] 参见苏力:《法治及其本土资源》,中国政法大学出版社2004年修订版,第137—165页。

律专业化的几个常见指标(法律人员的职业化、法律机构的专门化、法律知识的专业化)入手,结合清代法律实践来分析这个问题。

事实上清代已经出现了职业的法律人员。众多官员、幕僚在官箴书中异口同声地讨伐讼师,称之为"讼棍"、"蠹棍"[54],证明讼师已经广泛活跃于各地。[55] 讼师即专揽刀笔官司为生的法律从业人员。对于司法资源不足,以息讼、无讼为追求的地方政府而言,以代理官司为生的讼师自是天然大敌。请看汪辉祖所言:"唆讼者最讼师,害民者最地棍。二者不去,善政无以及人。"[56]官员对付讼师的态度之决绝手法之狠辣,如汪辉祖"隔一日审其所讼一案,则薄予杖惩,系柱如故"[57],方大湜主张"讼师已获需伤其颜面"[58],已令人咋舌;至樊增祥要将"龟鳖不如之讼棍""痛加责詈,重笞千板,发往罪犯习艺所学做苦工二十年,以快人意"[59],已经有点须发开张的意思。若是一般官员痛恨讼师作对必欲治之而后快也罢了,但持论者均为清代名臣,这就值得我们加以注意。

我以为,在社会财富和司法资源极为有限的情况下,律师制度不见得重要。其一,如前所述,清代地方政府——衙门之中除知县外,尚有书吏、差役、长随等组成人员。这些人俸禄微博,地位低下,极易与讼师相勾结,"若辈平日多与吏役关通,若辈藉吏役为护符,吏役借若辈为爪牙"。[60] 其二,讼师经营律法,必然迫使地方官员也必须更加熟习律例,唯有熟习律例,方能不为所乘。[61] 这里面已包含着一种法律竞技的意味了。如果允许这种法律竞技的发展,最终一定会生产出更为丰富的法律知识,促进法律活动的专门化和法律职业化,正如军备竞赛会促进军事科技的发展一样。但这种法律竞技不一定有效率。一方面,诉讼中的一方聘请更为专业的法律人员搜集证据,诘问律例的适用,会带动另一方也照样行事,这样双方的作用就在互相抵消[62],这种情形在农耕社会里是一种极大的资源浪费。另一方面,如果诉讼中的一方面对的是集侦、控、审于一身的地方政府,则地方政府也必须增加专业人员以应对。增加专业人员,会使地方政府规模扩大,导致资源更加不足,从而加剧腐败。因此,打压讼师,禁毁讼师秘本,从而抵制法律人员的职业化并抵制法律知识的专业化,就成为清代地方官员的必然选择。

---

[54] 如在《办案要略》、《牧令书》、《学治臆说》、《平平言》、《福惠全书》等文献中处处可见。
[55] 参见龚汝富:"明清的尚讼现象和职业'律师'",载《文史知识》2002年第8期;林乾:"讼师对法秩序的冲击与清朝严治讼师立法",载《清史研究》2005年第3期。
[56] (清)汪辉祖:《学治臆说·地棍讼师当治其根本》,同前注[31],第62页。
[57] (清)汪辉祖:《学治臆说·治地棍讼师之法》,同前注[31],第62页。
[58] (清)方大湜:《平平言·讼师已获需伤其颜面》,同前注[32],卷三,第677页。
[59] (清)樊增祥:《樊山政书》,同前注[52],第394页。
[60] (清)汪辉祖:《学治臆说·地棍讼师当治其根本》,同前注[31],第62页。
[61] (清)汪辉祖:《学治说赘·律例不可不读》,同前注[31],第106页。
[62] 理查德·A.波斯纳:《证据法的经济分析》,同前注[50],第54页。

那么，为什么不能设置更加专门的法律职位和更加专门的法律机构？理由之一在于清代基层社会没有太多复杂的专业案件，对职业法律人员和专门法律机构的需求并未产生。理由之二则是职位和机构专门化将增加监督成本。这个趋势在清代已见端倪，聘任幕友即为适例。"幕友之为道，所以佐官而检吏也。谚云：'清官难逃猾吏手。'盖官统群吏，而群吏各以其精力，相与乘官之隙，官之为事甚繁，势不能一一而察之，唯幕友则各有专司，可以察吏之弊。""故约束书吏，是幕友第一要事。"[63] 但一旦精通律法的幕友调转枪头与吏役、讼师勾结时，在专业知识上处于劣势的官员又该如何监管？

上述种种因素的结合，要求清代法律实践必须在专业化道路之外另辟蹊径。我们仍围绕犯奸来说。在众多官箴书中我们都看到，对于犯奸行为的评判充满了道德伦理教化的色彩。君君、臣臣、父父、子子、夫夫、妇妇的儒家理学思想，再糅杂以天地、乾坤、阴阳、鬼神报应等道、释、阴阳家学说和民间信仰，演化成一个庞大无比无所不包的对整个世界的合法性说明的话语体系。而这个体系是一套从官到民，自上至下，高度统一的意识形态。依靠这套统一的意识形态，清代官员已无需另外仰仗专业化的法律知识来支持法律的运作。通过旌表节烈、置善恶簿、教化讲学等措施[64]，以及通过列女传、各种小说、话本、民间故事的传播，这套贞节观已经悄然融入那巨大的话语体系并发挥它的作用：协助清代法律对犯奸行为进行有效的社会控制。而听讼本身亦为教化，"讼之为事，大概不离乎伦常日用，即断讼以申孝友睦姻之义，其为言易入，其为教易周"。[65] 比起专业性法学语言，用贞节观惩罚和谴责犯奸行为当然更能实现司法的教化功效。

因此，虽然清代地方法律实践在处理犯奸行为上包含着现代法律逻辑，但这种逻辑是以提倡妇女节烈的道德话语表现出来的，它不可能也无须由诸如犯罪构成、法益、权利义务交互性、被害人过错、证据法的效率、俭省司法等法言法语来表述。

由此也不难明白，为什么除了一个很短暂的时期之外，清代科举考试都把律例考核摒除在外。因为一旦把律例知识纳入决定仕途命运的科举考试之中，将直接鼓励法律知识的专业化，进而鼓励法律人员和机构的专门化，一如今天的司法统一考试。而摒除律考，坚持以四书五经为考核内容，且不论弊端，至少有一点好处，那就是有助于强化上下统一的儒家礼教思想体系，这是法律运作乃至帝国治理所需要的。

---

[63] （清）汪辉祖：《佐治药言·检点书吏》，同前注[31]，第4、5页。

[64] 参见（清）徐栋辑：《牧令书·教化》，见《集成》（第七册），第350—369页；黄六鸿：《福惠全书·教养部》，同前注[40]，第497—522页。

[65] （清）汪辉祖：《学治臆说·亲民在听讼》，同前注[31]，第51页。

科举制的存在,在强化正统儒家思想的同时,也扼杀了律学发展的前途。现代法律理论的产生,得益于法律职业化的发展,也得益于现代大学制度和现代学科体系的发展。现代大学的诞生和划分细密的现代学科体系,培育了职业的学者,促进了学术活动的专门化。学者的价值在于理论创新,学者的任务在于使用专业化的理论语言来表述事实和经验。体现着法学和其他社会学科共同努力的现代法律理论就是这一背景下的产物。即使在今天,除非是兼职大学教授或研究人员,从事司法实务的官员或法官们对理论研究也不会有太大的动力,他们一般着眼于解决实际问题。而在清代,学而优则仕的儒家传统和注重儒家经典的科举制度,都令士人视律学为不得已而习之的末技,对此进行理论研究的动力也就微乎其微。

本文尝试从清代关于犯奸行为的法律实践入手,探究清代地方社会状况、地方司法环境与法律实践之间的关系,用意在于以普遍主义的眼光;逐一考察具体而微的历史细节,发掘其差异背后的共同逻辑,从而打通古今中西的理论隔阂。本文的研究结果发现,不仅清代地方法律实践的背后有着与现代相同的逻辑,而且清代法律实践(包括话语生产)表现出来的差异与清代法律环境之间的关系,也可以帮助我们理解今天的法律实践与法律话语的关系。但这一结论是否成立,尝试是否可行,尚待方家指正。

(初审编辑:郑杰)

引 征 体 例

(最新修订版)

援用本刊规范:

苏力:"作为社会控制的文学与法律——从元杂剧切入",载《北大法律评论》第 7 卷第 1 辑,北京大学出版社 2006 年版。

一 般 体 例

1. 引征应能体现所援用文献、资料等的信息特点,能(1)与其他文献、资料等相区别;(2)能说明该文献、资料等的相关来源,方便读者查找。
2. 引征注释以页下脚注形式连续编排。
3. 正文中出现一百字以上的引文,不必加注引号,直接将引文部分左边缩排两格,并使用楷体字予以区分。一百字以下引文,加注引号,直接放在正文中。
4. 直接引征不使用引导词或加引导词,间接性的带有作者个人的概括理解的,支持性或背景性的引用,可使用"参见"、"例如"、"例见"、"又见"、"参照"等;对立性引征的引导词为"相反"、"不同的见解,参见"、"但见"等。
5. 作者(包括编者、译者、机构作者等)为三人以上时,可仅列出第一人,使用"等"予以省略。
6. 引征二手文献、资料,需注明该原始文献资料的作者、标题,在其后注明"转引自"该援引的文献、资料等。
7. 引征信札、访谈、演讲、电影、电视、广播、录音、未刊稿等文献、资料等,在其后注明资料形成时间、地点或出品时间、出品机构等能显示其独立存在的特征。
8. 不提倡引征作者自己的未刊稿,除非是即将出版或已经在一定范围内公开的。
9. 引征网页应出自大型学术网站或新闻网站,由站方管理员添加设置的网页,应附有详细的可以直接确认定位到具体征引内容所在网页的 URL 链接地址,并注明最后访问日期。不提倡从 BBS、BLOG 等普通用户可以任意删改的网页中引征。
10. 英文以外作品的引征,从该文种的学术引征惯例,但须清楚可循。
11. 其他未尽事宜,参见本刊近期已刊登文章的处理办法。

引 用 例 证

中文

1. 著作
   - 朱慈蕴:《公司法人格否认法理研究》,法律出版社 1998 年版,第 32 页。
2. 译作
   - 孟德斯鸠:《论法的精神》(下册),张雁深译,商务印书馆 1963 年版,第 32 页。
3. 编辑(主编)作品
   - 朱景文主编:《对西方法律传统的挑战——美国批判法律研究运动》,中国检察出版社 1996 年版,第 32 页。
4. 杂志/报刊
   - 张维迎、柯荣住:"诉讼过程中的逆向选择及其解释——以契约纠纷的基层法院判决书为例的经验研究",载《中国社会科学》2002 年第 2 期。
   - 刘晓林:"行政许可法带给我们什么",《人民日报》(海外版)2003 年 9 月 6 日第 H 版。
5. 著作中的文章
   - 宋格文:"天人之间:汉代的契约与国家",李明德译,载高道蕴等主编:《美国学者论中国法律传统》,中国政法大学出版社 1994 年版,第 32 页。
6. 网上文献资料引征
   - 梁戈:"评美国高教独立性存在与发展的历史条件",http://www.edu.cn/20020318/3022829.shtml,最后访问日期 2008 年 8 月 1 日。
7. 古籍
   - (清)汪辉祖:《学治臆说》,卷下,清同治十年慎间堂刻汪龙庄先生遗书本,第 4 页 b。
   - (清)薛允升:《读例存疑》(重刊本),黄静嘉编校,台湾成文出版社 1970 年版,第 858 页。
8. 档案文献
   - "沈宗富诉状",嘉庆二十二年十二月二十日,巴县档案 6-2-5505,四川省档案馆藏。

英文

1. 英文期刊文章 consecutively paginated journals
Frank K. Upham, "Who Will Find the Defendant if He Stays with His Sheep? Justice in Rural China", 114 *Yale Law Journal* 1675 (2005).
2. 文集中的文章 shorter works in collection
Lars Anell, "Foreword", in Daniel Gervais, *The TRIPS Agreement*: *Drafting History and Analysis*, London: Sweet & Maxwell, 1998, p.1.
3. 英文书 books
Richard A. Posner, *The Problems of Jurisprudence*, Cambridge, MA: Harvard University Press, 1990, pp.456—457.

4. 英美案例 cases

New York Times Co. v. Sullivan, 76 U.S. 254 (1964).（正文中出现也要斜体）

Kobe, Inc. v. Dempsey Pump Co., 198 F.2d 416, 420 (10th Cir. 1952).

5. 未发表作品 unpublished manuscripts

Yu Li, *On the Wealth and Risk Effects of the Glass-Steagall Overhaul: Evidence from the Stock Market*, New York University, 2001 (*unpublished manuscript, on file with author*).

6. 信件 letters

Letter from A to B of 12/23/2005, p.2.

7. 采访 interviews

Telephone interview with A, (Oct 2, 1992).

8. 网页 internet sources

Lu Xue, "Zhou Zhengqing Talks on the Forthcoming Revision of Securities Law", *at* http://www.fsi.com.cn/celeb300/visited303/303_0312/303_03123001.htm? 最后访问日期 2008 年 8 月 1 日。

　　注释中重复引用文献、资料时，若为注释中次第紧连援用同一文献的情形，使用"同上注，第 2 页"、"*Id.*, p.2"等。

　　若为非次第紧连的文献，可将文献的版次、出处等简略，仅使用"同前注〔X〕，第 2 页"、"*supra* note〔X〕, p.2"，但须注明引用文献的名称和作者，以便于识别。如"苏力:《送法下乡》，同前注〔4〕，第 2 页;Posner, *The Problems of Jurisprudence*, *supra* note〔2〕, p.2"。